DEMANDING DEVALUATION
Exchange Rate Politics in the Developing World

经济学前沿译丛 / 主编 王宇

〔美〕戴维·A.斯坦伯格 著

王宇 译

汇率低估政策的制度研究

DEMANDING DEVALUATION
Exchange Rate Politics in the Developing World

商务印书馆
The Commercial Press

2018年·北京

Demanding Devaluation:Exchange Rate Politics in the Developing World,
by David A. Steinberg,originally published by Cornell University Press.
Copyright © 2015 by Cornell University

This edition is a translation authorized by the original publisher,via Chinese Connection Agency.

图书在版编目(CIP)数据

汇率低估政策的制度研究/(美)戴维・A. 斯坦伯格著;王宇译. —北京:商务印书馆,2018
(经济学前沿译丛)
ISBN 978 - 7 - 100 - 15795 - 7

Ⅰ.①汇… Ⅱ.①戴… ②王… Ⅲ.①汇率政策—研究 Ⅳ.①F831.0

中国版本图书馆 CIP 数据核字(2018)第 023629 号

权利保留,侵权必究。

汇率低估政策的制度研究
〔美〕戴维・A. 斯坦伯格 著
王宇 译

商 务 印 书 馆 出 版
(北京王府井大街36号 邮政编码100710)
商 务 印 书 馆 发 行
北 京 冠 中 印 刷 厂 印 刷
ISBN 978 - 7 - 100 - 15795 - 7

2018年5月第1版   开本 880×1230   1/32
2018年5月北京第1次印刷 印张 8 5/8
定价:35.00元

译者序：为什么选择汇率高估？

经济学表明，汇率低估利好长期增长和就业改善。经济学家认为，政府会选择对本国经济最有利的政策。然而，汇率低估现象并不多见，多数发展中国家选择了明显有违常理的汇率高估政策。本书作者发现并且挑战了这一世界级的理论难题。《汇率低估政策的制度研究》以条件偏好理论为基础，运用制度结构分析方法，通过对韩国、阿根廷、墨西哥和伊朗四个样本国的案例分析和实证研究，解释了国际经济学界长期存在的困惑：为什么多数发展中国家选择了汇率高估政策？

一、从提问开始

在动手翻译之前，我用了近两年时间认真阅读和思考了本书。在此过程中发现，作者的研究视角、分析方法、叙事方式，甚至主要结论都非常独特，既非常规又不清晰。正确的打开方式，似乎应当从提问开始。第一，为什么多数发展中国家选择了汇率高估政策？第二，为什么汇率高估政策是违背常理的选择？第三，为什么汇率低估政策缺少坚定的支持者？第四，为什么选择汇率低估政策需要非常严苛的条件？第五，为什么只有在政府控制金融市场和劳动力市场，制造业偏好汇率低估，且制造业部门强势，可以影响政策决策的情况下，政府才会选择汇率低估政策？这些是我在翻译过程中梳理出的部分问题。在译者序中，我将按照这五个问题的顺序，认真理清书中脉络，仔细找出内在逻辑，努力给出作者的答案。

二、汇率政策选择：发展中国家的故事

本书的研究对象是发展中国家的汇率政策选择，研究范围限定在发展中国家。由于自由浮动的汇率制度会通过市场波动使汇率水平趋近均衡，无论是高估还是低估都是政策决策者比较与权衡，都是人为的政策安排，汇率政策选择归根到底是发展中国家的故事。当然，也只有在发展中国家，政府才有可能通过各种政策工具来管理外汇市场、调控汇率水平。这些政策工具包括干预外汇市场、调整利率、调整税率、调整政府支出和管理国际资本流动等。

经济学家通常认为，由于汇率问题太过复杂，汇率政策不可能为利益集团所左右。但本书作者认为，发展中国家的汇率政策选择问题，实际上就是关于利益集团的故事，是关于发展中国家利益集团偏好的故事。本书分析了一百多个国家的实证数据，研究了韩国、阿根廷、墨西哥和伊朗四个发展中国家的案例，说明一个国家的制度结构决定利益集团偏好，权势利益集团偏好决定政府的汇率政策选择。

三、汇率高估政策：违背常理的选择

理论和经验表明，汇率低估政策利好长期增长和就业改善，对于

发展中国家来说,应当极具诱惑力。但在现实世界中,汇率低估现象并不多见,多数发展中国家选择了汇率高估政策,这是违背经济学基本原理的。

(一)汇率高估相当于对进口补贴和对出口征税

汇率低估与关税壁垒和财政补贴一样,同属保护主义政策,具有相似的经济效果和经济意义。从某种意义上讲,汇率高估相当于对进口补贴、对出口征税。当一国政府选择了本币汇率高估政策时,也就选择了向外国企业提供超国民待遇。然而,非常令人费解的是,在这个贸易保护主义几乎无所不在的世界上,被称作"汇率保护主义"的汇率低估现象却较为少见,多数发展中国家都选择了与保护主义相悖的汇率高估政策。

(二)维护汇率高估的困难与风险隐患

在发展中国家,尽管政府可以使用多种政策工具管理外汇市场、调控汇率水平,但政策效果却呈不对称性,维护汇率高估的操作存在着较为明显的困难与风险隐患。相比之下,政府通过政策操作应对本币汇率升值较为容易,应对本币汇率贬值较为困难,因为阻止本币贬值通常是与投资者不愿持有贬值资产的愿望相悖的。同时,政府为了维护汇率低估的外汇市场干预,是用本币购买外汇;政府为了维护汇率高估的外汇市场干预需要用外汇购买本币,因此,在本币贬值压力较大的情况下,通过市场干预来维持汇率高估是一件困难甚至危险的事情——当国内外汇储备逐步消耗至无力支撑时,金融危机将不可避免。发生在20世纪90年代的亚洲金融危机、墨西哥金融危机和阿根廷金融危机都证明了这一点。

(三)汇率高估无益于长期增长和就业改善

汇率低估的直接收益是提高企业国际竞争力,扩大出口,利好长期增长和就业改善。或者说,汇率高估的直接成本是降低企业国际竞争力,造成出口困难、经济放缓和失业增加。汇率高估的主要收益是降低中间品进口成本,减少企业和家庭外债负担,并且使进口商品相对便宜。或者说,汇率低估的主要成本是提高中间品进口成本,增加企业和家庭外债负担,并使进口商品相对昂贵。权衡成本收益、比较利弊得失,汇率高估的收益是短期的,汇率低估的收益是长远的。比如,20世纪80—90年代,阿根廷比索汇率持续升值,使得国内居民能够较为轻松地购买国外奢侈品和到海外旅行度假,也使得国内制造业企业能够较为便宜地支付中间品进口价格和偿付外债。但是,长期实行比索汇率高估政策的结果是出口困难、经济放缓和国际收支失衡,最后酿成金融危机。

四、汇率低估政策:缺少坚定的支持者

一般来讲,有两个因素影响企业的汇率偏好。一是可贸易程度:可贸易程度较高的企业偏好汇率低估;可贸易程度较低的企业偏好汇率高估。二是生产条件:较多依赖中间品进口及国外资金借贷的企业,偏好汇率高估;较少依赖中间品进口及国外资金借贷的企业,偏好汇率低估。由于企业的可贸易程度不同,以及对中间品进口和国外资金借贷的依赖程度不同,汇率偏好亦不相同。

(一)汇率低估的反对者

汇率高估的好处"非常广泛地存在于社会公众之中"。通常情况下,服务业、金融业、工人和消费者都会从自身利益出发支持本币升值，成为汇率低估政策的反对者。服务业包括旅馆、餐饮和房地产等，是典型的非贸易行业，较多依赖中间品进口及国外资金借贷，因此服务业反对汇率低估。金融部门可贸易程度较低、对外债依赖程度较高，金融业也反对汇率低估。汇率低估提高了进口商品价格，提高了国内可贸易品与不可贸易品的相对价格，使生活消费品相对昂贵，间接降低了实际工资，因此工人不赞同汇率低估。汇率低估降低了消费者的国际购买力，消费者也不赞同汇率低估。

（二）汇率低估的有条件支持者

作为汇率低估的最大的潜在受益者，制造业部门通常被认为是汇率低估政策的坚定支持者，但实际情况并非如此。汇率低估政策对制造业的影响是多方面的：一方面可以为制造业部门带来竞争优势；另一方面也会增加制造业企业进口中间品成本和外债负担。两者相互作用，使制造业部门成为汇率低估政策的有条件支持者。当汇率低估的收益大于成本时，制造业支持汇率低估政策；当汇率低估的收益小于成本时，制造业反对汇率低估政策。

（三）政府会选择汇率低估政策吗？

在发展中国家，作为汇率政策的制定者，政府会选择汇率低估政策吗？本书作者认为，汇率低估有利于长期增长，但政府在制定政策时，首要目标不是经济增长而是政治支持，尤其是利益集团支持。权势利益集团通常可以利用多种途径来影响政府的政策决策，其中，游说和直接施压是最为常见的形式。本书通过对50多个发展中国家的企业调查数据分析和四个样本国的案例研究证明，权势利益集团偏好决定了政府的汇率政策选择。

如果一个国家拥有强势制造业，并且政府控制了劳动力市场和金融市场，制造业部门偏好汇率低估，政府就会迎合制造业利益集团偏好，选择汇率低估政策。如果一个国家制造业部门弱势，非制造业部门（比如房地产开发商、金融业或者工会等）强势，为了获得权势利益集团支持，政府就会实行汇率高估政策。这是同一个利益集团故事的不同表述。

五、汇率低估政策：严苛条件下的选择

本书作者强调，汇率低估需要两个条件：一是政府控制劳动力市场和金融市场，制造业部门偏好汇率低估；二是制造业部门强势，可以影响政府的政策决策。也就是说，只有在那些政府控制了金融市场和劳动力市场，制造业偏好汇率低估，并且制造业部门强势，可以影响政策制定的情况下，政府才有可能选择汇率低估政策。如果这两个条件不能同时具备，政府就不会选择汇率低估政策。本书通过对发展中国家2000多家企业的数据分析表明，政府控制劳动力市场和金融市场，制造业部门偏好汇率低估。本书通过对120多个发展中国家的数据分析说明，在那些拥有强势制造业并且政府控制了劳动力市场和金融市场的国家，政策决策者倾向选择汇率低估政策。

（一）政府控制金融市场和劳动力市场，影响制造业偏好

本书之所以格外关注金融市场和劳动力市场的制度结构，是因为资本和劳动力是制造业部门最重要的生产要素，利率与工资直接影响企业利润。汇率政策选择会直接影响企业的资金成本和劳动力成本，影响企业的成本收益比较，影响企业偏好。政府控制金融市场，可以向制造业企业提供低成本资金；政府控制劳动力市场，可以压低制造业企业的劳动力成本。因此，政府对金融市场和劳动力市场的控制能

力越强,制造业部门的汇率低估偏好越强。

如果政府对金融市场的控制能力较强,在汇率低估的情况下,可以通过增加对企业的信贷补贴,抵销企业进口中间品的成本增加,将汇率低估的成本转嫁给金融机构,此时,制造业部门支持汇率低估。比如,韩国政府对金融市场的控制能力较强,韩国制造业企业支持汇率低估政策。阿根廷和墨西哥政府对金融市场的控制能力较弱,两国制造业部门反对汇率低估政策。

如果政府对劳动力市场控制能力较弱,当货币贬值时,工会会要求增加工人工资。而如果政府控制了劳动力市场,则可以将汇率低估的成本转嫁给工人。20世纪60—70年代,韩元汇率持续贬值,但由于韩国政府控制了劳动力市场,劳动力成本没有出现明显上升,为此,韩国制造业部门一直支持汇率低估政策。墨西哥工会力量强大,政府对劳动力市场的控制能力较弱,每当汇率贬值时,工会就会要求增加工资,为此,墨西哥制造业部门长期反对汇率低估政策。

(二)制造业部门强势,影响政府的汇率政策选择

通常情况下,发展中国家的制造业部门被视为强势部门,代表权势利益集团利益。一方面,制造业部门具有较大的政治影响力——政府往往将工业化与现代化视为同一件事情,使制造业拥有比其他部门更强的游说能力;另一方面,制造业企业规模较大,彼此之间业务联系紧密,使制造业拥有比其他部门更强的组织力。

强势制造业部门对政府政策决策有着重要影响。在政府控制了劳动力市场和金融市场的情况下,强势制造业部门偏好决定了政府的汇率政策选择。韩国拥有强大的制造业,20世纪60—70年代,为了获得大型制造业企业集团的支持,韩国政府坚持实施汇率低估政策。相反,伊朗制造业部门较为弱势，20世纪50、80和90年代，为了取悦大型商业和服务业等非制造业部门，伊朗政府长期实行汇率高估政策。

（二）为什么汇率低估较为少见？

选择汇率低估政策的条件非常严苛。只有在那些政府控制了金融市场和劳动力市场，制造业偏好汇率低估政策，且制造业部门强大，可以影响政策制定的国家中，政府才会选择汇率低估政策。一个国家要同时具备这两个条件并非易事，因此，汇率低估政策并不多见。本书的英文原名叫"严苛的低估"（DEMANDING DEVALUATION）。本书作者强调，"国际货币基金组织仅有两次认定其成员国有意采取汇率低估政策，却发现了上百个汇率高估的案例"。

在本书所选择的四个样本国中，韩国拥有强势制造业部门，政府对劳动力市场和金融体系的控制能力较强。阿根廷和墨西哥也拥有较为强大的制造业部门，但政府对劳动力市场和金融市场的控制能力较弱。伊朗政府控制了劳动力市场和金融市场，但制造业较为弱势。为此，韩国在较长时间内实行汇率低估政策。阿根廷、墨西哥和伊朗则经历了多次本币汇率高估，很少能够在较长时间内坚持汇率低估政策。

五、简要总结

其实，说明汇率高估的经济后果相对容易，说明汇率高估背后的政治经济学原理较为困难。经济学家早已认识到汇率高估政策的弊端，国际货币基金组织也多次提出，发展中国家应当实施更具"竞争力"的汇率政策。为什么多数发展中国家仍然选择了汇率高估政策？为了解析这一国际经济学界普遍存在的困惑，为了挑战这一世界级的理论难题，本书作者以条件偏好理论作为研究基础，以制度结构分析作为研究方法,以四个样本国的案例分析作为研究支点,详细讲述了关于一个发展中国家的汇率政策选择与权势利益集团的故事。

故事梗概如下。长期内汇率低估利好经济发展和就业改善;但短期内汇率高估的好处却是"非常广泛地存在于社会公众之中",服务业、金融业、工人和消费者等都会从自身利益出发支持本币升值,反对汇率低估政策。制造业部门作为汇率低估的最大的潜在受益者,被认为是汇率低估政策的坚定支持者,但由于汇率低估对制造业的影响是多方面的,制造业部门仅仅是汇率低估政策的有条件支持者。政府在进行政策决策时,首要目标不是经济增长而是政治支持,尤其是利益集团的支持。为此,汇率高估成为多数发展中国家的政策选择。

当然,也有一些发展中国家选择了汇率低估政策,比如韩国。主要原因是这些国家的特殊制度结构使其能够满足两个特殊条件:一是政府控制劳动力市场和金融市场,制造业部门偏好汇率低估;二是制造业部门强势,可以影响政府的政策决策。一个国家要同时具备这两个条件并非易事,因此,汇率低估政策并不多见。

对于多数发展中国家来说,要么制造业部门强势,但政府控制金融市场和劳动力市场的能力较弱,要么政府控制金融市场和劳动力市场的能力较强,但制造业部门弱势,为此,多数发展中国家实行了汇率高估政策,以迎合非制造业部门的权势利益集团偏好。本书所讲述的就是一个关于发展中国家利益集团的故事。这也是多数发展中国家选择汇率高估政策背后的原因。

其实,汇率高估不仅不利于经济增长和就业改善,而且在本币贬值压力较大的情况下,通过市场干预来维持汇率高估是一件困难甚至危险的事情。从长远看,克服浮动恐惧、逐步减少政府的外汇市场干预、推进汇率市场化改革、让市场在汇率形成和波动中更多地发挥作用，是解决发展中国家汇率政策选择悖论的根本之道。希望本书能为我国汇率理论和汇率政策的研究者提供学术参考。

王宇

目 录

译者序：为什么选择汇率高估？ I

致　谢 1

第一章　引言 4
　　为什么汇率低估并不常见？ 6
　　本书主要观点 10
　　启示及研究范围 14
　　观点评述 15
　　本书基本架构 21

第二章　汇率低估的"条件偏好理论" 23
　　汇率低估：文献综述 24
　　政府是如何进行外汇市场干预的？ 28
　　利益集团与汇率低估 31

利益集团与偏好 …………………………………………………37
　　汇率偏好的制度经济学分析 ……………………………………44
　　汇率低估的政治影响 ……………………………………………54
　　总结及假设 ………………………………………………………56

第三章　各国汇率政策及其偏好 …………………………………58
　　什么原因造成汇率低估？ ………………………………………59
　　决定汇率变动的主要因素是什么？ ……………………………69
　　总结 ………………………………………………………………75
　　附录 ………………………………………………………………78

第四章　汇率高估的政治诱惑：利益集团与阿根廷比索高估 ……83
　　阿根廷汇率政策的政治渊源 ……………………………………85
　　阿根廷汇率的政治经济学分析 …………………………………95
　　总结 ………………………………………………………………127

第五章　韩国、墨西哥和伊朗的制度结构与汇率政策 …………132
　　韩国为什么选择汇率低估政策？ ………………………………134
　　墨西哥汇率高估的政治经济学分析 ……………………………147
　　伊朗汇率高估的政治经济学分析 ………………………………169
　　总结 ………………………………………………………………189

第六章　结论 ………………………………………………………190
　　本书基本结论 ……………………………………………………192

关于保护主义的政策分析 …………………………………… 199
　　政治经济学中的利益与制度 …………………………………… 202
　　政策建议 ………………………………………………………… 204

附录　作者采访 207

注　释 210

参考文献 224

译后记 261

致　谢

本书的写作离不开众多朋友、家人和同事的支持。我在西北大学学习期间就开始了本书的写作工作。亨德里克·斯普瑞（Hendrik Spruyt）为我提供了灵感、鼓励和建议；本·施耐德（Ben Schneider）提出了许多具有挑战性的问题；非常感谢维克托·施（Victor Shih），他帮助我深入理解了相关国家的政治经济问题；安妮·萨托里（Anne Sartori）也为本书的写作提出了很好的建议，尤其是在方法论方面。肖恩·盖尔马德（Sean Gailmard）、吉姆·马霍尼（Jim Mahoney）和凯瑟琳·西伦（Kathlenn Thelen）提供了有益的意见。我的同事托比·博尔森（Toby Bolsen）、迭戈·芬切尔斯坦（Diego Finchelstein）、里克·海恩（Rick Hay）、奥利维尔·亨利平（Olivier Henripin）、帕特里克·约翰斯顿（Patrick Johnston）和塞巴斯蒂安·卡尔（Sebastian Karcher）帮助我建立了本书的最初理论框架。

宾夕法尼亚大学克里斯托弗·H.布朗国际政治学中心为本书的写作提供了一个富有启发性的工作环境。在这里，我从午餐会和其他各种形式的讨论中获得了许多教益，特别感谢埃弗里·戈德斯坦（Avery Goldstein）和埃德·曼斯菲尔德（Ed Mansfield）的大力支持。布朗中心还出资举办了本书的理论研讨会，杰夫·弗里登（Jeff Frieden）、史蒂夫·哈格德（Steph Haggard）、埃德·曼斯菲尔德和其他与会者都提出了许多宝贵意见。

在俄勒冈大学，格里·伯克（Gerry Berk）、艾莉森·盖什（Alison Gash）、罗恩·米切尔（Ron Mitchell）、尼克·汤普森（Nick Thompson）以及"少年联盟"（Junior League）工作组成员给我提供了许多有益的意见和建议。特别感谢凯莉·克泽尔（Karrie Koesel）和拉尔斯·斯卡尔纳斯（Lars Skalnes）认真审阅了本书。非常感谢俄勒冈大学研究生的帮助，他们是蒂博·赫宁（Thibaud Henin）、郑永武（Yongwoo Jeung）、李卓（Zhuo Li）、凯文·奥黑尔（Kevin O'Hare）、古尔切·塔尔汗（Gulce Tarhan）和帕特里克·范·奥登（Patrick Van Orden）。

本书还得到了其他同事的真诚帮助，他们是戴维·贝斯（David Bearce）、比尔·伯恩哈德（Bill Bernhard）、杰夫·科尔根（Jeff Colgan）、兰迪·亨宁（Randy Henning）、阿什利·杰斯特（Ashley Jester）、安德鲁·克纳（Andrew Kerner）、帕特里克·莱布隆德（Patrick Leblond）、詹姆斯·莫里森（James Morrison）、安吉拉·奥马霍尼（Angela O'Mahony）、汤姆·班宾斯基（Tom Pepinsky）、玛吉·彼得斯（Maggie Peters）、莫莉·罗伯茨（Molly Roberts）、戴维·辛格（David Singer）、费利西蒂·瓦布拉斯（Felicity Vabulas）和斯蒂芬妮·沃尔特（Stefanie Walter）。感谢康奈尔大学出版社的罗杰·海顿（Roger Haydon）、埃里克·赫莱纳（Eric Helleiner）和乔纳森·柯什纳（Jonathan Kirshner）的指导，感谢两位匿名审稿人的富有建设性的意见。

致　谢

本书的写作离不开来自相关国家和地区的受访人的无私帮助。维克托·施提供了许多帮助，西蒙·拉比诺维奇（Simon Rabinovitch）也在案例研究方面给予了支持，段海燕（Haryan Duan）和康凯（Kai Kang）是优秀的研究助手。我对阿根廷的研究则主要受益于塞巴斯蒂安·艾切曼第（Sebastian Etchemendy）、吉泽斯·蒙桑（Jesus Monzon），尤其是迭戈·芬切尔斯坦及其家人。感谢以下机构的资助：加拿大社会和人文科学研究委员会、西北大学巴菲特国际和比较研究中心、宾夕法尼亚大学克里斯托弗·H. 布朗国际政治学中心、俄勒冈大学艺术与科学学院。

感谢家人的长期支持。首先是我的岳父母朗达（Rhonda）和拉里（Larry），还有我的妹妹杰西卡（Jessica），从我记事时起她就陪伴在我身边。感谢我的父母巴迪（Buddy）和格拉谢拉（Graciela）。感谢我的妻子莎拉（Sarah）为我所做的一切，我将这本书献给她。

第一章　引言

尽管从20世纪60年代起，韩国就选择了出口导向战略，实施汇率低估政策，并且取得了显著成效，成为亚洲"四小龙"之一；但是，走上这条道路的发展中国家并不多，大多数发展中国家选择了政府干预外汇市场，促进本币升值，实行汇率高估政策。

在通常情况下，高估汇率会对一国经济产生严重的负面影响，但还是有许多发展中国家选择了汇率高估政策，阿根廷就是一个非常典型的例子。长期以来，阿根廷政府实行汇率高估，并由此而承受损失。20世纪90年代的比索升值虽然使得阿根廷的中产阶级能够轻松地购买古琦手包，轻松地到迈阿密旅游，也使得阿根廷企业能够便宜地偿付外债，但汇率高估也使得阿根廷国内物价上涨、出口困难、经济放缓。整个20世纪90年代，阿根廷经济持续低迷，一个非常重要的原因是国内企业缺少国际竞争力，汇率高估引发经济衰退，进而造成经济危机——从1998年到2002年，阿根廷国民收入平均每年下降22%左右。2002年经济危机之后，阿根廷政府曾经尝试改弦易张，希望通过本币贬值来结束汇率高估政策，但是没有能够坚持下去，不久又回

第一章 引言

到了汇率高估的老路上。比索升值再次引发了一系列经济问题,最终酿成了 2014 年的金融危机。

尽管汇率低估的经济效应很容易理解,但汇率低估的政治经济学原理并不十分清晰。为什么一些国家的政策制定者愿意选择本币汇率低估政策?为什么另外一些国家明知汇率高估会带来许多问题却仍然选择汇率高估政策?经济学需要研究并回答这些问题。本书旨在说明为什么只有少数发展中国家选择了汇率低估政策,换言之,为什么大多数发展中国家选择了汇率高估政策。

在一定程度上,一个国家的汇率政策选择,取决于国内的政治经济安排和制度结构。尤其是制度结构的两个特征会显著地影响汇率政策:(1)制造业部门的影响力以及(2)政府对劳动力市场和金融市场的控制力。在一般情况下,那些拥有强大制造业部门,并且政府控制了劳动力市场和金融市场的国家,更倾向于选择汇率低估政策,因为强势制造业部门会对汇率决策产生重大影响,并且,由于政府控制了劳动力市场和金融市场,可以将汇率低估的成本转嫁给工人和银行。当一个国家同时具备这两个条件时,这个国家就会选择汇率低估政策。相反,在阿根廷等国家,由于政府控制劳动力市场和金融市场的能力较弱,对于制造业而言汇率低估成本高昂,制造业部门通常会因此而反对汇率低估,从而使政策制定者不得不选择汇率高估政策。如果制造业控制的权力资源较少,比如伊朗,对汇率低估的社会支持率较低,也会使政策制定者选择汇率高估政策。如果我们要解释为什么一些国家采取汇率低估政策而另一些国家选择汇率高估政策,就必须深入研究这个国家的制度结构,尤其是制造业的汇率偏好和政治影响力。本书采集了一百多个国家的实证数据,搜集了四个发展中国家的案例，尝试运用政治经济学原理对发展中国家为什么选择汇率低估政策做出说明。

为什么汇率低估并不常见？

20世纪60年代以来，发展中国家大都青睐汇率高估政策。皮克和沃尔拉斯（Pick and Vollrath 1994，556）指出，"在发展中国家，汇率通常会被高估"。[2] 国际经济组织也认为，汇率高估远比汇率低估更为普遍，"国际货币基金组织（IMF）仅有两次认定其成员国有意采取汇率低估政策，却发现了上百个汇率高估的案例"（Frankel and Wei 2007，586）。

更为系统化的数据可以支持这一观点。表1.1显示的汇率数据是我们使用一个宏观模型计算而来的。正（负）值表示本币汇率高于（低于）符合本国基本面的汇率水平。数据显示，2007年，亚洲发展中国家普遍存在汇率低估，其他四个发展中地区——非洲、东欧、拉美和中东却出现了汇率高估。

需要说明的是，对汇率低估进行测算是非常困难的，几乎没有完美的估算方法，表1.1所使用的方法也不完美，表中的数据可能低估了汇率被高估或者低估的程度。正如第三章将讨论的，这一方法将每年汇率高估（低估）的均值假设为零。如果大多数发展中国家都像观察家所认为的那样，普遍采用了汇率高估政策，这个方法就低估了各国汇率高估的实际幅度。[3]

为什么拉脱维亚、土耳其、委内瑞拉和赞比亚等国家选择了汇率高估政策呢？当前主流的国际关系理论与政治经济学理论还无法解释为什么汇率高估在这些互不相干的国家（地区）普遍存在着。

第一章 引言

本书将尝试说明,在发展中国家,为什么汇率高估远比汇率低估更为普遍。

表 1.1 五个发展中地区的汇率高估情况(%)

	实际汇率高估水平
全部发展中国家	7.7
亚洲	−14.7
东欧	24.4
拉丁美洲	7.6
中东和北非	18.1
撒哈拉以南非洲	10.6

注:笔者对赫斯顿等(Heston et al. 2009)的数据,以及罗德里克(Rodrik 2008)的研究方法进行了一定的处理,得到了高估数据。正值(负值)表示汇率被高估(低估)。表内每项数据均为各组数据的中间值。第三章将会对各变量进行详细描述。

汇率高估的普遍存在并不是理性选择的结果,实际上,它已经成为一个国家或地区贫困的重要原因。许多经济学家早就认识到了汇率高估的弊端。从 20 世纪 70 年代开始,国际货币基金组织就不断呼吁,发展中国家应当促使其本币汇率贬值(Polak 1991)。[4]20 世纪 90 年代达成的"华盛顿共识"共包括十项内容,实施具有"竞争力"的汇率制度就是其中一项(Williamson 1990)。

随着经济学理论研究不断向前推进,越来越多的经济学家既讨论了汇率高估对经济增长的影响,也研究了汇率低估对经济增长的贡献。大量的实证研究表明,就经济增长速度来说,实行汇率低估政策的国家比采取市场化汇率制度和汇率高估政策的国家更有优势。[5]可以用三个理由来加以说明。第一,汇率低估导致"出口快速增加"(Freund Pierola 2012)。出口是国内生产总值(GDP)的重要组成部分,在其他条件不变的情况下，更多的出口意味着更快的经济增长速度。第二，汇率低估可以刺激企业更多地投资于技术密集型产业，有助于提高一国的劳动生产率，最终促进经济发展（Rodrik 2008）。第三，在理论上，低汇率会降低实际工资水平，提高投资率。大量证据表明，通常汇率低估的国家比汇率高估的国家有着更快的经济增长速度。

汇率低估不仅可以提升一个国家的经济增长速度，还有助于该国经济的可持续发展（Berg，Ostry and Zettelmeyer 2012；Johnson，Ostry and Subramanian 2006），并且降低增长的波动性（Acemoglu et al. 2003）。降低失业率是汇率低估的另外一个好处，汇率低估使雇用本国劳动力比进口替代更加经济（Frankel and Ros 2006；Gluzmann，Levy-Yeyati and Struzenegger 2012；Levy-Yeyati，Struzenegger and Gluzmann 2013）。最后，汇率低估是抵御经济危机的政策选项之一（Reinhardt and Rogoff 2009；Frankel and Saravelos 2012）。尽管汇率低估并不能保证一个国家的经济快速增长，但避免汇率高估是实现经济快速增长的必要条件（Bresser-Pereira 2008；Eichengreen 2007；Frankel and Taylor 2007）。

令人不解的是，大多数发展中国家却选择了不利于经济长期增长的汇率政策。经济学研究假设，政策制定者的理念及其对经济活动的理解力，决定了他们采取何种政策。根据这一观点，政策决策者会采取他们认为对本国经济发展最有利的汇率政策。[6]但在发展中国家，"实际汇率高估的反复出现……，实在令人费解。因为在经济运行中，发展中国家的政策制定者不会不知道如何克服汇率高估，他们也不会认为，汇率高估有利于经济增长和福利增加"（Huizinga 1997）。既然汇率政策制定者都能够认识到，汇率低估比汇率高估更有利于本国经

第一章 引言

济发展,那么,就不能用政策制定者关于汇率政策的错误理念来解释为什么大多数发展中国家选择了汇率高估政策。

在发展中国家,汇率低估是比较罕见的,这与被称作"开放经济政策"("Open Economic Politics"Approach)的政治经济学理论存在矛盾。该理论认为,人的行为是由经济利益驱动的(Lake 2009)。与关税壁垒或者财政补贴类似,汇率低估也是保护主义的表现形式,它为本国生产商提供了竞争优势。利益集团理论假定,保护主义政策之所以具有诱惑力,是因为保护主义政策有利于利益集团。[7]沿着这条思路,经济学家断言,汇率低估的受益人——出口商或与进口商有竞争关系的国内公司——一定会比那些反对汇率低估的人更加强势或者更有权势(Broz and Frieden 2001;Eichengreen 1996;Frieden 1997;Henning 2006)。经验表明,汇率高估的好处通常是"非常广泛地存在于社会公众之中,并且这些好处似乎还没有大到足以创造一个庞大的支持者群体……相反,出口商作为一个强大的利益集团,汇率升值直接损害到他们的利益,这使得他们对汇率升值的抱怨声音更大,从而更容易引起政府官员的共鸣"(Prasad 2014)。经济学家认为,多数发展中国家选择汇率高估政策显然是不符合权势利益集团(比如制造业部门)利益的。也就是说,传统的利益导向理论很难解释为什么汇率低估政策在发展中国家并不常见。

在国际政治中,现实主义理论和重商主义理论(Realist and Mercantilist theories)也无法解释,为什么汇率高估现象普遍存在。一些观察者认为"汇率低估所带来的竞争性好处……似乎在我们的重商主义世界仍然十分流行"(Cooper 1975)。现实主义和重商主义都认为,政策制定者偏好汇率低估政策以及其他保护主义政策,因为这些政策措施可以通过影响其贸易伙伴的利益来增加本国财富和实力（Gilpin 2001）。由此可见，汇率高估政策是有悖常理的。汇率高估相当于补贴进口和对出口征税（Broz and Frieden 2001）。当一国政府选择高估本币汇率时，也就选择了向外国公司提供优厚的超国民待遇。汇率高估政策不仅会影响其他国利益，从长远来看，还会影响本国的利益。频繁采取"反保护主义"的汇率政策，既会给本国经济造成绝对损失，也会给本国经济造成相对损失。当然，我们需要对这些问题做出进一步的分析。

本书主要观点

本书关于汇率低估的政治经济学分析有两个目的（此部分将在第二章中详细阐述）：一是说明发展中国家汇率高估的趋势；二是说明为什么一些发展中国家可以长期保持汇率低估。为了回答这些问题，本书提出了"条件偏好理论"。该理论有两大贡献：一是权势利益集团偏好对汇率政策制定有决定性的影响。二是利益集团偏好具有环境依赖性，也就是说，利益集团的汇率偏好会因政治经济制度的不同而不同。本书认为，政治家很少低估本国货币，这是因为权势利益集团在多数情况下都反对汇率低估。汇率低估通常只会发生在那些权势利益集团偏好这项政策的国家。

汇率不可避免地具有政治意义，因为政府对汇率估值负有责任。政府可以通过各种政策工具来调控汇率水平，这些工具包括干预外汇市场、调整利率、调整税率、调整政府支出，以及管理国际资本流动等。如果政府使用这些工具，是能够实现本币低估的，即让本币价值低于市场价值，使国内商品比外国商品便宜。当然，政府也有能力保持本币高

第一章 引言

估,即让本币价值高于市场价值,使国内商品比外国商品昂贵。

为什么多数国家的政策制定者选择了汇率高估而不是汇率低估呢?当政策制定者进行政策选择时,最重要的考量因素是获得利益集团的支持。很明显,如果得不到权势利益集团的支持,统治者将难以为继。因此,政治家通常会选择那些权势利益集团所偏好的汇率政策。所谓权势利益集团是指那些拥有最多经济资源、组织资源和最高政治声望的利益集团。

在一般情况下,政府不会采取汇率低估政策,因为即使汇率低估有利于国家经济长期发展,从短期来看,它也会对权势利益集团造成损失。因为汇率低估会使他们进口的外国商品更加昂贵,会使他们支付更多的外债利息。[8]从企业到银行、再到房地产公司,大多数利益集团都反对汇率低估。当然,也有一些利益集团能够从汇率低估中获得好处。比如,制造业部门以及可贸易品生产部门就可以从汇率低估中获得竞争优势(Frieden 1991a)。

然而,即使汇率低估可以使制造业部门从中受益,也不一定能增加制造业企业的利润,比如,汇率低估会增加制造商进口原材料的成本,增加制造业以美元或其他外币计价的债务负担。维持汇率低估政策,通常要求中央银行购买外币并出售本国债券,这些操作都有可能推高国内利率水平,增加制造业的贷款成本(从本地银行的贷款)。劳动力成本上升是汇率低估的另一后果。面对不断贬值的货币,工人会要求提高工资,以维持其实际购买力水平。如果企业加薪,增加的成本会超过汇率低估所带来的好处。为此,在通常情况下,制造业部门反对汇率低估;只有在特殊情况下,制造业才会支持汇率低估。当然,通常政府也不愿意选择汇率低估政策,原因很简单,大多数选民不喜欢汇率低估。

尽管政治经济学理论假设经济人的偏好是不变的，但是，有些学者，例如麦克纳马拉（McNamara 1998）和黑莱纳（Helleiner 2005），坚持认为，制造业部门的汇率偏好是受环境约束的。本书从一个全新的角度发展了这一重要观点。鉴于麦克纳马拉和黑莱纳关于偏好具有环境属性的看法，利益导向的研究方法在解释汇率政策选择方面几乎没有太大的作用。为此，本书提出一个较为复杂的利益集团理论，来说明各国政府的汇率政策选择。[9]本书将探究那些特定的情境因素是如何影响制造业部门对汇率政策的态度。本书的研究方法与亨宁（Henning 1994）基本类似，即说明环境因素——金融市场结构——是可以转化为汇率偏好的。尽管本书与亨宁所研究的利益集团（金融机构）不同，但是，我们赞同亨宁所提出的很有说服力的观点——环境变量将影响整个系统的偏好。沿着这个思路，本书将用"条件偏好理论"来说明汇率偏好不是固定不变的，但其变化过程具有一定的连续性。

本书重点关注制度因素对偏好的影响及其传导机制。不同的制度结构决定制造业部门是否偏好汇率低估。在本书中，笔者特别关注劳动力市场和金融市场的制度结构，因为汇率低估通常会增加企业的劳动力成本和财务成本，而这两项成本在制造业企业的总成本中占有较大份额。

本书认为，那些可以强化政府对劳动力市场和金融市场控制力的制度安排，是支撑汇率低估政策的基石。政府对金融系统的控制，有助于向制造业提供低成本的资金。因此，与私人金融体系相比，国有金融系统更有可能降低制造业的借贷成本。那些可以强化政府对劳动力市场控制力的制度安排，例如对劳工组织的法律限制，也能够降

第一章 引言

低制造业的成本。如果政府控制劳动力市场能力较强，实行汇率低估政策有利于制造业企业。相反，如果政府对劳动力市场的控制能力较弱，汇率低估将会推高工资水平，进而增加制造业的生产成本。因此，在其他条件不变的情况下，政府对劳动力市场和金融市场的控制力越强，制造业支持汇率低估的偏好就越强。

为了获得制造业部门的支持，在那些政府能够控制劳动力市场和金融市场的国家中，政策决策者更倾向于实行汇率低估政策。尽管偏好很重要，但是，政策制定者不会仅仅依据偏好进行决策，在这里实力更重要。

在发展中国家，偏好和实力都非常重要。制造业部门是典型的可贸易行业，也是汇率低估最大的、潜在的利益相关者。[10] 制造业部门还具有重大的政治影响力。第一，发展中国家的政策制定者大都渴望发展本国工业，因此，大都会通过各种政策措施支持制造业部门发展。其二，相对于其他部门来说，制造业企业规模较大，彼此之间联系密切，易于组织，易于表达自己的诉求（Bates 1981；Bellin 2002）。当然还有更多的实际原因促使本书关注制造业部门。尽管人们知道，制造业部门在汇率政策选择中，一直发挥着较大作用，但是，对其本质和传导机制也许大家并不十分清楚。本书将通过对制造业部门及其偏好的分析，促进对这一问题的理解。

如果制造业部门支持汇率低估又具有强大的政策影响力，那么，政策制定者就很可能选择汇率低估政策。制造业部门对于汇率政策的影响力，在很大程度上取决于其掌握的"权力资源"（Korpi 1985）。[11] 当制造业部门控制了主要的经济资源和组织资源时，政策制定者就会将汇率维护在制造业偏好的水平上。相反，当非制造业部门掌握了更多权力资源时,制造业对汇率政策的影响力就会下降。在后一种情况下,政策制定者更倾向于选择高估汇率政策,以迎合非制造业部门的需要。如果政府控制了劳动力市场和金融市场,如果制造业部门偏好汇率低估,那么,根据本书所提出的"条件偏好理论"就可以做出如下判断:那些通常选择汇率低估的国家,一定存在一个强势制造业部门,同时,政府控制了劳动力市场和金融市场。图1.1归纳了笔者的看法。

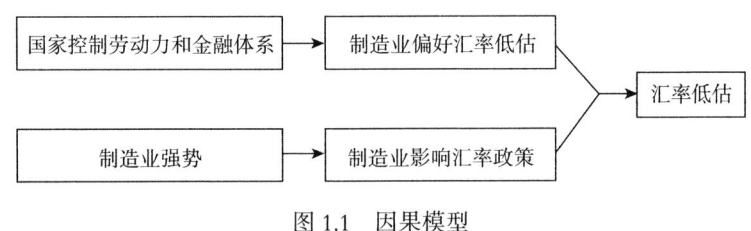

图 1.1 因果模型

启示及研究范围

"条件偏好理论"对于我们理解国际政治经济关系具有重要的启示意义。第一,使我们正视政治因素。"条件偏好理论"认为,只有突破经济范畴,以更加宽广的视野去关注政治和政治动因,才能更好地理解国际金融市场的变化。

第二,"条件偏好理论"指出,当前流行的利益集团偏好理论存在重大缺陷。这一主流理论假定,"行为主体利益在很大程度上取决于单位生产函数,及其在国际分工中的地位"(Lake 2009)。"条件偏好理论"认为,关于利益集团的生产函数并不能真正解释行为主体偏好。因为在不同的环境下,利益集团的汇率偏好是不同的。

第三,"条件偏好理论"认为,制度因素甚至比人们通常认为的更为重要。国际政治经济学家认为,制度因素之所以重要,是因为它可以形成"偏好汇聚"(aggregate preferences)——决定哪个利益集团可以影响政府的政策决策(Moravcsik 1997;Milner 1998;Lake 2009;Rogowski 1999)。相比之下,本书所提出的"条件偏好理论"认为,制度结构决定"偏好聚集",进而影响权势利益集团偏好。其实,历史制度经济学家早就认识到了制度与偏好之间的联系,但却被国际政治经济学家长期忽视了。[12]

在继续说明"条件偏好理论"之前,有必要澄清的是,这一理论仅仅适用于发展中国家(例如中低收入国家),而且本书也无意将其运用于高度工业化的发达经济体。[13] 汇率对于发展中国家而言非常重要,并且影响也各不相同。在经济增长方面,汇率低估政策对于发展中国家更有益处(Mbaye 2013;Rodrik 2008)。但汇率低估政策也有可能提高发展中国家的生产成本。举例来说,多数发展中国家倚重外债(Eichengreen, Hausmann and Paniza 2005),汇率低估会加重其偿债负担。此外,发达国家和发展中国家的政治制度不同,而且"条件偏好理论"所强调的那些制度变量,在发达国家也很少存在。[14] 尽管本书关于利益和制度等观点也应该同样适用于发达国家,但发达国家的具体情况与发展中国家的确存在较大差异。将发达国家排除在本书的研究范围之外,可以集中研究发展中国家的汇率低估政策,毕竟从该政策中受益的主要也是发展中国家。

观点评述

"条件偏好理论"旨在说明汇率低估何时出现和怎样出现。该理论认为,汇率低估最有可能在制造业部门强势,且政府控制了劳动力市场和金融市场的条件下出现。本书认为,在此条件下,政府实行汇率低估政策是有其内在逻辑的:(1)强势制造业对于汇率政策选择具有较大的政治影响力;(2)在政府控制了劳动力市场和金融体系的国家中,制造业偏好汇率低估。考虑到还没有单一方法可以用来独立评价"条件偏好理论",本书将采用多种数据进行测试。本书使用了国家层面的定量数据、企业层面的调查数据,以及四个不同国家的案例研究,以对"条件偏好理论"进行综合分析和评价。

这是第一次实证检验,有必要选取不同国家和不同时期的汇率进行测试。为此,本书搜集了从 1975 年到 2006 年,大部分发展中国家的汇率水平、制造业影响力,以及政府对劳动力市场和金融市场的控制程度等数据。构建这个数据库非常重要,可以用它来评估"条件偏好理论"能否解释各国汇率低估的程度。

定量数据也有助于检验制造业偏好是否具有环境依赖性,为此,本书使用了 1999 年世界银行采集的 55 个国家 2000 多个制造业企业的调查数据。在此项调查中,世界银行分析了各国企业部门对于汇率政策的态度。更难能可贵的是,世界银行还研究了各国制造业企业是否赞成汇率低估政策,以及政府对劳动力市场和金融市场的控制是否影响制造业汇率偏好等重要问题。

这两组数据分析对于测定各国何时汇率低估,以及企业何时支持汇率低估政策非常有价值。但要想有效识别影响汇率政策的因果逻辑,定量分析的作用是有限的,同时定量数据集间还会产生相关性。案例研究可能更符合这一需求。本书的案例研究对政府控制劳动力市场和金融市场的制度安排为什么会影响、如何影响利益集团偏好,以及利益集团偏好为什么会影响、如何影响政府汇率政策选择等问题,

第一章 引言

进行了全面分析。本书选取的四个国家分别是阿根廷、韩国、墨西哥和伊朗。对阿根廷的案例分析主要基于调查;[15] 对韩国、墨西哥以及伊朗的案例研究,主要依赖这些国家的相关资料。

表 1.2 提供了在这四个国家中我们比较关心的变量的统计结果,这些指标对于初步比较而言,还是有用的。表 1.3 根据制造业是否强势,以及国家是否控制了劳动力市场和金融市场等情况,对这四个国家进行了分类。其中,韩国同时具备了强势的制造业部门,以及政府

表 1.2 四个案例的汇总统计数据(%)

国家	制造业/GDP	国有银行	劳动力市场管制	汇率高估
韩国 (1961—1979)	20	57	100	-21
阿根廷 (1966—2012)	27	35	0	14
墨西哥 (1970—1994)	22	24	0	-3
伊朗 (1953—1997)	9	43	100	25

注:高估数据采自赫斯顿等(Heston et al. 2009),研究方法借鉴了罗德里克(Rodrik 2008)。正值(负值)代表汇率被高估(低估)。制造业/GDP 是指制造业产值占国内生产总值的比重,数据采自世界银行(World Bank 2010)。国有银行是指银行资产由国有银行持有的比例,除韩国外,各国数据来源于米科等(Micco et al. 2007),韩国数据来源于拉波塔等(La Porta et al. 2002)。劳动力市场管制是指政府禁止罢工或成立工会的年份比例,数据采自辛格拉内利和理查兹(Cingranelli and Richards 2010),但做了一定的处理。辛格拉内利和理查兹的数据始于 1981 年,因此,未能包含韩国的数据;考虑到韩国 1981—1985 年间每年都存在劳动力市场管制,如果不那么严格的话,在这之前的一段时间,笔者也填了这个数据。除劳动力市场管制以外,其余每个单元格内的数据都是平均值,而"劳动力市场管制"列中的数据表示每个国家观测值达到管制水平的百分比。第三章对每个变量进行了详细说明。

对劳动力市场和金融体系的控制。另外两个国家阿根廷和墨西哥，虽然具备强势的制造业部门，但政府对劳动力市场和金融市场的控制力较弱。还有伊朗，尽管制造业较为弱势，但政府强势地控制了劳动力市场和金融市场。[16] 需要说明的是，专门研究制造业部门较弱，同时政府对劳动力市场和金融体系控制力也较弱的国家，意义不大，在这些国家中，汇率政策是"超稳定的"。[17] 因此，本书也未包括这种类型的国家和地区。本书也没有研究政府控制了劳动力市场（金融市场）但没有控制金融市场（劳动力市场）的情况，因为在这些情况下，我们没有办法做出明确的理论判断。

表1.3 案例选择

劳动力市场和金融市场	制造业部门	
	弱势	强势
私营		阿根廷（1966—2012） 墨西哥（1970—1994）
国有	伊朗（1953—1997）	韩国（1961—1979）

本书对时间段的选择，主要考虑的是各国重要的政治经济转折点。这些国家经历"紧要关头"的时间各不相同，每个案例选择的时间段也不尽相同。[18] 对于阿根廷、韩国和伊朗的研究起点均是各国政治体制发生巨变的时点。对于墨西哥案例研究的起点则是新一届总统就职之后对本国经济体制进行新一轮变革的时点。本书尽量延长了阿根廷案例的时间，而其他三个国家则是以政府的重要变化时点作为结束时间的。针对每个国家又分成了若干个小周期，也就是说，每个国家的案例中有多个小案例。

这些国家的汇率政策选择与"条件偏好理论"基本一致。韩国在

第一章 引言

很长时间内都坚持了汇率低估政策。相反,阿根廷、伊朗和墨西哥在整个时间段内,经历了多次汇率高估(它们很少在较长时间内坚持汇率低估政策)。

各国汇率的平均值也不相同,表1.2的最后一列为各国汇率高估或低估的平均值。韩国汇率是被严重低估的。阿根廷和伊朗的情况刚好相反,在样本期内是被严重高估的。然而,如前所述,该测量方法可能低估了各国实际的汇率高估程度。更为重要的是,一些特殊时期,比如1982—1989年的债务危机期,对墨西哥汇率就有明显的扰动,当时墨西哥汇率水平实际上是严重低估的。剔除这一周期,在余下的7年时间内,墨西哥比索汇率均值高估了6%。墨西哥的案例并不像其他几个国家的案例一样,与"条件偏好理论"如此契合,但也算比较合理,因为墨西哥的汇率水平在这25年的若干个细分的时间段内是被高估的。

所选案例佐证了本书的基本论点。事实上,也是本书特意选择了它们,因为这些国家的汇率水平与本书的理论假设基本一致。[19]不过,用这些案例来评估解释变量是否与汇率低估相关是没有意义的(King, Keohane and Verba 1994),案例研究的目的并不在此。计量分析是用来评估本书提出的各种变量对各国汇率估值的解释力,用少量的样本反复操作只会收效甚微。

案例研究的目的是分析汇率水平与国内政策安排之间的关系。计量分析对于理解各国之间的关系很有帮助,案例研究则相反,案例研究重点关注的是各国内部的情况。换言之,本书并不打算使用案例研究来评定各变量是否与汇率低估相关。相反,案例研究是要解释为什么各个变量之间是相关的。这些案例有助于我们评价解释变量的影响，到底是真的存在因果关系或仅仅是伪相关。案例研究主要关注制造业偏好，以及制造业偏好对各国政策选择的影响程度。结合运用国内案例的定量分析和跨国案例的定性分析，结论将更为准确。本书正是这样做的。[20]

主要基于以下两方面考虑，本书在众多案例中选择了上述四个国家。一是本书选择的是给理论评价造成"困难"的案例。二是本书重点关注那些政治经济环境具有较大差异的国家。关注形式多样的案例，可以提升从这些案例中归纳出来的理论的有效性。[21]

在过去的 50 年中，阿根廷经历了复杂多变的政府更迭过程，有助于从细节上检验本书的理论。在阿根廷的个案中，既有民主政治制度，也有独裁统治，政府分左派、中间派和右派，保护主义与自由经济模式共存。因此，阿根廷的案例非常适合于评价在不同的政治经济环境中，"条件偏好理论"是否成立。

在韩国和墨西哥的案例中，有一些重要变量与阿根廷非常相似，但它们仍被本书选中，部分原因是它们在其他方面与阿根廷存在较大差异。比如，阿根廷和墨西哥的政治经济结构就不尽相同：在评估期内，墨西哥是一党专政，而阿根廷则是民主政治和军事独裁交替出现；阿根廷主要出口粮食，墨西哥主要出口石油。[22] 但是，如果阿根廷和墨西哥采取相似的政治模式，将会提升本书结论的权威性。

1979 年，伊朗的政治制度发生了巨变，但几十年来，伊朗的制造业部门一直较弱，政府对金融市场和劳动力市场的控制力一直较强，因此，伊朗是一个非常具有研究价值的案例。在一定程度上，无论是在美国支持的独裁统治时期，还是在反美神权统治时期，伊朗制造业部门偏好以及政治影响力的变化并不太大，因此，通过该案例总结出

第一章　引言

的结论更具代表性。总之，对这四个国家综合运用定量数据分析和定性案例研究，将大大地提升我们对汇率低估政策的理解力。

本书基本架构

下一章，我们将详细介绍"条件偏好理论"。在这一章中，本书提出一个重要观点，即如果得不到国内权势利益集团的支持，那么政府实施汇率低估政策的现象极为罕见。本书也将提出利益集团和政策制定者支持汇率低估的前提条件，并在接下来的章节中进行检验。

第三章使用了两组不同的跨国定量数据集来检验"条件偏好理论"。首先，笔者选取了1975—2006年间120多个发展中国家的数据，检验哪个国家的政府最有可能支持汇率低估政策。数据表明，有着强势制造业利益集团并且政府控制了劳动力市场和金融市场的国家，本币汇率最可能被低估。其次，通过对1999年50多个国家2000多家企业的数据分析，探讨制造业部门是否偏好汇率低估政策。结果显示，在政府控制了劳动力市场和金融市场的国家，制造业部门支持汇率低估政策。

接下来的两章是案例分析。第四章讨论了阿根廷持续出现的汇率高估现象。本书研究发现，阿根廷强势制造业及其汇率高估偏好，解释了为什么危机后阿根廷政府未能维持比索汇率贬值的趋势。

第五章主要讨论了韩国、墨西哥和伊朗的案例。20世纪60年代和70年代，韩国政府利用他们对劳动力市场和金融市场的控制，赢得了企业家对汇率低估政策的支持。同时，韩国有权势的企业家出于自身利益的考虑，也从政治上支持政府的汇率低估政策。墨西哥与阿根廷存在较多共同点：墨西哥的企业家坚决反对汇率低估，促使政府选择了比索高估政策。正如"条件偏好理论"所说，伊朗制造业部门偏好汇率低估。20世纪60年代和70年代，他们享受到了汇率低估政策的好处，但是在20世纪50年代、80年代和90年代，处于弱势的伊朗制造业部门没有足够的力量来阻止本国汇率高估。

结论部分总结了本书的主要观点。重构利益集团与政治经济制度之间的关系，关注制度因素对偏好的影响，才能真正提升政治经济学的研究水平。本书的基本结论是：汇率制度的改善取决于政治制度的变革。

第二章 汇率低估的"条件偏好理论"

经济学认为，汇率高估政策对于发展中国家来说是有害的。尽管在现实生活中汇率低估有利于经济增长，但是，大多数发展中国家仍然选择了汇率高估政策，仅有少数发展中国家在较长时期内保持汇率低估。本章将讨论这一现象及其原因。我们首先要回答两个问题。第一，为什么大多数发展中国家选择了汇率高估政策？第二，为什么还有一些发展中国家选择汇率低估政策？

为解答上述问题，本章将提出"条件偏好理论"，作为本书的理论基础。所谓"条件偏好理论"是指权势利益集团的偏好决定了汇率政策的选择。"条件偏好理论"假设，"偏好"不是恒定不变的；一国的制度结构变化将影响汇率偏好的变化。

前面的章节介绍了本书的政治经济学的背景知识，从本章开始，将从四个方面阐述"条件偏好理论"。首先，本书将解释为什么权势利益集团对汇率政策制定具有较大的影响力。虽然制造业部门并不是影响汇率政策的唯一利益集团，但有充足的理由对其进行单独论述。制造业部门的汇率偏好因国家不同而不同。在许多（并非全部）发展中国家，制造业部门对于汇率政策的制定有着举足轻重的作用。作为汇率低估的潜在受益者，制造业部门的偏好及影响力往往起着决定作用。本书认为，制造业部门对于汇率政策的影响程度与其掌握的权力资源总量成正比。

其次，本书将进一步研究利益集团偏好。大部分利益集团都不偏好汇率低估。即使从汇率低估中受益的利益集团，在其他方面通常也是汇率低估的受害者。例如，汇率低估赋予国内制造业企业以竞争优势，但同时也增加了国内制造业企业的进口成本与债务负担。因此，大部分制造业企业只不过是汇率低估政策的"有条件支持者"，即有的时候支持汇率低估，有的时候又反对汇率低估。缺乏对汇率低估的持续支持是发展中国家较少坚持汇率低估政策的重要原因。

再次，本书将解释，为什么一国的制度结构会影响利益集团偏好。本书将以劳动力市场和金融市场为例，着重分析一国政府在汇率政策制定中，是否拥有对劳动力市场和金融市场的控制力。如果政府控制了国内劳动力市场和金融市场，使制造业企业避免承担汇率低估的成本，将会增强制造业企业对汇率低估的偏好。

最后，本章将影响力及偏好结合在一起，分析汇率何时最易被低估。汇率低估经常发生在这样一些国家：政府对劳动力市场和金融体系拥有绝对控制力，并且制造业部门强势。

汇率低估：文献综述

如何理解汇率低估

在分析政治因素对汇率政策的影响之前，需要先厘清几个重要的经济学概念。通常所说的汇率是指名义汇率，即多少本国货币可以购

第二章 汇率低估的"条件偏好理论"

买1单位的外国货币。这一比率上升定义为本币贬值、外币升值,即用更多的比索(本国货币)才能购买到1美元(外国货币)。这一比率的下降定义为本币升值、外币升值,即用较少的比索就可以购买到1美元。

大部分人关心国内外商品价格而不是货币的价格。比如,美国的汽车爱好者非常关心从意大利进口法拉利轿车的成本,但他们并不关心1美元能够兑换多少欧元。为此,评估汇率时通常使用实际汇率——一篮子商品的国外价格与国内价格的比率。通常实际汇率定义为名义汇率(e)乘以国外与国内价格的比率($e \times P_F/P_D$)。实际汇率表明1单位货币可购买的国内商品数量与其可购买的外国商品数量的比率。实际汇率的上升意味本币贬值,即相对于本国商品外国商品更为昂贵。相反,实际汇率下跌意味本币升值,即外国商品相对便宜了。除非有特殊说明,本书中所说的"汇率水平"及"汇率价值"均是指实际汇率。

实际汇率水平并不重要,重要的是汇率水平是被高或者低估。有许多种方法可以帮助我们理解汇率的高估或低估,其中,购买力平价是最广泛、最实用的参照基准。当实际汇率与购买力平价相同时,在国外与国内购买相同的一组商品的成本相同。当汇率被高估时,国内居民用相同数量的货币可以购买更多的国外商品($e \times P_F < P_D$)。当国内商品相对国外商品便宜时,汇率被低估($e \times P_F > P_D$)。

本书旨在解释那些影响实际汇率的政治因素。汇率高(低)估被定义为国外商品比国内商品便宜(昂贵)。

本书将从理论上解释,为什么发展中国家能够在较长时间内保持汇率低估或汇率高估。突尼斯就是汇率持续低估的典型案例之一。

从 1990 年至 2007 年，突尼斯政府持续实行汇率贬值政策，造成本币汇率严重低估。对于短期内汇率低估的原因不再赘述。在后面的章节中，本书将会讨论由于资本外逃和货币危机所导致的短期汇率低估，而非政府操纵，俄罗斯就是这一模式的典型代表。从 1992 年至 1998 年，俄罗斯卢布急剧贬值。但在危机过后的几年中，俄罗斯卢布却不断升值。从 1990 年至 2007 年，俄罗斯卢布实际汇率低估了 27%。在这段时间内，俄罗斯卢布并非汇率低估的典型，因为在很多情况下，俄罗斯卢布是被高估的，卢布汇率升值不仅仅是政府干预外汇市场的结果。这个例子还可以说明，为什么俄罗斯与许多发展中国家一样没有能够坚持汇率低估政策。这正是"条件偏好理论"所要回答的问题。

汇率低估：成本与收益

汇率低估对于一国经济来说既有正面影响又有负面影响。汇率低估的成本通常更集中、更直接。汇率低估的成本主要有以下三种形式：

一是汇率低估会降低国内厂商及消费者的购买力（Broz and Frieden 2001；Walter 2008）。本币汇率持续低估时，进口货物更加昂贵。这会导致工人的实际工资降低，因为此时同样的工资却无法从国外购买与以前数量相同的食品和服装。同样，对于进口原料的生产商来说（比如孟加拉服饰生产厂商进口贝宁的棉花用于生产），汇率低估会引起成本增加。进口商品成本上升将引起国内商品价格上涨，最终导致国内通货膨胀率上升。

二是汇率低估将加重对外债务负担。发展中国家的许多企业与家庭都拥有对外负债，这些债务需要用外币偿还。比如，有 70 万匈牙

第二章 汇率低估的"条件偏好理论"

利人的住房按揭贷款是以瑞士法郎计价的（Alderman 2011）。本币汇率低估将增加其对外债务负担，很明显，负债一方需要更多的本国货币来支付外币债务（Pepinsky 2009；Walter 2008；Woodruff 2005）。匈牙利的房屋所有者在福林（匈牙利货币）对瑞士法郎大幅贬值时，对此是深有体会的。当时，匈牙利人不得不使用比以往更多的工资来偿还住房按揭贷款。

本币汇率低估还会增加企业和居民的国内借贷成本，笔者将在下一章进行说明。为保持汇率低估，中央银行通常采取对冲式的外汇干预措施，即抛售本币购买外汇（Calvo, Leiderman and Reinhardt 1996；Reinhardt 1998）。当一国政府大量出售政府债券进行对冲时，投资者就会担心该国政府能否履行其偿债责任。因此，政府需要向投资者支付更高的利率来吸引其购买政府债券。对冲式的外汇干预还有可能引发本币利率上升（Frankel 1997；Reinhardt 1998）。比如20世纪90年代，哥伦比亚政府实施的对冲式外汇干预，使其短期贷款利率从23%快速上升至47%（Reinhardt 1998, 108）。利率上升使得国内居民购买汽车等大件商品的成本增加，企业投资成本增加、利润减少。由于资金成本上升，对冲式的外汇干预通常还会降低企业的固定资产投资（Reinhardt 1998, 109）。总之，在短期内，通常是通过抛售政府债券来维持汇率低估的，但这种行为会增加借贷成本。

增强外部竞争力是汇率低估带来的直接收益（Frieden 1991a）。汇率低估会使得一国产品在国际市场上的价格更为便宜，从而有利于促进出口。同时，汇率低估还会使得外国商品对于本国居民来说更为昂贵，这将鼓励本国居民更多地购买国内产品。

汇率低估不仅具有外部竞争性优势，而且还会为一国经济增长带来长期利益。正如前面所述，就经济增长速度来说，汇率低估的国家通常会高于汇率高估的国家和汇率自由浮动的国家。一些经济学家认为，汇率低估之所以有利于经济增长，是因为汇率低估可以提高具有较高劳动生产率水平的可贸易产业的效率，从而提高整个社会的劳动生产率（Rodrik 2008）。另外一些经济学家认为，汇率低估之所以有利于经济增长，是因为汇率低估可以降低劳动力成本，提高企业投资率（Levy-Yeyati, Struzenegger and Gluzmann 2013）。同时，汇率低估也意味着更加稳定的经济增长，因为汇率低估有利于保持进出口贸易平衡，减少资本外流及金融危机给一国经济所造成的脆弱性（Reinhardt 2009）。较低的失业率是汇率低估的又一好处，因为汇率低估可以降低国内工资水平，从而使企业可以雇用更多的工人（Frankel and Ros 2006）。

总之，汇率低估对一国经济既有有利的影响，又有不利的影响。汇率低估的不利影响包括抬高进口成本和加重债务负担；汇率低估的直接有利影响是提升外部竞争力，此外还有很多长期才能表现出来的间接有利影响。

政府是如何进行外汇市场干预的？

为进一步理解汇率失调，我们需要关注政府的政治行为。在通常情况下，是由"政治行动者"即政府官员而不是"市场行动者"即社会公众来决定一国汇率的低估或者高估。因此，政策预期应当是汇率低估理论关注的重点。

真实汇率是一个被政府控制的"政治变量"。将汇率低估置于首要目标的政府总是能够保持汇率低估。[1] 杰弗里·弗里登（Jeffry

第二章 汇率低估的"条件偏好理论"

Frieden 1997）认为："在技术层面上，根本不存在不能维持的汇率水平。出于纯粹的经济因素，也不存在无法维持的汇率水平。"即便维持失调的汇率水平成本高昂，只要当权者愿意这样做，他们总是有理由这样做的（Frieden 1997）。一些国家之所以能够长期保持汇率低估，是因为政府掌握了干预汇率的政策工具。

为保持汇率低估，政策制定者必须首先使得汇率达到低估的水平，之后使其维持在低估的状态。让实际汇率贬值可以有两种方式，最常见的方式是名义汇率贬值，在其他条件不变的情况下，名义汇率贬值将导致实际汇率贬值。[2] 让实际汇率贬值的第二种方法是实施紧缩性货币政策和财政政策，比如，实行高利率、高税率和降低政府支出。紧缩性宏观政策将降低国内价格，在其他条件不变的情况下引起实际汇率贬值。比如，2008年，爱沙尼亚、拉脱维亚及立陶宛均通过通货紧缩使其实际汇率贬值。

实际汇率被低估之后，政策制定者还会采取相应措施，继续保持汇率低估。最重要的方法是通过中央银行进行外汇市场干预。[3] 当本币汇率低估，外币供大于求时，中央银行必须购买多余的外币以阻止名义汇率升值。然而，购买外币将增加本币的供应量，从而增加国内物价上涨的压力，不利于维护实际汇率低估。中央银行较常使用的方法是对冲干预，即政府买入外汇，然后再卖出政府债券来回收本币市场流动性（Calvo et al.1996；Reinhardt and Reinhardt 1998）。[4] 20世纪90年代，捷克、埃及和肯尼亚就曾经出现过政府通过购买外汇和卖出政府债券的方式来避免实际汇率升值和通货膨胀率上升的情况。

政策制定者通常会采取一系列政策措施来保持汇率低估。防止实际汇率升值通常需要采取紧缩性的财政政策，比如，增加赋税、减少政府支出（Reinhardt 1998；Calvo，Leiderman and Reinhardt 1996）。这里，紧缩性财政政策十分重要，因为它能够使国内的通货膨胀率相对于国外的通货膨胀率保持在较低水平上。比如，持续的财政盈余是博茨瓦纳政府持续保持汇率低估的重要原因（Harvey and Lewis 1990）。

一些国家通过管制资本流入来降低实际汇率。[5] 当资金大量流入一个国家时，对于该国货币的需求将会上升，从而引起该国货币升值。对资本流入的限制措施将阻止本国货币升值（Ghosh et al. 2012；Reinhardt，Ricci and Tressel 2013）。在2008年全球经济危机爆发之际，巴西和韩国政府就是通过采取限制国外资本流入的政策来阻止本币汇率升值的（Gallagher 2015）。

政府能够维持汇率低估并不意味着政府也能够维持汇率高估。一国政府控制汇率的能力是"显著不对称的"：政府拥有多种政策工具来应对本币升值。相反，阻止本币贬值的努力通常与投资者不愿意持有贬值资产的愿望相悖（Reinhardt 2008）。一国政府要想保持汇率高估并非易事，因为这样政府需要购买的外汇总量也许是无限的。一国政府要想保持汇率水平不变将更加困难，因为外汇储备会被耗尽（Mohanty and Turner 2005）。汇率高估会造成资本外流，引发中央银行外汇储备枯竭，导致本币汇率急剧贬值。当然政府也可以通过提高利率的方法来阻止资本外流及本币汇率贬值。然而，即使高利率可以阻止名义汇率贬值，但利率上升也会引起实际汇率贬值。

总而言之，决心保持汇率低估的政府需要拥有充足的政策工具，包括汇率贬值、紧缩性财政政策、对冲式外汇市场干预、限制资本流入等。这些政策操作都是不容易的，但通过这些政策操作，政策制定者还是有可能维持汇率低估。[6] 汇率低估虽然成本昂贵但总归是可以

第二章 汇率低估的"条件偏好理论"

实现的,最大的问题并不在于经济成本而是政治合理。因此,有必要深入理解那些制定汇率政策的政治家的动机。

利益集团与汇率低估

为什么利益集团可以影响汇率政策?

为什么汇率低估非常少见?为了说明这个问题,必须首先说明汇率政策制定者的目标是什么。[7] 政治家都希望将本币汇率维持在低估水平或者均衡水平,因为在汇率高估的环境中,经济增长放缓,容易受到金融危机冲击,这绝不是政治家想要看到的。即使是充斥着贪官污吏的独裁国家,也不愿看到本币汇率高估所带来的后果:经济增长缓慢意味着贪腐行为也会受到限制(Olson 1993)。

显而易见,政策制定者并不总是选择对宏观经济有利的政策,汇率政策也不例外。政策制定者关心的是对于他们所选择汇率政策的社会支持程度。除非能够得到国内权势利益集团的政治支持,否则,政策制定者可能不会选择汇率低估政策。政策制定者也许有意选择利于经济长期发展的汇率政策,但是,他们更需要短期的政治支持,尤其是涉及汇率问题时,利益集团偏好成为决定性因素。

"条件偏好理论"的前提是利益集团对汇率政策具有强大的影响力,即利益集团的偏好成为政府是否保持汇率低估的关键因素。本书所说的"影响力"是指行动者能够带来有利结果的能力。一个利益集团对汇率政策具有影响力是指,若无该利益集团的支持,政府将会采取完全不同的汇率政策。

为什么利益集团能够影响政府的汇率政策?答案很简单:政府需要得到社会公众的支持,这是决定他们政治生涯的关键。无论独裁总统还是民主领袖，如果得不到权势利益集团的支持就难以为继（Bueno de Mesquita et al. 2003）。在一个利益集团坚决反对汇率低估的国家，政府选择汇率低估政策会被视为政治冒险。

权势利益集团可以通过许多途径来影响汇率政策的制定。奖励或惩罚政府官员是其中的一种，游说或直接施压是最为常用的一种。比如，在一个民主国家中，利益集团可以通过在总统选举中将选票投向竞争对手的方法来惩罚现任统治者，利益集团还可以通过组织活动来支持那些承诺给予他们有利的汇率政策的统治者。在拥有独立媒体的国家，利益集团还会通过左右舆论来影响政府，迫使政府按其偏好来制定汇率政策。

在独裁政权的国家中，利益集团也会通过多种方式来影响汇率政策。利益集团可以利用其与官僚和政党的关系来推举自己的候选人。在军事独裁政权下，如果现行汇率政策与利益集团的利益相悖，他们可以支持反对派武装夺取政权，或者支持民主运动推翻军事政府。20世纪90年代，印度尼西亚的军事政权更替就是一个典型的例子，当时货币贬值损害了一些利益集团的利益，他们不再支持苏哈托政权，并且最后成为苏哈托政权的终结者（Pepinsky 2009）。

利益集团有很多渠道直接影响汇率政策，有时甚至不需要采取实际行动，因为政府会密切关注利益集团对其政策的反应，以尽量避免实施那些可能给其带来不利后果的政策措施，比如，减少特定类型的投资（Lindblom 1977；Hacker and Pierson 2002；Fairfield 2010）。[8] 以美国金融业为例。美国银行业之所以长期享受优惠政策，是因为银行倒闭会给美国政府的执政地位造成打击。同样，如果汇率低估损害了权势利益集团的利益，政府就会尽量避免实行汇率低估政策。在这种情况

第二章 汇率低估的"条件偏好理论"

下,权势利益集团甚至不需要游说就能够影响政府的政策选择。

简而言之,权势利益集团拥有可以影响汇率政策选择的各种各样的"胡萝卜"和"大棒"。那些满意现行汇率政策的利益集团将会支持现任政府,那些反对现行汇率政策的利益集团则会通过多种手段惩罚甚至推翻政府。当然,也存在忽视利益集团诉求的政府,他们非勇即愚。综上所述,在一般情况下,汇率政策制定者将国内的政治支持,而不是国内经济发展目标或者其他经济目标,视为政策选择的决定性因素。

权力资源及其政治影响

不同的利益集团对于汇率政策的诉求是不同的。"利益集团偏好理论"需要解释,为什么利益集团能够影响汇率政治。

决定政治影响的因素有许多,本书将讨论最重要的变量,这个最重要的变量就是权力。那些权力较大的利益集团对于汇率政策的影响力也较大。由于权力是一个有争议的概念,因此,有必要首先解释本书中关于权力的概念。权力和影响力通常被视为同义词,本书却将这两个概念严格区分。[9] 本书采用"权力资源法",定义权力为一方可以控制的反映诉求、保护利益的资源(Korpi 2006)。[10] 从这个视角来看,当一个利益集团所拥有的权力大于其他利益集团时,该利益集团就可以被视为是有权力的。至少有三类权力资源与利益集团的影响力相关:经济资源、组织资源、无形资源。

第一种权力资源或者说最直接的权力资源是经济资源(Baldwin 1979;Korpi 1985,2006)。掌控更多财富和资产,雇用更多员工的利益集团对于汇率政策制定具有更大的影响力。[11] 经济资源能够增加政治影响力的原因很多,比如财大气粗的利益集团可以举办各种宣传和游说活动。利益集团掌控的社会财富越多、受关注度程度越高,游说成功的概率也就越大。拥有更多经济资源的利益集团对于劳动力市场、税收收入、宏观经济会有更大的影响力。这使得政策制定者更加照顾权势利益集团的利益,为他们提供更有利的政策环境。

第二种权力资源为组织资源,是指权势利益集团克服"集体行动"困难、进行成功游说的能力。组织资源由多种要素构成。对于利益集团来说产业结构是一个重要因素。一个由少数大型公司组成的产业组织,其游说能力比一个由众多小型公司组成的产业组织要强大得多(Olson 1965)。商业协会为产业集团的游说提供资助(Fairfield 2010; Schneider 2004; Wibbels 2012)。拥有商业协会的行业部门对于汇率政策的影响较大。产业与政府(司法和政党)之间的关系是组织资源的另一种形式,也可以增大产业部门对汇率政策的影响力(Fairfield 2010)。前期研究表明,与政府关系密切的企业往往享有更多的优惠政策,包括税收减免和信贷补贴等(Adhikari,Derashind and Zhang 2006; Faccio,Masulis and McConnell 2006; Khwaja and Mian 2005; Malesky and Taussig 2009)。与政府关系密切的行业部门更有能力说服政策制定者,实行对其有利的汇率政策。

第三种权力资源是无形资源,它可以增加利益集团对汇率政策的影响力(Korpi 1985)。无形资源包括许多非物质资源,比如,社会地位和政治特权等。[12] 相比之下,那些具有较高社会地位和较大政治特权的利益集团,更容易说服政策制定者实施对其有利的汇率政策。

利益集团对汇率政策的影响力(比如,使政府改变汇率政策的做法)有助于增加其经济资源、组织资源和无形资源。这同样表明,国内各种利益集团之间的平衡也会影响汇率政策选择。当汇率低估政

第二章 汇率低估的"条件偏好理论"

策更有利于权势利益集团时,政策制定者往往倾向于选择汇率低估政策。当汇率高估政策更有利于权势利益集团时,政策制定者往往倾向于选择汇率高估政策。

制造业部门的重要性

汇率政策与权势利益集团之间的偏好息息相关。不过,在发展中国家,一些利益集团会比另外一些利益集团具有更大的影响力。比如制造业利益集团往往比其他行业利益集团具有更大的影响力。兰德尔·亨宁(Randall Henning 1994,2006)指出,在汇率政策决定中,制造业部门会受到特别关注,因为制造业部门规模大,政治影响力强。

在发展中国家,制造业部门被视为权势利益集团;虽然制造业部门不是唯一重要的权势利益集团,但是,制造业部门对于各国政府是否选择汇率低估政策至关重要。伊娃·贝林(Eva Bellin 2002)指出,"长期以来,私人部门的企业家被社会学家视为能够掌控一国政治的群体",这也包括政府对汇率政策的选择。

本书重点分析制造业部门的权力和偏好。这样做虽然有以管窥豹之嫌,但是,能够将制造业部门进行全面而透彻的分析是十分重要的。下面将介绍制造业部门的权力资源,旨在说明制造业部门为什么能够影响政府的汇率政策制定。

在发展中国家,制造业利益集团通常比其他利益集团拥有更多的组织资源。制造业部门主要由少数大公司构成。这些公司在地理位置上彼此靠近。这些特点使得制造业更容易组织游说活动,赢得对其有利的政策选择(Bates 1981)。相比之下,农业生产者分散在全国各地,发展中国家农民的规模非常庞大。[13] 服务业也是由数量众多的小公司组成。企业规模小和数量多的特征降低了"集体行动"的能力。[14] 由此可见，在其他条件不变的情况下，制造业游说政府获得有利政策的能力优于其他部门。

在发展中国家，制造业利益集团拥有巨大的无形权力资源。政府和社会公众往往将工业化与现代化视为同一件事情（Amsden 2001；Bates 1981；Tybout 2000）。贝茨（Bates 1981）认为，"发展中国家政府的首要目标是将国民经济从以农业为主转变为以制造业为主"。那些已经具有工业化基础的发展中国家，一般都希望生产更具创新性、附加值更高的产品（Evans 1995；Gereffi，Humphrey and Sturgeon 2005）。要实现这些目标，在很大程度上取决于国内制造业的发展，这也提升了制造业部门的政治影响力（Bellin 2002）。发展中国家普遍相信，凡是对发展工业有利的事情就是对国家有利的事情。

制造业拥有的组织资源优势和无形资源优势使其具有比其他行业更强大的政策影响力。但是，这并不意味在所有发展中国家，制造业对于政府汇率政策选择都具有决定性影响。各国的权力结构不尽相同，政治形态也大相径庭。从整体上看，一国制造业往往拥有较多的组织权力资源和无形权力资源，但并不总是如此。有些国家的制造业拥有的组织资源及无形资源较少，其影响力也就相对较弱。同时，每个国家制造业所控制的经济资源不同：在制造业拥有的经济资源相对有限时，其对汇率政策的影响也相对有限；反之亦然（Blomberg，Frieden and Stein 2005；Frieden 2002；Frieden，Ghezzi and Stein 2001；Frieden，Leblang and Valev 2010；Singer 2010，312）。

总而言之，权势利益集团的偏好决定了一国汇率是高估还是低估，其中制造业利益集团的偏好尤为重要。一般来讲，制造业部门掌握较多的组织资源及无形资源；当权力资源与经济资源结合在一起时，制造业对于汇率政策的影响力将非常强大。遗憾的是，在发展中国家，这一道理并非人人都能理解。根据传统理论，"制造业在竞争性货币定价方面的利益并不明确"（Henning 1994）。下一节我将说明，实际情况并不是这样。对于制造业偏好的分析，有助于解释为什么在发展中国家汇率低估的情况并不多见。

利益集团与偏好

虽然从长期来看汇率低估有利于一国经济发展，但是在多数情况下，汇率低估政策是不得人心的。利益集团反对汇率低估政策的主要原因是：在短期内汇率低估可能带来高成本、低收益。一些利益集团（比如制造业部门）是汇率低估的直接受益者，但是，汇率低估政策同样也会增加制造业企业的成本。因此，这些利益集团就成为汇率低估政策的"有条件支持者"。[15] 他们对于汇率低估的偏好通常不是一成不变的[16]。尽管制造业利益集团通常具有强大的政治影响力，但其支持汇率高估的行为也时有发生。汇率低估缺乏持久支持者，这也是汇率低估较为少见的重要原因。

汇率定价偏好：简易模型

本节将提供推算利益集团对于汇率低估的偏好情况的简易框架。假设，从短期至中期，参与者关注汇率低估对于利润（收入）的影响，对于未来的影响考虑不多。利益集团的两个特征在其汇率偏好的决定中发挥了重要作用。

第一个特征为"可贸易"程度，即一种商品跨国界销售的难易程度。弗里登（Frieden 1991a）开创性的研究说明了可贸易产业与不可贸易产业是决定汇率偏好的重要因素。零售业、银行业、服务业是典型的非贸易产业。制造业的所有产品，从牙膏到电视机都是可贸易的。贸易的便利程度决定了汇率低估政策对于一个国家来说是否有利。汇率低估有利于可贸易商品的生产商，因为汇率低估可增加其国际竞争力。一国国际竞争力对于不可贸易的公司几乎没有影响，因为他们不需要与外国产品竞争。弗里登的部门理论强调，可贸易产业倾向于汇率低估政策，不可贸易产业青睐汇率高估政策。

第二个特征是企业对投入品和债务的依赖程度。企业投入的特点与产出的特点同等重要。企业越是依赖进口投入品及债务，汇率低估越是会增加成本。由于汇率低估会使进口成本增加，这就导致使用进口投入品的企业成本增加。实际上，即使并不直接来自于国外供货商，国际贸易中投入品的价格完全由市场决定，当汇率贬值时投入品的成本也将增加（Bodnar and Gentry 1993）。同样，借有外币债务的企业在汇率贬值时债务负担将增加。借有国内债务的企业也将受到汇率低估的影响，因为汇率低估通常会推升国内利率。

有两个重要因素决定市场参与者的汇率偏好：企业产品或服务的可贸易程度及其对投入品和债务的依赖程度。这两种特征产生了四种市场参与者。[17] 表2.1总结了市场参与者的特征对汇率偏好的影响。生产可贸易商品、不使用进口投入品和银行贷款的企业会支持汇率低估，因为汇率低估将增强这些企业的竞争力，并且不会增加其生产成本。严重依赖银行贷款和进口投入品的非贸易产业会反对汇率低估，因为汇率低估不仅不会增强这些企业的竞争力，还会增加其成本。其他两种组合的偏好不明确。不使用进口投入品和国外贷款的非贸易企业几乎不受汇率低估的影响，因此，他们对汇率政策选择会表现出漠不关心的态度。严重依赖债务、进口投入品的可贸易企业在汇率低估

第二章 汇率低估的"条件偏好理论"

情况下受益较大,成本支出也较大。尽管汇率低估对于这一群体的利益不明确,但他们仍然关注汇率政策选择,他们是典型的汇率低估政策的有条件支持者。

表 2.1 汇率偏好

可贸易性	外债和进口投入品依赖程度	
	低	高
低	无差别	高估
高	低估	高估

本节的剩余部分将评估五种不同市场参与者支持或反对汇率低估政策的程度。表2.2 总结了五个群体的偏好特点。从中可看出,几乎没有利益集团强烈并持续地支持汇率低估。

表 2.2 利益集团偏好总结

利益集团	可贸易性	外债和进口投入品依赖程度	偏好的汇率水平
服务业	低	高	高估
金融部门	低	高	高估
劳动者	低	高	高估
初级产品	可变	可变	—
制造业	高	高	有条件的

服务业部门

服务业部门包括饭店和房地产等行业,是典型的非贸易行业。服务业企业一般不会与国外企业竞争客户。从表 2.3 可见,仅有5%的服务及建筑企业出口产品。因此,这些行业并不享有汇率低估政策带来的好处。不过,大部分服务业企业依赖进口中间产品。例如,本地餐厅可能从国外购买蔬菜和鱼类;建筑公司可能从国外进口水泥;许多服务部门的公司从银行借贷进行投资融资。根据表2.3，超过25%的服务部门企业进口中间产品，10%以上的投资资金来源于当地银行。服务行业坚决反对汇率低估政策，因为汇率低估政策不能增加他们的竞争力，却会增加他们的成本。

表2.3 服务业和制造业企业的特征

	服务业和建筑服务	制造业	纺织企业	农工制造业	资本品制造业	消费品制造业
出口	5.2% (n=22134)	21.9% (n=44999)	33.7% (n=12128)	18.1% (n=9142)	17.2% (n=12713)	17.4% (n=10761)
进口投入	28.7% (n=11928)	31.5% (n=24315)	39.9% (n=6710)	19.3% (n=5362)	34.6% (n=7528)	28.2% (n=4426)
本地银行贷款	10.6% (n=12544)	20.2% (n=26839)	19.6% (n=5848)	20.7% (n=5848)	20.1% (n=7742)	20.7% (n=6154)
外币贷款	4.4% (n=6723)	14.7% (n=18263)	15.2% (n=5163)	15.5% (n=3456)	17.8% (n=4917)	10.2% (n=4714)

注：数据来源于世界银行，企业调查（2002—2006年）。不包括高收入的经合组织成员国的企业。

金融部门

金融部门也反对汇率低估，因为金融部门不仅是非贸易部门，而且高度依赖国外资金。当本币汇率贬值时，新兴经济体的银行面临偿还国外债权人债务的压力，并有可能破产（Pepinsky 2009；Woodruff 2005；Walter 2008）。汇率低估也使得新兴经济体的银行购买外国资产时成本更高（Frieden 1991a）。汇率低估还有可能对新兴经济体的银行带来间接的负面影响，其持有的外汇储备和对冲债券只能获得较低的回报率，而在汇率低估时这些资产通常占其总资产的较大比例（Cruz and Walters 2008；Standard Chartered 2008c）。

第二章 汇率低估的"条件偏好理论"

工人

工人是不喜欢汇率低估的另一个群体。汇率低估提高了进口商品的价格,也提高了国内可贸易品对不可贸易品的相对价格。因此,汇率低估时,基本消费项目,比如服装、食品和石油等将变得更加昂贵。工人通常消费更多的是可贸易品而不是非贸易品,所以,汇率低估降低了工人的实际工资水平(Cooper 1971;Edwards 1989;Huizinga 1997;Levy-Yeyati, Struzenegger and Gluzmann 2013)。

同时,大多数工人受雇于非贸易行业,比如服务业。服务业相对于其他行业具有劳动密集的特征,在大多数发展中国家,可能有一半以上的劳动力在服务行业就业(Bearce and Hallerberg 2011)。因此,对于大多数工人来说,汇率低估降低了企业利润,可能造成工资水平下降和失业率上升。此外,少数受雇于出口导向型行业的工人能否从汇率低估所带来的收益中分得好处也是不明确的。例如,低工资是东亚出口企业在汇率低估中带给工人的显著效应(Deyo 1989)。总之,在一般情况下,工人都反对汇率低估,因为在短期内汇率低估的政策效应就是降低实际工资。[18]

初级产品部门

初级产品部门由农业和初级产品(比如石油和矿产)生产企业构成。初级部门包括各类企业,这些企业的汇率偏好也各不相同。一般而言,初级产品是可贸易的,一些发展中国家的经济发展依靠初级产品的大量出口,但情况并非总是如此。多数农民居住在偏远地区,较高的运输成本使得部分农业部门事实上是不可贸易的(Broz, Frieden and Wibbels 2008)。从进口投入品和外债来看,初级部门内部也存在较大差异。土地和劳动是初级部门的主要投入品,然而,许多初级产品生产企业却是资本密集型的。比如，农民在生产中使用进口的拖拉机和化肥。木材和矿产生产企业要负担大量固定资产投资，他们对利率和进口投入品的价格很敏感。

由于存在这些差异，同属初级部门的企业对于汇率政策的态度也不尽相同。一些国家实行出口导向战略，初级产品出口企业强烈支持汇率低估政策，特别是那些不依赖进口投入品的企业。比如，加纳可可豆出口企业和哥伦比亚咖啡出口企业就非常赞同汇率低估（Bates 1981，1997）。另一方面，由于一些初级产品出口企业严重依赖进口投入品，他们坚决反对汇率低估，比如土耳其的农业部门（Waldner 1999）。最后，汇率水平变动对于自给自足的农民影响很小，通常他们不参与贸易活动，更不依靠进口投入品和国外债务。总之，就汇率政策选择而论，初级部门内部也存在较大差异。一些初级产品出口企业强烈支持汇率低估，另外一些只是有条件的汇率低估政策的支持者，还有一些保持中立立场。[19]

制造业部门

大多数制造业企业生产可贸易商品，大量使用进口投入品，并且向国外的银行贷款。表2.3的数据支持制造业的这一特征，这些数据来源于世界银行2002—2006年私营企业大型调查。表2.3的第二列显示了制造业的整体情况。数据表明，制造业企业产品出口占其总产出的1/5，远远高于服务业。这说明从总体上看制造业是可贸易的，并且制造业生产使用了大量的进口投入品（Campaign and Goldberg 1997）。比如，汽车生产商在生产中使用大量的进口机器和钢材（Sturgeon, Van Biesobroeck and Gereffi 2008）。表2.3表明，样本企业投入品的1/3来自进口。制造业部门的另一个特征是严重依赖

第二章 汇率低估的"条件偏好理论"

本地银行融资，制造业企业新投资项目 20% 的资金来自本地银行。最后，表 2.3 表明，制造业企业外币负债占其总负债的比重为 15%。

这些特征在制造业的子部门中也普遍存在。表 2.3 最后四列收集了四个制造业子部门的数据，分别为纺织业、农业制造业、资本品制造业和消费品制造业。四个制造业子部门都生产可贸易产品，都依赖进口投入品和外债。这四个制造业子部门的企业都属于表 2.1 第四象限。

由于这些特征，汇率低估可能会同时增加制造业企业的收入和成本。制造业企业产品与外国产品进行竞争，汇率低估政策为本国制造业企业带来竞争优势。[20] 同时，汇率低估也会增加制造业企业进口投入品的成本和外债负担。这两个重要且相互交织的效应，使制造业企业成为汇率低估的有条件支持者。有时竞争收益使制造业部门强烈支持汇率低估政策；有时汇率低估的成本可能超过收益，从而使制造业坚决反对汇率低估政策。总之，制造业企业的汇率低估偏好与制度环境相关。

历史表明，制造业部门在一些条件下支持汇率低估，在另外一些情况下反对汇率低估。20 世纪 80 年代初的智利和 20 世纪 90 年代末的中国台湾就是制造业游说政策制定者实施汇率低估案例中的两个（Silva 1993；Walter 2008）。同时，也存在制造业部门反对汇率低估的大量案例，比如，20 世纪 90 年代初期墨西哥制造业就强烈反对汇率低估政策（Kessler 1998）。20 世纪 70 年代土耳其制造业也反对汇率低估（Waldner 1999）。秘鲁制造业则要求本币汇率升值（Pascó-Font and Ghezzi 2001）。总之，各国制造业部门的汇率偏好存在较大差异。

决定制造业部门支持还是反对汇率低估的主要因素是什么？本书认为，不同国家制造业部门的汇率偏好差异主要由各国的产业结构和制度结构决定。不过，制造业部门产业构成的差异性并不能充分解释各国制造业的汇率偏好。各国制造业部门之间的差异并不大。事实上，所有发展中国家的大部分制造业部门都生产可贸易产品，依赖进口投入品和外债。无论一国制造业部门主要生产钢铁还是芯片，汇率低估对其利润的影响均不确定。本书将说明制度因素——劳动力市场和金融市场的制度结构——决定了制造业部门的汇率偏好。

为什么汇率低估并不常见？

以上关于利益集团汇率低估偏好的研究发现了一个惊人的结论：通常会有更多的社会公众支持汇率高估。正如我们所观察到的，工人、服务业和金融业都反对汇率低估。生产可贸易产品的企业要么并不关心汇率低估还是高估，要么反对汇率低估，因为汇率低估政策会增加其投入品成本和债务负担。制造业通常是汇率低估政策的有条件支持者。

如果没有利益集团支持，政策制定者很难实施汇率低估政策。本书的一个主要论点是，由于缺乏权势利益集团支持，发展中国家汇率低估现象并不常见。制造业部门的汇率偏好具有特殊重要性，因为制造业部门通常是发展中国家最具权势的部门之一，如果制造业不能坚定而持久地支持汇率低估政策，那么政府也就不会总是选择汇率低估。如果制造业部门坚定而持久地支持汇率高估，那么政府就很有可能选择汇率高估政策。

汇率偏好的制度经济学分析

汇率低估偏好受到一系列制度环境变量的影响。本节将解释，为什么一国的制度结构会影响利益集团的汇率低估偏好。本书认为，有两种类型的制度，即与劳动力市场结构相关的制度和与金融市场相关的制度，会影响制造业部门的汇率偏好。本书的主要假设是，政

第二章 汇率低估的"条件偏好理论"

府控制了劳动力市场和金融市场将提高权势利益集团对汇率低估的支持程度。

制度结构：劳动力市场和金融市场

政治经济学家都承认制度的重要性。问题是，哪些制度更为重要？为什么重要？大多数国际政治经济学家关注正式的政治制度，比如选举制度。他们提出，制度塑造对外经济政策，主要路径就是制度决定了利益集团偏好及其对政策的影响程度（Lake 2009；Moravcsik 1997）。这一方法也许正确，但太狭隘。历史制度主义认为，经济政策取决于更大范畴的制度结构，包括公共政策等（Farrell and Newman 2010）。历史制度主义强调，制度的作用不仅仅是利益集团偏好的加总（Farrell and Newman 2010；Thelen 1999；Thelen and Steinmo 1992）。本书的制度理论将运用历史制度主义观点来解释发展中国家的汇率制度选择。

制度结构决定了政策工具和组织资源（Haggard 1990；Ikenberry 1986；Katzenstein 1978；Skocpol 1985）。哈格德（Haggard 1990）指出，政府的政策理念得以扩展或者收缩，主要取决于其所掌握的政策工具，所有拥有独立货币政策的政府都可以通过各种政策工具来影响本币的实际汇率。但是，就政府实施特定微观政策的能力而论，其差异非常大。

一些制度结构赋予了政府一系列政策工具，以改变单个企业或者行业的赢利能力，本书将此类制度定义为政府控制体系或者制度控制体系。另外一些制度结构使政府不拥有向特定企业部门提供优惠的政策工具，本书将此类制度定义为非政府控制体系或者非制度控制体系。

公共制度对于汇率政策来讲非常重要，因为它可以影响政策制定者降低汇率低估负面效应的能力。那些能够拓展政策工具的制度，使得政府可以通过实施定向政策来降低企业成本。如果政策制定者能够将汇率低估与减少工资、降低利率等政策结合起来，制造业的成本将不会有实质性增加。这一政策组合将大大增强制造业部门的竞争力，增加利润，同时使其保持较低的成本。影响政府实施定向政策的制度结构会对利益集团偏好产生重大影响。当政府能够弥补由于汇率贬值所带来的企业成本时，利益集团，特别是制造业部门的利益集团，肯定会支持汇率低估政策。

本书集中研究了政府对劳动力市场和金融市场的控制力。首先，金融资本和劳动力是所有制造业部门中最重要的投入品。工资与利率直接影响企业利润。当制度赋予政策制定者对劳动力市场和金融市场控制权的时候，政府就获得了降低制造业企业成本的政策工具。其次，工资、利率与汇率密切相关。如果没有政府的外汇干预及对冲措施，汇率低估将增加企业借贷成本；如果政府没有控制劳动力市场，汇率低估也会使工人要求增加工资。再次，政府对劳动力市场和金融市场的控制力差异很大，这种差异可以解释为什么一些国家对汇率低估的支持程度高于另外一些国家。

主导劳动力市场和金融市场的制度安排存在路径依赖（Collier 1991；Hall and Soskice 2001）。关于劳动力市场和金融市场的制度结构的历史因素，比如发展阶段及特征，会对当前的劳动力市场和金融市场产生较大影响（Amsden 2001；Beck, Demirgüc-kunt and Levine 2003；Botero et al. 2004；Gerschkron 1962；La Porta, Lopez-de-Silanes and Shleifer 2002）。这并不意味着劳动力市场和金融市场是完全静态的。事实上，20世纪80年代和90年代的大规模政治经济变革，包括民主化运动、经济危机和国际政治压力等，导致

第二章 汇率低估的"条件偏好理论"

东欧、拉丁美洲和撒哈拉以南的非洲等国家对劳动力市场和金融市场的控制力显著下降。[21] 不过，除非一个国家的政治经济体系发生了根本性变化，否则劳动力市场和金融市场的制度结构演进将是缓慢的。制定汇率政策的时候，各国政府通常会将劳动力市场和金融市场的制度结构视为给定。

政府对劳动力市场和金融市场的控制程度会影响汇率低估政策的社会支持度。本书将首先解释，为什么政府对金融体系的控制增加了对汇率低估政策的支持；然后解释，为什么政府对劳动力市场的控制，同样增加了对汇率低估政策的支持。

政府控制金融市场与汇率偏好

如果政府控制了金融体系，政策制定者可以通过两项措施来影响制造业偏好，即定向借贷政策和强制购买政府债券。这些措施有利于降低汇率低估条件下的企业成本。因此，政府控制金融体系能够增加制造业部门对汇率低估政策的支持。[22]

当政府控制了金融体系时，政府（而不是私人金融机构）就可以决定借贷对象和借贷条件。政府对金融体系的控制程度还决定于正式规则和非正式规则的决策机制。就正式规则而言，国有银行最重要，当政府拥有银行的所有权时，政府就成为谁能获得贷款以及以什么条件获得贷款的最终决定者（Barth, Caprio and Levine 2006；Beim and Calomiris 2001；La Porta, Lopez-de-Silanes,and Shleifer 2002；Mishkin 2009）。就非正式规则而言，政府官员有权决定任命或撤销银行高管，也至关重要。

在发展中国家和地区，政府控制金融体系的差异较大。20世纪60年代和70年代，韩国是政府控制金融体系的典型。当时，政府拥有对金融机构的绝对权力，毫不费力就可以控制整个银行管理层（Wade 1990；Wu 1991）。与受政府控制的金融体系相对比的是私人金融体系。政府无法直接控制私人金融体系，在私人金融体系下，政府无法决定借款人或者借贷条件。工业化国家，比如美国，是私人金融体系的典型；一些发展中国家，比如智利、爱沙尼亚和新加坡，也拥有相近的私人金融体系。在这两种极端情况之间，一些政府对金融体系拥有部分控制权。例如在巴西和印度，民营银行与国有银行共存（Lins 2012）；20 世纪 80 年代墨西哥政府控制了整个国有银行体系（Maxfield 1990）；同一时期，韩国政府保留了对部分私人银行的控制权（Amsden and Euh 1993）。

政府对银行体系的控制之所以会影响其汇率偏好，首先是因为这样可以使政策制定者实施定向贷款。在私人银行体系，企业以市场利率获得银行贷款，可以反映其风险溢价。[23] 这与政府控制的金融体系显著不同，因为在国有银行体系中，政府有权将信贷资金投向特定企业（Beim and Calomiris 2001）。实证表明，相对于私人银行体系来说，在政府控制的银行体系中，政府更有可能实施定向且含有政治动机的借贷行为（Bai et al. 2006；Dinc 2005；Li et al. 2008；Malesky and Taussig 2009；Micco，Paniza and Yanez 2007；Sapienza 2004）。瓦加和米安（Khwaja and Mian 2005）的研究表明，在巴基斯坦政府控制下的国有银行，有更多信贷资金流向与政府有密切关系的企业，但是，巴基斯坦私人银行并没有表现出这种政治偏好。

那些能够将信贷资源配置到特定部门的政策制定者是能够保证汇率低估且不会增加企业成本的。政府控制金融体系允许政策制定者在汇率贬值时增加对其所支持的企业的信贷补贴。这些信贷补贴抵

第二章 汇率低估的"条件偏好理论"

消了汇率低估所造成的企业进口品成本的增加。阿姆斯登（Amsden 1989）发现：在后工业化国家，对出口商的补贴通常是必要的。在国家控制的金融体系中，制造业从汇率低估中获益颇丰，因为在其竞争力提高的同时成本并不会增加。2009—2012 年巴西的经验证明了这一点：该国制造业能够从巴西国家开发银行获得大量廉价信贷是其支持汇率低估的原因之一（Gallagher 2014）。相比之下，当政策制定者无法强迫银行向制造业提供廉价信贷时，他们就无法在汇率低估时阻止制造业的成本上升。当银行处于国家控制之下时，制造业应该更加支持汇率低估。[24]

还有一个重要原因是政策制定者通常对国有银行实施严格监管。利率上限管制和法定存款准备金率等政策通常被称为"金融抑制"，是对金融机构和存款人的直接税（Giovannini and De Melo 1993；Roubini and Sala-i-Martin 1992）。这类抑制性金融政策在发展中国家非常普遍，并且在政府主导的金融体系中更为突出，因为与私人银行相比，国有银行更容易实施这些政策（Barth et al. 2006；Beim and Calomiris 2001，53；Dinc 2005）。阿比阿德、德特拉贾凯和特雷塞尔（Abiad，Detragiache and Tressel 2010）认为，那些国有银行占主导的国家倾向于更多使用信贷控制、利率管制和其他抑制性金融政策。在政府控制金融体系的制度结构下，抑制性金融政策易于实施。

抑制性金融政策将汇率低估的成本由制造业转移到银行，其中包括强迫外汇指定银行购买政府债券。如上所述，中央银行通过购买外汇、卖出政府债券来维持汇率低估。这样，随着对冲债券供给增加，中央银行不得不为对冲债券的购买机构支付更高的利率（Frankel 1997；Reinhardt 1998）。国有银行提供了一个解决方案，即政府要求国有银行以低于市场利率的价格购买政府债券。因此，在政府控制金融体系的情况下，对冲式的外汇干预不会提高国内利率水平。由于国有银行频繁地以低于市场的利率购买政府债券，结果使得汇率低估的成本由银行业而非制造业承担，也就是说，金融抑制使得政府能够将汇率低估的成本转移给银行和存款人。相反，在以私人银行为主导的金融体系下，制造业部门反对汇率低估，因为在不受政府控制的金融体系中，汇率低估将提高企业的借贷成本，或者说汇率低估政策的成本将由制造业而非银行承担。

一国金融市场的制度结构会影响企业的汇率偏好。在以私人银行为主导的金融体系中，汇率低估将推高企业借贷成本。在受政府控制的金融体系中，汇率低估通常不会影响企业的借贷成本。因此，政府控制金融市场的制度结构提高了制造业部门对汇率低估政策的支持程度。

政府控制劳动力市场与汇率偏好

政府控制了劳动力市场，会增加制造业部门对汇率低估的支持程度。其基本逻辑与政府控制金融市场相类似，即政府对劳动力市场的控制会降低制造业企业成本，增加汇率低估的净收益。

政府控制劳动力市场，可以定义为政府干预劳动力市场及决定工人工资。集体劳动法律是指集体劳动组织中的宪法权利、保护条款、隐含条款，是政府用来控制劳动力市场的正式规则。集体劳动法律主要解决三个问题：一是工人加入工会的权利；二是工人工资集体议价的权利；三是工人参与罢工、集会的权利。这些集体劳动权利赋予了工人维护其经济利益和政治利益的能力（Anner and Caraway 2010；Mosley 2010）。[25] 那些对于工会的法律限制，以及建立独立工会的法

第二章 汇率低估的"条件偏好理论"

律障碍,阻碍了工人掌握自己命运的能力,增强了政府对劳动力市场的控制。在正式规则之外,政府对劳动力市场的控制也取决于其实施集体劳动法律的能力。

在一些国家,仍然存在政府对劳动力市场的控制,但是,大部分发展中国家已经签署了遵守集体劳动核心权利的国际条例。[26] 历史上,许多国家曾经严格控制劳动力市场。比如,20世纪70年代,智利政府宣布,国家劳工联合会为非法组织,不承认工会的协会性质和集体议价权利,禁止工会从事一切集体活动和政治运动(Drake 1996)。当然,中间情况也大量存在。比如,20世纪60年代,巴西和韩国允许组建独立工会,但政府保留了审批权力(Dominguez 2011)。

组建工会的能力赋予工会游说政府的组织资源,有助于工人获得有利的劳动市场条件。实证研究证明,在法律允许组建工会的国家,工人可以获得更高的工资和福利待遇(Christensen and Wibbels 2014;Morici and Schulz 2001;Rodrik 1996)。莫里奇和舒尔茨(Morici and Schulz 2001)估计,工人权利的扩大,可以使制造业工人的年收入提高6000美元左右。

在允许组织工会和实行罢工的国家,制造业部门不支持汇率低估政策。当工人可以组织起来时,汇率低估对于制造业企业就会失去吸引力。汇率低估增加了进口品的成本而工资在汇率贬值的初期并不会改变,因此,汇率低估降低了工人的实际工资。为了保证其购买力不变,在汇率贬值时,工人通常会要求增加名义工资(Cooper 1971)。我们来看一下突尼斯的例子。1964年,当国际货币基金组织要求突尼斯第纳尔贬值时,突尼斯的工会领袖提出,要用工人工资相同幅度的增加作为支持汇率贬值的条件,以补偿可能紧随汇率贬值而来的通货膨胀对工人福利的损害（Bellin 2002）。当工人有权组建工会并且集体议价时，工人更有可能通过提高名义工资水平来保持其购买力（Cooper 1971）。因此，当工人可以自由地参与集体行动时，汇率低估不只增加企业的进口成本和债务负担，还将增加企业的劳动力成本，这将使得汇率低估政策失去吸引力。

在政府控制了劳动力市场的国家中，汇率低估政策对于制造业部门具有较大的吸引力，因为禁止组织工会可以降低制造业的生产成本。在此条件下，如果政府利用其对劳动力市场的控制来降低企业成本，当汇率贬值时，制造业将享受低于市场的成本。换言之，较低的工资补偿了企业较高的进口成本，对冲了汇率低估政策的负面效应。劳动力市场管制使得制造业企业从汇率低估政策中获益：伴随着汇率贬值，尽管工人可能要求提高工资，但政策制定者却有可能忽略此类呼声。因此，增强政府对劳动力市场控制的制度结构，可以提高制造业部门对汇率低估的支持程度。

为什么制度结构会影响汇率政策：总结和说明

劳动力市场和金融市场的制度结构会影响汇率低估的社会支持力量对比的变化。也就是说，制度结构决定汇率低估的成本如何在不同利益集团之间进行分配。政府控制下的金融体系使得政策制定者能够将汇率低估的大部分负担转嫁给银行和存款人。政府控制下的劳动力市场易于将汇率低估的成本转移给工人。这些制度结构使政策制定者能够在汇率低估时降低制造业企业的成本。因此，政府控制劳动力市场和金融市场的制度安排使得制造业部门更加偏好汇率低估。本书的主要假设是：政府控制劳动力市场和金融市场，增强了制造业对汇率低估的需求。因此，至少在一些情况下，是制度结构激励了政策制

第二章 汇率低估的"条件偏好理论"

定者实施汇率低估政策。在什么制度结构中,政府可以控制劳动力市场和金融市场?在什么情况下政府会选择汇率低估政策?这些是我们下一章要讨论的主要内容。

在做进一步分析之前,本书着重说明以下观点。首先,政府控制劳动力市场和金融市场并不一定提高汇率低估的社会支持程度,但有助于最小化汇率低估的负面影响,进而增加汇率低估的吸引力。然而,这些制度安排无法提高政府解决汇率高估问题的能力。这里存在一个重要的信息不对称性,即只有极少数国家能够将降低企业成本与汇率低估结合起来;大多数国家,无论其制度结构如何,都有可能将竞争力提升与汇率高估结合起来。通常,政府易于将汇率高估与低利率、减税和政府补贴等政策结合起来。这一政策组合可能引起通货膨胀,造成实际汇率升值。换言之,汇率高估与增强企业短期赢利能力的货币政策和财政政策之间存在内在联系。这种联系无论是在政府控制下的金融体系还是自由化金融体系中都是一样的。[27] 本书认为,这些制度结构使得汇率低估的吸引力大于汇率高估的吸引力,因此,增加了制造业部门的汇率低估偏好。

其次,本书并不认为政府控制了劳动力市场和金融市场之所以重要仅仅是因为制度能够改变偏好,制度同时也会影响社会偏好如何汇聚、转化为政策(Lake 2009;Rogowski 1999)。政府对劳动力市场和金融市场的管制降低了工人和银行游说的能力。由于工人和银行通常反对汇率低估,政府通过控制劳动力市场和金融市场可以削弱反对声音。这一偏好汇聚机制会影响汇率制度,但有两个原因使得汇率汇聚机制的作用小于偏好形成机制,而后者正是本书所要强调的。[28] 一是如果没有利益集团积极支持汇率低估,那么偏好汇聚机制对政策的影响就是无关紧要的，而偏好形成机制则至关重要。因为如果没有利益集团偏好汇率低估的话，决策者就没有动力实施汇率低估。二是偏好形成机制使学者认识到，制度结构不仅仅决定哪些利益集团影响汇率政策，而且会影响权势利益集团的汇率偏好。

最后需要说明的是，劳动力市场和金融市场的制度结构并不是影响汇率偏好的唯一变量。"条件偏好理论"之所以关注劳动力市场和金融市场的制度结构，是因为制度结构对企业偏好的影响是巨大、直接和持续的。本书的研究表明，任何制度变量只要能够影响制造业部门的工资和利率，就会影响制造业部门对汇率低估的支持程度。政府可以使用其他政策工具，比如减税和能源补贴来降低制造业企业成本，增加制造业部门对汇率低估的支持。宏观经济条件是对制造业汇率偏好具有类似效应的另外一个重要因素，尽管其影响力可能更短暂。高失业率也可以降低制造业部门的工资成本，与政府控制劳动力市场的情况相似。经济衰退时期，资本超额供应可能导致借款成本下降，从而产生与抑制性金融政策类似的效应。相反，经济过热可能降低对汇率低估的支持程度，因为这一时期可能出现工资水平上升、资产价格上升和企业其他成本上升的情况。

汇率低估的政治影响

当权势利益集团偏好汇率低估时，政策制定者更有可能实施汇率低估政策。这取决于不同利益集团的权力以及偏好。到目前为止，本书提出了关于利益集团偏好和政治影响的独立假设。下面将这两者结合起来，统一阐述。

与其他国家相比，那些拥有强势制造业部门，并且政府控制了劳动力市场和金融市场的国家，更有可能选择汇率低估政策。表 2.4 总结了这一双重影响。[29] 当政府控制了劳动力市场和金融市场时，制造业部门偏好汇率低估，因为政策制定者会对强势制造业部门的偏好进行正向反馈。这是仅有的一种制造业部门具有强大影响力并且支持汇率低估的情况。

表 2.4 观点总结

劳动力市场和金融市场的制度结构	制造业 弱	制造业 强
私人控制	汇率高估 偏好：制造业不选择汇率低估 政治影响力：制造业影响力较小	汇率高估 偏好：制造业不选择汇率低估 政治影响力：制造业影响力较大
政府控制	汇率高估 偏好：制造业选择汇率低估 政治影响力：制造业影响有限	汇率低估 偏好：制造业选择汇率低估 政治影响力：制造业影响力较大

如果一个国家的制造业部门权力资源匮乏，政府通常不会选择汇率低估政策。如果一个国家的制造业部门比较弱小，政策制定者通常会选择高估汇率，以迎合其他权势利益集团的需要，比如房地产开发商、银行或者工会。当劳动力市场和金融市场不受政府控制时，政策制定者同样不太可能选择汇率低估政策，因为此时制造业部门没有汇率低估的偏好。

"条件偏好理论"具有不确定性。以上并不是影响政府汇率政策选择的唯一变量，本书也不认为，每一个拥有政府控制权和强势制造业的国家在所有时间里都会选择汇率低估政策。不过，本书的基本观点表明，一个国家如果同时满足了政府控制金融市场和劳动力市场以及强势制造业这两个条件,它更有可能选择汇率低估政策。

总结及假设

本章建立了汇率低估的"条件偏好理论"。该理论认为,只有当权势利益集团拥有汇率低估偏好时,政策制定者才会真正实施汇率低估政策。在发展中国家,汇率低估是较为罕见的,因为利益集团很少支持汇率低估,并且,那些支持汇率低估的利益集团也只是在部分时间内支持。

"条件偏好理论"表明,那些拥有强势制造业部门并且政府控制了劳动力市场和金融市场的国家,更有可能选择汇率低估政策。主要假设如下:

假设1:那些同时具备了强势制造业部门,以及政府控制了劳动力市场和金融市场的发展中国家更倾向于选择汇率低估政策。

第三章使用国别数据检验了这一假设。确定这些变量之间的相互关系是检验本书理论的必要步骤。然而,统计关系并不能证明因果关系。随后各章也会评估本章所提出的结论。

在一般情况下,两个因素具有特殊重要性:偏好和政治影响力。对于偏好来说,本书认为制造业部门是汇率低估的有条件支持者。这是本书理论与其他利益集团理论的不同之处。鉴于人们通常认为制造业部门在任何情况下都偏好汇率低估(比如,Frieden 1991a),本书提出以下条件偏好假设:

假设2:当政府控制了劳动力市场和金融市场时,制造业企业偏好汇率低估。

第三章使用了50多个发展中国家的企业调查数据来评估条件偏

第二章 汇率低估的"条件偏好理论"

好假设。第四章至第五章的案例研究进一步检验了政府控制了劳动力市场和金融市场是否会提高汇率低估的社会支持。由此，如果政府控制了劳动力市场和金融市场，可以采取定向政策降低制造业部门的成本，从而提高制造业对汇率低估的偏好。案例研究也检验了影响企业成本的其他因素是否对支持汇率低估具有相同影响，比如一个国家的宏观经济状况。

政治影响力是第二个机制。"条件偏好理论"认为，汇率政策制定者对强势制造业部门的偏好高度敏感，他们通常会选择那些可能得到制造业部门支持的政策。

假设3：当制造业部门掌握更多的权力资源时，对汇率政策具有强大的影响力。

评估政治影响力是众所周知的难题。本书使用四个发展中国家的案例，来评价制造业部门是否可以影响汇率政策，以证明权势利益集团偏好对于汇率政策的至关重要性。此前一些学者总是认为，汇率政策制定者并不会为利益集团所左右（比如，Gowa 1988；Krasner 1978；McNamara 1998）。

在某种程度上，汇率政治经济学就是我们耳熟能详的利益集团的故事。利益集团对于汇率政策与利益集团对于其他经济政策问题具有同等重要性。本书的理论有助于反驳汇率政策对于利益集团来说太过复杂，或者汇率政策制定者不受利益集团影响的观点。

第三章 各国汇率政策及其偏好

为什么一些发展中国家选择汇率低估,而另一些发展中国家坚持汇率高估?本章尝试使用两组数据来分析并回答这一问题。这两组统计分析都为第二章所提出的"条件偏好理论"提供了论据。本书认为,不同发展中国家的汇率政策以及利益集团偏好各不相同。

本章第一部分对一个截面时间序列(面板)数据库进行分析,该数据库包含了从1975年至2006年大量发展中国家的样本。数据表明,在一定条件下,利益集团偏好会影响汇率政策的选择。研究结果显示,一国金融市场和劳动力市场的制度结构会影响制造业对于汇率政策的态度。当制造业强势、政府可以左右劳动力市场和金融市场时,汇率低估会成为常态。

本章第二部分探究了利益集团的汇率政策偏好。不同的偏好对应着不同的汇率表现。本书选用1999年各国制造业企业的数据进行比对,分析制造业部门是否偏好汇率低估以及什么时候偏好汇率低估。通过这些分析,本书发现,制度因素发挥了十分重要的作用。如果政府控制了劳动力市场和金融市场,就会使制造业部门更倾向于支持汇

第三章 各国汇率政策及其偏好

率低估政策。研究结果还表明,在不同的制度结构下,制度因素都可以影响制造业部门偏好,而制造业部门偏好对汇率政策选择具有决定性作用。

下面,本章将分别讨论劳动力市场和金融市场的制度结构对于汇率政策的具体影响。之所以要分别讨论,是因为它们各自都具有显著的制度特征。本书将讨论,不同的制度特征是否会产生相似的影响。[1] 事实上,尽管数据显示劳动力制度和金融制度均有可能影响汇率偏好和汇率政策,但本书发现,金融制度对汇率政策的影响更为重要,也更为持久。在以下各章的分析中,本书会运用大量数据来评估这些假设,并运用回归分析对这些假设条件进行测试。

什么原因造成汇率低估?

数据:高估

为了说明究竟是哪些政策因素与汇率低估相关,本书将1975—2006年所有发展中国家的观测值汇集在一起,其中,时间段和国家集都是可以采集到的,也是理论分析所需要的。下面先简要描述数据库中各主要变量的测量方法。

我们将利率、汇率的高估(低估)的主要观测值定义为实际汇率与其均衡值之间的差额。罗德里克(Rodrik 2008)用三步法构建了汇率高估(低估)测量方法。第一步测算实际汇率。罗德里克选用佩恩表的数据(Heson et al. 2009),将实际汇率定义为 ln(XRAT/PPP),这里,XRAT是指名义汇率(单位本币/外币),PPP是指购买力平价转换因子,又称GDP平减指数,即用名义GDP/实际GDP计量通胀率。名义汇率可以为外国商品成本提供参考,GDP平减指数则表明国内商品的价格。这个比率可以告诉我们,某国某年外国商品和本国商品的相对价格比。

第二步测算实际均衡汇率。第二章将均衡的、市场计价的汇率定义为国内外价格趋同时的汇率,或者简称为"购买力平价"汇率。估算实际均衡汇率需要解决一个较为复杂的问题:在通常情况下,富裕国家的平均价格水平相对较高,相应的实际汇率也升值较多。这被称作"巴拉萨-萨缪尔森效应"(Balassa 1964; Samuelson 1964)。"巴拉萨—萨缪尔森效应"之所以会发生,是因为经济越发达,劳动生产率越高,就越有可能推动工资上涨,进而推动价格和实际汇率上升。因此,估算实际均衡汇率时,需要根据"巴拉萨-萨缪尔森效应"进行调整。为了获得实际均衡汇率,罗德里克(Rodrik 2008)运用最小二乘法估计下列方程式:$RER_{it} = \alpha + \beta GDPPC_{it} + f_t + u_{it}$,这里 GDPPC 是指人均 GDP,$f_t$ 为每年的固定影响,u_{it} 是误差项。实际均衡汇率是指从这个回归方程中计算得出的拟合值。[2] 剔除技术因素,实际均衡汇率是可以根据一国经济发展水平估计的实际汇率。

第三步也是最后一步,用估算的均衡汇率减去实际汇率值,计算汇率高估程度。[3] 如表 3.1 所示,高估的均值被设定为零,以表示实际汇率的市场价值。负值即为实际汇率低估;正值表示实际汇率高估。

就比较各时期各国汇率高估(低估)的水平而言,上述汇率高估的测量方法非常有效,它非常适合判断哪个国家是过多还是过少地高估了本币汇率。然而,该方法无法准确地说明某个国家在某个既定年份内高估汇率的程度。该方法假设,在一般情况下,发展中国家的现实汇率即是该国的市场汇率,这可能是不准确的。如前所述,事实上,发展中国家汇率通常都是被高估的,这个变量可能少算了所有被观测国家的高估程度,不过,这一缺陷并不影响各国的排序。尽管在估算各国每年汇率高估(低估)水平方面不够完美,但该方法可以较好地实现本书的目的:说明各国每年汇率高估(低估)的相对水平。

表 3.1 汇总统计结果(截面时间序列数据)

变量	观测值	均值	标准差	最小值	最大值
高估	4824	0.00	0.48	−5.06	2.46
制造业/GDP	3686	14.24	8.35	0.29	46
国有银行	1845	1.92	1.15	0	3
劳动力市场管制	3284	0.38	0.48	0	1

数据:制造业部门的权力

第一个解释变量是制造业部门的权力。正如第一章讨论的那样,可以用三种"权力资源"来定义制造业部门的权力:一是经济资源,二是组织资源,三是其他资源(无形资源)。在最理想的情况下,我们可以获得这三种权力资源的所有数据。然而,构建有效的测量方法,以评估过去三十年诸多国家相关利益集团的组织资源和其他资源,并不具有可操作性。不过,制造业部门在经济资源方面的高质量数据是可得的。在前期有关汇率政策研究(Blomberg, Frieden and Stein 2005;Frieden, Ghezzi and Stein 2001;Frieden, Leblang and Valev 2010;Singer 2010;Steinber and Malhotra 2014)的基础上,本书将使用制造业产值占国内生产总值的比重来表示该部门的相对权力。

表 3.1 显示,在数据库中,制造业部门产值占国内生产总值比重的平均值为14%。发展中经济体的情况千差万别,甚至截然不同。有些发展中国家制造业产值占国内生产总值比重仅为1%,而有些发

展中国家制造业产值占国内生产总值比重高达50%左右。

尽管制造业部门占国内生产总值的比重是一个较为粗略的数据，尽管它不能准确描述相关利益集团的组织之强、声望之高，但它对于衡量制造业部门的权力大小具有重要意义。正如我们在第一章中所讨论的那样，制造业部门的组织资源和其他资源并没有该部门的经济资源变化那么大，而经济资源可能与其他类型的权力资源正相关。随着世界各国工业化的快速发展，制造业企业的规模越来越大（Chandler 1990），制造业部门越来越容易降低其游说和集体行动的成本（Olson 1965；Wibbels 2012）。拥有更多经济资源的部门通常被认为也拥有更多的其他资源。因此，我们的估算应该至少能够体现该部门掌握权力资源的情况，包括组织资源和其他资源。相反，在经济资源与其他类型的权力资源没有关系的情况下，我们将引入随机测量误差；随机测量误差可能引起的结果是低估权力资源对汇率政策的影响。简言之，尽管该估算模型不够完美，但在评估特定的权力资源能否帮助制造业部门获得其偏好的汇率政策方面非常有用。第四章和第五章的案例研究将在更大范围内考量权力资源。

制造业部门的重要性必然会影响到政府对于汇率政策的选择，然而，在我们研究的时间段内，汇率政策却不太可能对制造业部门的发展产生较大影响。从理论上讲，政府是有能力运用汇率政策和其他政策来调整经济结构的。但最近几十年，很少有国家的制造业部门占国民经济的比重发生过太大变化。爱丽丝·阿姆斯登（Alice Amsden 2001）认为，一国制造业规模会受到许多历史因素的影响，特别是受到制造业部门早期发展历史的影响。她指出，在第二次世界大战之后，仅有那些在第二次世界大战以前拥有手工制造业的发展中国家，以及通过移民或者殖民获得发展制造业经验的发展中国家,才能形成制造业工业的基础。早期发展具有持续的影响。在这些国家中,优秀的管理人员和工程师队伍可以持续在制造业部门进行人力资本投资,而且他们的存在也令其追随者有了追寻的目标(Milgrom,Qian and Roberts 1991)。相反,在第二次世界大战之前,那些缺少手工制造业的地方,现代制造业也都没有发展起来。20世纪50年代以来,多数国家的制造业规模都没有发生过太大的变化。阿姆斯登(Amsden 2001)认为,"路径依赖意味着任何一个国家都不可能无缘无故地成长为一个强有力的工业化竞争者"。制造业部门的权力通常处于同期政策制定者的控制范围之外。

数据:政府控制金融体系和劳动力市场

国家控制下的金融体系是第三个需要用到的变量。银行的国有化情况可以提供一个简单且有用的指标——政府对金融体系的控制力。在第一章中,我们已经提出,国有银行可以帮助政府强化对金融体系的控制力。但不幸的是,有关国有银行的准确数据非常有限。对于本书而言,比较有价值的数据主要选自阿比阿德、德特拉贾凯和特雷塞尔(Abiad,Detragiache and Tressel 2010)。阿比阿德及其合作者构造了一个序列变量,时间覆盖了从1975年到2005年。本书颠倒了他们的排序,并且按以下数值估算国有银行:0=全部银行资产中至少有10%是由国有银行持有的;1=10%—25%的银行资产为国有银行所有;2=国有银行占全部银行资产的26%—50%;3=国有银行持有的资产超过50%。表3.1显示,该变量的平均值刚好位于2以下。这表明,通常发展中国家政府对银行体系的控制力保持在相对适度的水平上。

在理想的情况下,应该能够获得银行业的所有正式数据以及非正式决策和运行机制的信息。遗憾的是，尽管在第四章和第五章的案例分析中，既考虑到了非正式的决策过程，也包括了正式的规则，这些都为估算政府对金融市场的控制力提供了支撑，但是，本书仍然无法收集到满足大样本统计分析的相关数据。对于定量分析而言，研究银行国有化程度是评估一国政府对金融体系控制程度的最好方法。

第四个变量是政府对劳动力市场的控制，同样难以测量。正如第一章所分析的那样，对于工人加入工会及其参加罢工的法律约束，是一般性的制度安排。通过这些法律规定，政府可以对劳动力市场施加重大影响。本书使用了辛格拉内利和理查兹（Cingranelli and Richards 2010）关于劳动者权利的数据，构造了一个关于政府控制劳动力市场的二元指标。[4] 将"政府禁止劳动者组建工会或罢工"的情况定义为劳动约束，并给予其1分的分值（Abouharb and Cingranelli 2007）；其他情况的分值设定为零。[5] 数据显示，有38%的政府限制了劳工权利。

政府控制金融体系的条件效应分析

汇率低估是否更易发生在政府控制了金融市场且制造业规模较大的国家？为了评估这一情况，本书对比分析了四组国家的汇率高估水平：（1）制造业规模小于平均水平（国内生产总值的14.24%）且多数银行是私人银行；（2）制造业规模小于平均水平，但多数银行为国家所有；（3）制造业规模高于平均水平，但国有银行占比不足1/2；（4）制造业规模很大，且政府主导金融体系。表3.2列举了这四组国家汇率高估的平均值。

"条件偏好理论"认为，在制造业规模较大且国有银行占主导的国家中，无论任何年份，汇率低估都更受青睐。该理论与数据显示的实际情况高度吻合：在有些年份，那些国有银行占多数且制造业规模较大的国家,汇率低估达到24%。这组国家主要是亚洲国家,例如孟加拉国、巴基斯坦、斯里兰卡和越南,而多数发展中区域也都分布在表3.2的右下象限,例如非洲的布基纳法索、东欧的白俄罗斯、拉丁美洲的哥斯达黎加、中东的埃及。仅有政府控制了金融体系且制造业规模较大的国家表现出了明显的汇率低估倾向。其他三组国家的汇率中间值还是比较接近其均衡汇率的。

表 3.2 国有银行与汇率低估的关系

国有银行占总资产的比重(%)	制造业占 GDP 比重	
	小于平均值	大于平均值
小于 50%	0.01 (n=217)	-0.02 (n=730)
大于 50%	-0.02 (n=265)	-0.24 (n=413)

注:每个单元格为各组汇率高估的均值,正文中将对所有变量进行描述。

图3.1也证明了这一观点。该图显示了两组国家(国有银行非常少的国家和国有银行占主导的国家)汇率高估(低估)与制造业产值/国内生产总值的相关性。横轴表示制造业的规模。纵轴为汇率高估的预测值。预测值通过线性回归模型计算得到。在该模型中,汇率高估是因变量,制造业产值/国内生产总值、国有银行、制造业产值/国内生产总值与国有银行间的相乘交互作用项为解释变量。该回归模型还包括十个附加的解释变量,用以解释其他多个因素可能影响汇率水平的情况。[6] 图3.1中的实线表示,在不同的制造业产值/国内生产总值与国有银行组合下,汇率高估或低估的预测值。在这个统计模型下,汇率高估的预测值是指,当其他十个解释变量保持恒定的情况下,一定的制造业规模和国有银行水平组合下的高估值。图3.1的虚

线表示预测值 95% 的置信区间,也就是说实际预测值有 95% 的可能性将位于这两条虚线之间。

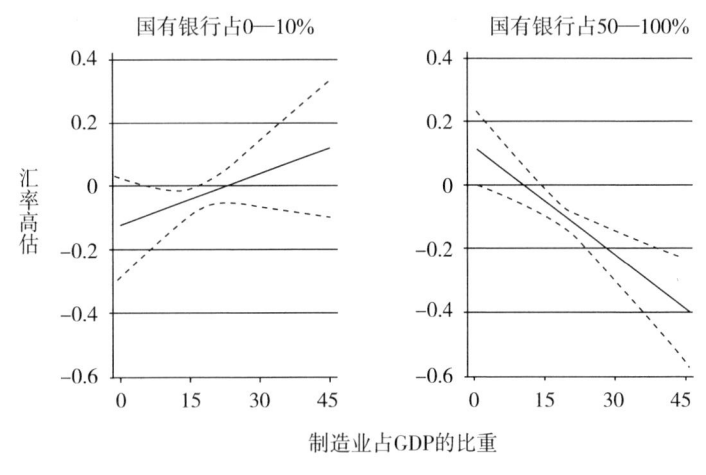

图 3.1　国有银行与汇率低估(预测值)

注:实线表示汇率高估的预测值。虚线表示 95% 的置信区间。预测值是使用所有变量的中间值计算得来的。

本书将集中讨论该图所显示的实质性结果,因为它可以检测本书提出的"条件偏好理论"。有兴趣的读者还可以从本章的附录中查看与该统计模型相关的信息,包括模型的统计结果。

图 3.1 的左图显示,对于那些私人银行主导金融体系的国家而言,制造业产值/国内生产总值与汇率高估之间呈弱正相关(但统计不显著)。对于那些民营银行主导金融体系、没有制造业的国家来说,汇率可能低估 15%。相反,制造业规模较大的国家(其他参数为平均值),汇率将高估 10%。数据还显示,对制造业强势且私人银行主导金融系统的国家来说,本币汇率通常高估。这一结论挑战了主流经济学——制造业部门总是倾向于汇率低估。

图 3.1 的右图显示，在政府控制了金融市场的情况下，制造业部门所拥有的经济资源与汇率高估之间呈高度负相关。在其他条件既定的情况下，制造业产值/国内生产总值每增加一个单位，汇率高估程度将减少 1.2 个百分点。[7]制造业规模和国有银行规模较大的国家，可能出现严重的汇率低估。举例来说，制造业产值/国内生产总值比重达到 30% 的国家，汇率可能低估 27%。该图在数据上与条件偏好理论保持一致。

政府控制劳动力市场的条件效应分析

接下来，本书将探讨一国的劳动力市场制度结构是如何影响汇率水平的。我们将再次对四组国家的汇率情况进行对比分析。表 3.3 显示，制造业规模位于平均水平之下，且不对集体劳动权设限的国家更倾向于汇率高估（均值为高估 5%）。汇率高估甚至会发生在制造业规模较小，但政府控制了劳动力市场的国家，这些国家包括许多非洲和中东国家，例如安哥拉、尼日利亚、伊朗、科威特等，还有诸如缅甸和乌兹别克斯坦这样的国家。制造业规模较大且有着较少政府管制的劳动力体系的国家倾向于温和的汇率低估，均值为低估 8%。制造业规模较大且政府对劳动力实行严格管制的国家更倾向于严重的汇率低估，均值为低估 17%。

表 3.3 劳动力市场管制与汇率低估的关系

集体劳动权	制造业占 GDP 比重	
	低于平均值	高于平均值
无管制	0.05 （n=850）	−0.08 （n=965）
管制	0.09 （n=540）	−0.17 （n=397）

注：每个单元格为各组汇率高估的均值。正文中将对所有变量进行描述。

本书同样也使用了回归模型来估算政府控制劳动力市场对于汇率低估的影响。并采用与分析金融制度相似的模型参数，只是用"劳动力管制"替代"国有银行"，来分析劳动力市场管制与制造业规模之间的关系。图 3.2 展现了通过该模型获得的汇率高估预测值（完整的模型可参见附录）。在政府对劳动力市场管制较少的情况下，制造业规模与汇率高估呈弱负相关，但统计上并不显著：制造业产值 / 国内生产总值每增加一个单位，汇率高估将下降 0.2%。相反，当国家严格控制了劳动力市场时，制造业规模与汇率高估呈高度负相关，且统计显著。在后一种情况下，制造业产值 / 国内生产总值每增加一个单位，汇率高估将下降 0.6%。[8]

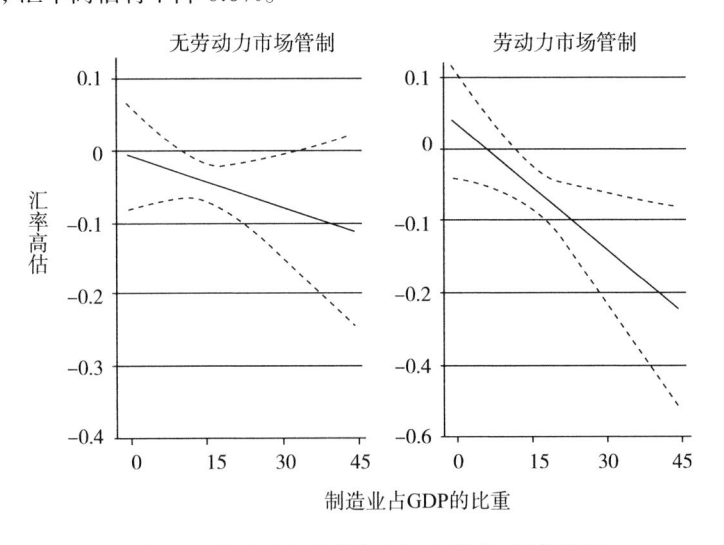

图 3.2 劳动力市场管制与汇率低估（预测值）

注：实线表示汇率高估的预测值。虚线表示 95% 的置信区间。预测值是在其他所有变量取平均值的情况下计算得来的。

数据显示，当政府对集体劳动权设限时，制造业规模较大的国家

第三章 各国汇率政策及其偏好

倾向于汇率低估。但在其他情况下，制造业规模对于汇率水平的影响较小。尽管政府对劳动力市场管制的效应不如对金融市场管制的效应那么强，但其结论同样支持本书的假设，即在政府控制了劳动力市场与强大制造业并存的情况下，会导致汇率低估。

总体来看，从1976年至2006年，发展中国家的汇率表现与"条件偏好理论"基本一致。对于那些政府严格控制了劳动力市场或金融市场的国家而言，制造业规模与汇率低估程度呈正相关。

决定汇率变动的主要因素是什么？

本书在前面已经证明，强势制造业部门是否倾向于汇率低估，取决于劳动力市场和金融市场的制度结构。为什么制度结构如此重要？第一章已经论证了制造业偏好是这一因果链条中最重要的一环。在接下来的分析中，本书将检验，政府对金融市场和劳动力市场的控制是否会造成制造业部门对汇率低估的支持。

数据

调查数据有利于揭示企业的政策偏好。之前已有大量研究使用调查数据分析汇率政策偏好，但它们多数仅仅关注单个工业化国家，例如德国（Kinderman 2008）、英国（Duckenfield and Aspinwall 2010）和美国（Knight 2010）。布罗兹、弗里登和韦茅斯（Broz, Frieden and Weymouth 2008）的研究是个重要的例外，他们使用了80个国家的企业调查数据（数据取自1999年世界银行提供的关于世界商业环境的调查）进行分析。布罗兹、弗里登和韦茅斯（Broz, Frieden and Weymouth 2008）通过以下问卷反馈和评估企业的汇率偏好："汇率是否会影响贵企业的经营和增长？"他们设计了一组有序变量，以标示汇率问题的严重程度，依次是：1=没有干扰，2=干扰较小，3=干扰中等，4=干扰严重。那些认为汇率对其经营活动不产生影响的企业，对汇率政策表现出不关注。选值越大，企业对汇率政策的关注就越强烈，甚至反对主流的汇率政策。由于布罗兹等人的研究是到目前为止关于企业汇率偏好的唯一大型跨国调查，因此，本书参考了他们的研究成果，并使用这一变量作为因变量。表 3.4 显示样本平均值为 2.66，这意味着那些被调查企业认为，汇率政策的干扰位于较小和中等之间。

本书的研究目标是更好地理解何种类型的汇率政策更受发展中国家制造业部门的青睐。因此，主要分析制造业部门偏好，暂不包括其他行业部门。

本书的研究旨在确定制造业部门是否偏好汇率低估，并且明确劳动力市场和金融市场的制度结构是否影响制造业部门偏好。我们选取了 1999 年汇率高估的程度（世界商业环境调查公布的）作为解释变量。如果制造业企业偏好汇率低估，就说明汇率高估比汇率低估更容易对其产生困扰。

在本书的分析中，劳动力市场和金融市场制度结构同样也被选作解释变量。本书使用与前面分析劳动力管制时相似的测量方法，但使用了不同的且质量更高的国有银行数据。通过横断面研究，本书获得了更高精度的信息。拉波塔、洛佩斯－德－西拉内斯和施莱弗（La Porta, Lopez-de-Silanes and Shleifer 2002）等对国有银行占比进行了连续测定。[9] 测量范围从最小值 0（国有银行资产为零）一直到最大值 1（国家拥有几乎所有银行的资产）。数据库显示，国有银行占比平均值为 47%（参见表 3.4）。

表 3.4　汇总统计（调查数据）

变量	观测值	均值	标准差	最小值	最大值
汇率问题	2762	2.66	1.14	1.00	4.00
高估	2732	−0.15	0.42	−1.29	0.59
国有银行	1922	0.47	0.29	0	0.99
劳动力市场管制	2692	0.17	0.38	0	1.00

政府控制金融体系：制造业部门汇率偏好

政府控制金融体系是否会影响制造业部门的汇率偏好？表 3.5 给出了肯定的答案。表 3.5 显示了汇率起决定作用的制造业企业比例。依据汇率高估或低估以及国有银行是否掌控银行业主要资产等情况，可以将相关国家分为四类。

根据表 3.5，在那些汇率低估且国有银行缺位的国家，有 49% 的制造业企业对于汇率政策感到不满意；在政府主导的金融系统中，仅有 30% 的制造业企业认为汇率低估是重要问题。无论哪种情况，制造业企业都不排斥汇率高估。例如，《世界商业环境调查报告》（World Business Environment Survey）显示，在金融体系私有化并且在 20 世纪 90 年代汇率稳定升值的三个国家——爱沙尼亚、立陶宛、新加坡，几乎没有制造业企业将汇率视为重要问题。

当政府不能控制金融体系时，为什么制造业企业并不青睐汇率低估？以印度尼西亚和泰国为例，当时这两个国家正在经历本币的大幅度贬值，而企业并不喜欢这种情况。这正好证明了本书的基本观点：尽管经常被政府使用，但货币贬值远远不能满足制造业部门的需求。同样值得注意的是,数据并不完全来自于那些本币汇率大幅贬值的案例。在 20 世纪 90 年代后期,一些被政府控制了金融体系并且汇率低估的国家,仍然经历了汇率大幅贬值。即便不考虑在 1999 年遭受货币危机冲击的国家,相对于以国有银行为主导的金融系统来说,在以私人银行为主导的金融系统中,企业更不赞同汇率贬值:在以私人银行为主导的金融系统中,49% 的制造业企业认为汇率是重要问题;在以国有银行为主导的金融系统中,仅有 22% 的制造业企业认为汇率重要。数据显示,在不受政府控制的金融体系中,制造业企业普遍反对汇率低估。

表 3.5 国有银行与汇率偏好之间的联系

国有银行资产占比(%)	汇率	
	低估	高估
<50%	0.49 (n=475)	0.26 (n=571)
>50%	0.30 (n=434)	0.29 (n=442)

注:表格中的数据单位为百分比,表示认为汇率是重要问题的企业占比。所有变量均在正文中详述。

运用有序概率单位回归模型,本书评估了国有银行对于汇率偏好的影响。模型中主要的三个解释变量为汇率高估、国有银行以及两者之间的关系。[10] 有兴趣的读者可以在本章附录中找到变量及模型的详细解释。图 3.3 展示了回归模型最重要的结论。横轴为高估水平,纵轴为可能认为汇率是主要经营障碍的制造业预测概率及置信区间。预测概率由解释变量的算数平均值计算得出(其中分类变量或有序变量使用中值计算)。[11]

第三章 各国汇率政策及其偏好

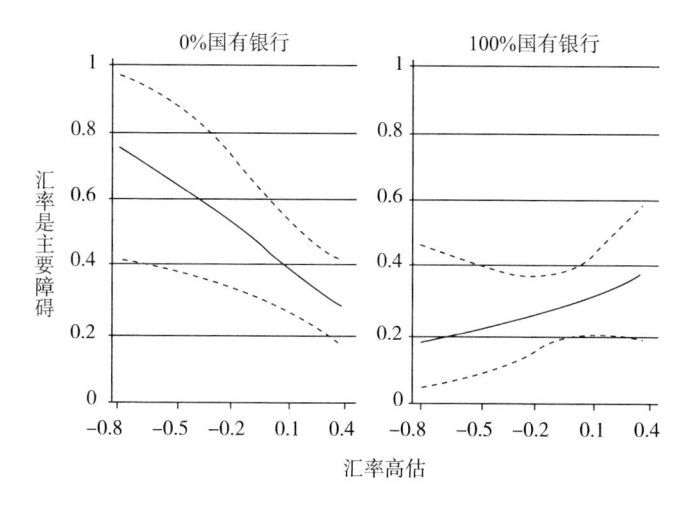

图 3.3 国有银行及汇率偏好（预测概率）

注：实线表示一家制造业企业认为汇率是主要经营障碍的预测概率。虚线表示 95% 的置信区间。所有其他变量为算数平均值或中值。

图 3.3 的左图表示，在没有国有银行的国家中，汇率高估给制造业带来的影响。在此背景之下，当汇率被高估时，很少有企业认为汇率是主要问题。在没有国有银行、汇率被低估时，有超过 75% 的制造业企业认为，汇率是主要问题（其他变量取算数平均值或中值）。当所有银行均为私人银行且汇率明显高估的情况下，仅有 26% 的企业认为汇率是主要问题。结论显示，在私人银行为主导的金融体系中，制造业企业更青睐汇率高估。

在那些银行业资产为 100% 国家所有的国家中，情况大相径庭。图 3.3 右图中正的斜率表示，在受到政府严格控制的金融体系中，汇率高估会使更多企业认为汇率是主要问题。[12] 模型预测，当私人银行不存在时，仅有 15% 的制造业企业将汇率低估视为主要问题，而

35%的企业将汇率高估视为主要问题。也就是说，在政府控制金融体系的国家中，制造业企业并不反对汇率低估，相反，他们通常支持汇率低估。

政府控制劳动力市场：制造业部门汇率偏好

最后一组统计分析调查了劳动力市场与制造业企业偏好之间的关系。首先，本书对认为汇率是主要问题的企业以汇率高估、汇率低估，有劳工法约束、无劳工法约束进行分组对比。表3.6说明，在有劳工法约束的国家，制造业企业将汇率高估视为严重问题；在无劳工法约束的国家，制造业企业将汇率低估视为严重问题。在政府控制了劳动力市场并且实施汇率高估的国家中，大多数制造业企业认为汇率是主要问题；在政府控制了劳动力市场并且实施汇率低估的国家中，仅有20%的制造业企业认为汇率是主要问题。在诸如柬埔寨和喀麦隆等政府控制了劳动力市场且汇率低估的国家中，制造业企业普遍支持汇率低估政策。[13]

表3.6 劳动力市场管制与汇率偏好的关系

集体劳动权利	汇率	
	低估	高估
无管制	0.45 （n=1011）	0.25 （n=1215）
管制	0.20 （n=398）	0.26 （n=68）

注：数据为报告汇率是主要问题的企业比例。所有的变量均在文中说明。

同样，本书运用有序概率单位回归模型估量劳动力市场如何影响偏好。模型中的指标设置与前面例子相同，唯一不同的是，此处劳动力市场约束变量取代了国有银行约束变量。图3.4显示了模型推演出的预测概率。模型结论并不支持本书的论点，即劳动力市场的管制影响制造业企业偏好。汇率高估对那些认为汇率是主要问题的制造业企业带来了负面影响，但影响在统计上接近于零。[14] 第一步，我们首先通过简化分析，支持如下假设，即政府控制了劳动力市场将强化制造业部门对汇率低估的偏好，但是，第二步的分析结果并不支持这一假设。

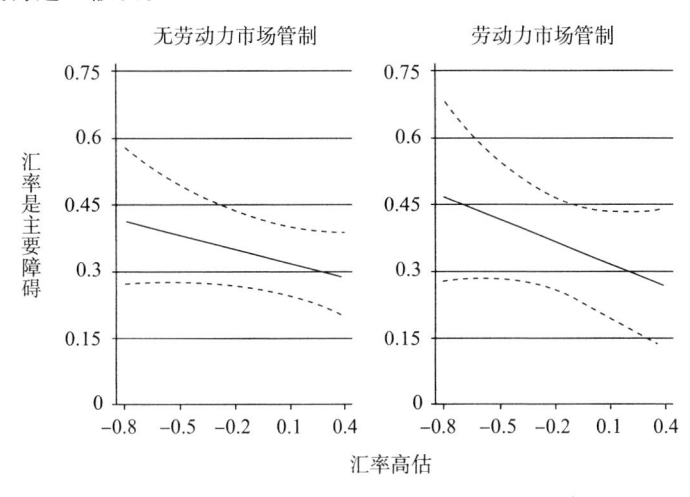

图 3.4　劳动力市场管制与汇率偏好（预测概率）

注：实线表示认为汇率是主要障碍的制造业企业。虚线表示 95% 的置信区间。所有其他变量为算数平均值或中值。

总结

本章以数据证明了相关利益群体对于一国汇率水平的影响程度。使用包含数量众多的发展中国家 31 年跨度的数据集，本书证明了强势制造业部门，并不总是支持汇率低估政策。无论制造业部门是否偏好汇率低估，制度结构的影响都不容小觑。数据显示，那些制造业部门相对弱小的发展中国家，很少实施汇率低估政策；那些制造业强大的（发达）国家也很少坚持汇率低估。只有那些拥有庞大制造业部门并且政府控制了劳动力市场的国家，汇率可能会被严重低估。当庞大的制造业部门与受到政府严格控制的金融体系同时存在时，汇率才会被持续低估。

本章不仅说明了权势利益集团与制度结构之间的联系，其第二部分的数据分析还揭示了制度结构因素是如何影响汇率政策制定的。调查数据显示，制造业部门的汇率偏好将随一国劳动力市场与金融市场制度结构的变化而变化。这些为本书的假设提供了论据支持，即在政府控制了劳动力市场的制度下，制造业企业更倾向于汇率低估。相关证据显示，金融市场的制度结构也会影响到制造业部门的汇率偏好：在政府对金融体系控制较弱的国家中，制造业企业普遍反对汇率低估；在政府严格控制金融体系的条件下，制造业企业偏好汇率低估。

本章的研究对于我们理解汇率政策具有三点重要意义。首先，相关利益集团的重要性。汇率低估程度通常取决于制造业部门的规模，这说明政策制定者高度重视那些具有政治影响力的利益集团的诉求。但是不知为什么，经济学家总是相信，有一些货币政策制定者会置身于社会影响之外（Gowa 1988；Helleiner 2005；Odell 1982；Krasner 1978；McNamara 1998；Moschella 2015）。本书研究表明，利益集团对汇率政策的影响是真实存在的，并不逊于利益集团对其他经济政策的影响力。

其次，利益集团偏好的重要性。宏观数据显示，在不同条件下，制造业部门的影响力是不同的。调查数据提供了更清晰的证据：不同情况下制造业部门的偏好也不相同。本书这些发现与当下颇为流行的

第三章 各国汇率政策及其偏好

利益为本的国际政治经济学理论不相符合。因为国际政治经济学理论认为，偏好来自于经济主体的内部特征（Lake 2009）。而本书认为，不同条件下利益集团的汇率偏好也不相同。

这些结论与构建主义的偏好理论也不相同。证据的确佐证了构建主义关于汇率偏好视具体情况而定的观点（Helleiner 2005；McNamara 1998）。然而，利益集团影响力与汇率政策的关联性使人们对构建主义理论产生怀疑。构建主义理论将"汇率微观层面的分布效应的不明确性……解释为国内利益集团的不作为"（McNamara 1999）。将汇率视为经济问题与奥德尔（Odell 1982）的理论也存在差异。奥德尔认为，"国际货币政策的本质"导致"群体领导力被忽视"。因此，正如构建主义所主张的，利益集团完全有能力辨别自身利益之所在，其偏好既非恒久不变也非缺乏连续性。

最后，制度结构的重要性。制度结构影响汇率的原因与绝大多数政治经济学家的理解不同。传统政治经济学理论认为，制度结构很重要，它可以左右利益集团的偏好（Lake 2009；Milner 1998；Moravcsik 1997；Rogowski 1999）。本章中的证据表明，传统政治经济学理论是不科学的。首先，调查数据显示，偏好与制度结构共生，也就是说制度结构可以影响利益集团偏好，并不仅仅是政策制定者将利益集团偏好纳入其考量范围。其次，与可选择的"偏好总量"相比，国际层面的数据模型与本书的"偏好信息"机制更为一致。如果制度变量是唯一影响私人银行的决定因素，那么无论制造业规模大小，制度因素都将影响汇率水平。然而，数据显示：当制造业部门影响力较弱时，政府控制下的劳动力市场和金融市场与汇率低估的关联性减弱。当制造业部门影响力较大时，关联性增强（详见图 3.1 和 3.2）。[15]

传统的政治经济模型主张，制度结构仅仅是偏好的汇总。然而，历史制度主义学派的方法与目前的证据更加吻合；该方法假设，制度影响偏好（例如，Farrell and Newman 2010；Fioretos 2011；Thelen 1999）。

本章的数据分析有助于说明造成汇率低估的因素及作用机理。然而，这些数据集仍存在问题。比如，我们尚不清楚为什么汇率水平与制造业影响力之间存在相关性，为什么制度结构能够影响企业的汇率偏好。在第四章和第五章中，案例研究有助于厘清这些问题。案例研究证实了利益集团对于汇率政策的实质性影响。

附录

本节的目的在于提供更多关于第三章中统计分析的详细信息。图 3.1 和图 3.2 中的预测值来自于包含了 13 个解释变量的线性回归模型。本章对于主要解释变量已做了详细描述。表 3.7 定义了模型中的解释变量。表 3.8 中的模型 1 和模型 2 是生成图 3.1 和图 3.2 所用的回归模型。

在表 3.8 中，为了避免有可能产生的同时性偏误或逆向因果关系，所有的解释变量滞后一年。模型包含对于一阶自相关的纠正，原因是一国真实汇率受到的随机冲击具有持续性，这将导致相关性错误。汇率冲击蔓延至其他国家的可能性较高，这将造成同时性相关误差。然而，面板数据通常显示的是面板的异方差性，这意味着不同国家的方差误差不同。本书使用贝克和卡茨（Beck and Katz 1995）的面板修正标准误差，因为它有效地解决了同期相关和面板异方差性问题。

表 3.7 解释变量描述

变量	描述	数据来源
农业	以 GDP 百分比表示的农业部门附加值	世界银行 2010
服务	以 GDP 百分比表示的服务部门附加值	世界银行 2010
进口	以 GDP 百分比表示的进口	世界银行 2010
出口	以 GDP 百分比表示的出口	世界银行 2010
城镇人口	城镇居住人口百分比	世界银行 2010
GDP	真实国内总产出的对数	世界银行 2010
储蓄	以 GDP 百分比表示的国内总储蓄	世界银行 2010
贸易条件	商品、服务进口减去出口的值（以不变价格计值）	世界银行 2010
对外负债	对外负债减去对外资产	世界银行 2010
民主	21 分体制指数	马歇尔等 2009
固定体制	二元指标，无论 1999 年时为固定或浮动汇率制度	伊斯塔其等 2008
国有企业	二元指标，无论企业是否国有	布罗兹等 2008
企业规模	1= 企业雇用 0—50 名员工；2= 企业雇用 51—100 名员工；3= 企业雇用 100 名以上员工	布罗兹等 2008
人均 GDP	本国人均 GDP 的对数，取 1997—1999 年之间的平均数	布罗兹等 2008
M3/GDP	本国 M3 与 GDP 的比值，取 1997—1999 年之间的平均数	布罗兹等 2008
FDI/GDP	本国外国直接投资与 GDP 比值，取 1997—1999 年之间的平均数	布罗兹等 2008
货币危机	二元指标，无论是否在 1999 年发生货币危机；若名义汇率贬值超过 25%，并且贬值幅度超过 10%，那么就认为将产生货币危机	赫斯顿等 2009

除了表 3.8 中所列的变量，模型 1 和模型 2 中包含国家固定效应（由于篇幅问题，表 3.8 中仅做简要说明）。固定效应解释了不可测的单位属性如何影响一国汇率低估的平均水平。这一特例有助于避免遗

漏变量偏差。然而，固定效应模型仅证明了变量与时间偏差之间的关系。表3.8中模型3和模型4进行重新估算时未涵盖固定效应。然而结果却很相似。唯一值得注意的不同之处是模型4中，制造业与国内生产总值的比值统计显著。混合（例如非固定效应）模型显示，当一国控制劳动力市场乏力时，制造业和汇率高估负相关。然而交互作用项为负且统计显著，这意味着当劳动力市场受到管制时，制造业与汇率低估的联系更为紧密。

表3.8 回归结果（时间序列跨部门数据）

	（1）	（2）	（3）	（4）
制造业	0.0055 ［0.0043］	−0.002 ［0.002］	0.00002 ［0.004］	−0.0098*** ［0.002］
国有银行	0.0837*** ［0.0245］		0.0687** ［0.030］	
劳动制约		0.048** ［0.023］		0.0514** ［0.023］
制造业 × 国有银行	−0.0059*** ［0.0012］		−0.0049*** ［0.001］	
制造业 × 劳动制约		−0.004*** ［0.001］		−0.0036*** ［0.001］
农业	−0.0002 ［0.0032］	0.001 ［0.002］	−0.0020 ［0.003］	−0.0024 ［0.002］
服务业	0.0022 ［0.0029］	0.002 ［0.002］	−0.0024 ［0.003］	−0.0015 ［0.002］
进口	−0.0016 ［0.0014］	−0.001 ［0.001］	−0.0018 ［0.001］	−0.0007 ［0.001］
出口	0.0005 ［0.0016］	0.0003 ［0.001］	0.0008 ［0.002］	0.0009 ［0.001］
城镇人口	−0.0008 ［0.0035］	−0.004 ［0.003］	0.0037*** ［0.001］	0.0026** ［0.001］

（续表）

	（1）	（2）	（3）	（4）
对外负债	1.1e–16**	1.3E–16**	8.7E–17	8.2E–17
	[4.4e–17]	[5.5E–17]	[6.6E–17]	[8.1E–17]
民主	0.0041**	0.003	0.0017	0.0019
	[0.0021]	[0.002]	[0.002]	[0.002]
贸易条件	–1.10E–16	–6.3E–16	–5.4E–16	–9.9E–16
	[7.6E–16]	[1.5E–15]	[8.9E–16]	[1.9E–15]
GDP	–0.0647	–0.002	0.0112	0.0246**
	[0.0456]	[0.040]	[0.017]	[0.011]
储蓄	0.0011	–0.001	–0.0003	–0.0017*
	[0.0016]	[0.001]	[0.002]	[0.001]
国家	63	120	63	120
时间（年）	31	25	31	25
观察对象	1469	2138	1469	2138
R 平方	0.38	0.48	0.04	0.03

注：*$p<0.1$；**$p<0.05$；***$p<0.01$。括号中为面板纠正标准误差。

本章第二部分描述的回归模型包含了 9 个解释变量。表 3.7 对这些变量进行了描述。表 3.9 中展示了有序概率单位系数。本书使用国家集群标准差是因为一国私人公司误差无法相互独立。

表 3.9　回归结果（调查数据）

	（1）	（2）	（3）	（4）
汇率高估	–1.2034**	–0.2963	–0.9592**	–0.0837
	[0.502]	[0.233]	[0.449]	[0.341]
国有银行	–0.4823		–0.5411*	
	[0.297]		[0.302]	
劳动制约		–0.227		–0.0480
		[0.182]		[0.193]

（续表）

	（1）	（2）	（3）	（4）
汇率高估 × 国有银行	1.8308*		1.9766**	
	[0.969]		[0.981]	
汇率高估 × 劳动制约		−0.2067		−0.3704
		[0.529]		[0.595]
固定制度	−0.6391***	−0.6938***	−0.6296***	−0.6876***
	[0.170]	[0.168]	[0.172]	[0.177]
国有企业	0.0105	−0.1198	−0.0164	−0.1243
	[0.109]	[0.105]	[0.118]	[0.107]
企业规模	−0.0073	0.0394	0.0073	0.0452
	[0.045]	[0.044]	[0.044]	[0.043]
人均GDP	0.1033	0.1706	0.1532	0.1348
	[0.176]	[0.145]	[0.179]	[0.155]
M3/GDP	−0.0004	0.0010	0.0024	0.0021
	[0.004]	[0.005]	[0.004]	[0.005]
FDI/GDP	−0.1661	−0.1068	−0.2584*	−0.1103
	[0.147]	[0.099]	[0.149]	[0.088]
货币危机			1.3971***	0.3604
			[0.375]	[0.326]
观察对象	1616	2063	1616	2063
R平方	0.04	0.03	0.04	0.03

注：*p<0.1；**p<0.05；***p<0.01。括号中为集群标准误差。

作为稳健性检验，模型3与模型4将货币危机加入到主方程中。在这里，货币危机的定义基于弗兰克尔和罗斯（Frankel and Rose 1996）的研究成果，他们认为，货币危机对于主要变量值的影响微乎其微。

第四章　汇率高估的政治诱惑：利益集团与阿根廷比索高估

马克思有一句名言：历史经常重演，第一次是悲剧，第二次就成了闹剧。在研究阿根廷政府的汇率政策时，不得不感叹，有时历史不断重演，但每一次都是悲剧。阿根廷的政策决策者一而再、再而三地高估比索汇率，其结果也总是相同的：出口放缓，经济增长失速。当外汇储备消耗殆尽时，经济便陷入衰退。这一不断重复的历史悲剧，成为阿根廷越来越贫困的原因之一。那么，为什么阿根廷政府要坚持实行这种不利于本国经济发展的汇率政策呢？

现有的汇率政治经济学理论根本无法解释阿根廷比索汇率高估的原因。阿根廷拥有强大的制造业部门，该部门是阿根廷经济的重要支柱，并且在过去的50年中与政府保持着密切关系。根据传统理论，制造业是汇率低估的支持者（Frieden 1991a）。鉴于制造业部门的政治经济影响力，汇率政治经济学理论认为，阿根廷制造业部门是能够说服政府放弃汇率高估政策的。为什么阿根廷历届政府大都选择了与制造业部门偏好相反的汇率政策——汇率高估政策呢？

由于错误地理解了阿根廷制造业部门的汇率偏好，汇率政治经济学理论根本无法解释阿根廷政府的汇率高估政策。正如本书"条件偏好理论"所指出的那样，制造业部门并不总是偏好汇率低估。一般情况下，汇率低估对制造业有积极影响，比如可以增加制造业企业的国际竞争力。但汇率低估也会对制造业产生负面影响，包括更高的进口投资品成本和更高的借贷成本。本书第二章已证明，在那些政府对劳动力市场和金融市场控制力较弱的国家中，汇率低估给制造业企业带来的成本可能超过其收益。当政策制定者无法控制劳动力市场和金融市场，从而无法有效抑制工资和利率上升时，制造业企业就会将汇率高估视为降低成本的工具。这就可以解释，为什么一些拥有强大制造业部门的国家坚持实施汇率高估政策，一个重要原因就是其政府没有能力控制劳动力市场和金融体系。

本章将检验阿根廷的汇率高估是否符合"条件偏好理论"的逻辑。在本章的上半部分，首先分析阿根廷的劳动力市场和金融体系的制度结构特征，探讨阿根廷制造业部门对汇率政策的影响力。在本章的下半部分，回顾从1966年至2012年决定阿根廷汇率政策选择的政治因素。

本案例研究表明，相对于汇率低估来讲，阿根廷的制造业部门更偏好汇率高估。不过，有一个时期是例外的：2001—2005年，受产能过剩的影响，比索汇率低估没有对制造业造成较大的成本压力。本案例研究还表明，阿根廷政策决策者也受到制造业利益集团的影响——阿根廷政府之所以选择高估汇率，在很大程度上是因为该国制造业部门支持这一政策。

第四章 汇率高估的政治诱惑:利益集团与阿根廷比索高估

阿根廷汇率政策的政治渊源

尽管阿根廷的政治经济制度频繁变化,但在本案例研究的 47 年中,阿根廷的汇率政策保持着连贯性。本书对阿根廷政治制度、经济制度和制度结构的讨论就建立在这种连贯性的基础上。

阿根廷的政治体系与政策决策机制

1853 年阿根廷制定了第一部宪法。按照该宪法,阿根廷为联邦制国家,实行总统制,设立参、众两院。这一体制延续到 1930 年军事政变。1930—1983 年,阿根廷出现军事政权与民主政权交替执政的局面。1983 年以来,阿根廷按照 1853 年的宪法恢复了民主政治制度。

在阿根廷,经济政策由政府部门制定,立法机构不干预政府的政策决策过程(Snow and Mazetti 1993;Spiller and Tommasi 2007)。在政府部门,总统和经济部长对宏观经济政策制定拥有决定权。[1]

毫无疑问,阿根廷利益集团拥有足够强大的力量来影响政府经济政策的制定。相对于强大的利益集团来说,阿根廷政府一直较为弱势(Levitsky and Murillo 2005;O'Donnell 1978;Spiller and Tommasi 2007)。正如塞缪尔·亨廷顿(Samuel Huntington 1968)所说,阿根廷有一个"被强大的社会力量所包围的虚弱政府"。

在阿根廷,利益集团拥有多种手段可以影响政府经济政策的制定。在民主政权时期,政治团体和选举制度是工商业界和劳工组织影响经济政策制定的主要工具。无论是在民主政权时期还是军事政权时期,利益集团还都使用一些非正式工具来影响政府的经济政策,比如利益集团与政策决策者之间的私人联系等(Schneider 2004,2010)。此外,利益集团还采取第三方游说、媒体声明、工人罢工等方式

(McGuire 1997)。无论在哪届政府、哪个党派执政以及哪种政治体制下,阿根廷强大的利益集团都有力量影响汇率政策。

阿根廷政府对金融体系的有限控制

尽管阿根廷政府对金融体系的控制能力随着时间的变化而变化,但是作为一个弱势政府,阿根廷政府从来没有真正控制过金融体系。与其他发展中国家相比,阿根廷政府对金融体系的控制力相对较弱。

20世纪早期,阿根廷的金融体系是自由市场导向的。当时,阿根廷拥有大量的外资银行和本土私人银行,他们共同组成了银行业协会(Guillén 2001;Schneider 2004)。20世纪40年代初,阿根廷拥有较为先进的金融市场(Mallon and Sourrouille 1975)。

阿根廷的金融监管体系也经历了多次调整。1946年,胡安·多明戈·庇隆(Juan Domingo Perón)要求商业银行在发放贷款前,必须向中央银行获取许可,在一定程度上强化了政府对金融市场的控制力。但这一政策并未维持很长时间,随后军事政府推翻了庇隆政府,也废除了这项政策。1973年,庇隆政府再次执政后,继续实施金融管制政策,但此时商业银行已经拥有较大的经营自主权(Brennan and Rougier 2009)。[2] 阿根廷政府第二次控制金融体系的尝试比第一次结束得还要快,1977年军事政府上台后又推行了"去监管政策"。20世纪80年代债务危机期间,阿根廷政府对金融体系的控制力度再度加强。20世纪90年代又经历了新一轮的金融监管放松,在此期间,一些国有银行实行了私有化。时至今日,阿根廷大部分商业银行为私人所有,基本不受政府控制。

尽管在一些时期内国有银行在经济中占有重要地位,但是阿根廷政府从来没有真正控制其金融体系。至少有三个因素限制了阿根

第四章 汇率高估的政治诱惑：利益集团与阿根廷比索高估

廷政府对金融体系的控制力。一是国有银行从未在银行体系中处于主导地位。比如，虽然私人银行贷款在总贷款中的比重在庇隆主义者（1973—1976年）执政期间有所下降，但是从未下降到28%以下。二是大部分阿根廷国有银行为市政或者省一级政府所有，而非中央政府所有。比如1974年公有银行贷款占总贷款的72%，但中央政府控制的银行贷款只占47%（di Tella 1983）。[3] 三是阿根廷政府没有形成对公有银行的有效控制。与阿根廷政治经济制度的其他方面一样，阿根廷商业银行的所有权频繁变化，人事关系频繁变动，金融政策朝令夕改，严重阻碍了阿根廷形成统一的银行体系（Brennan and Rougier 2009；Chudnovsky and Lopez 2007；Sikkink 1991）。

20世纪90年代以来，阿根廷政府对金融体系的控制力进一步弱化。到1995年，国有银行的资产份额下降到49%，2003年进一步下降到16%（Micco，Paniza and Yanez 2007）。截至2007年，阿根廷拥有60家私人金融机构，10家由省和市级政府所有的金融机构，只有2家归中央政府所有的金融机构（BCRA 2007）。所以，在过去20年时间里，阿根廷的金融体系几乎完全不受中央政府控制。

毫无疑问，阿根廷政府在某些时期确实控制了金融体系。但是，阿根廷政府从未获得对金融体系的绝对控制权。由于私人银行、省级政府所有的银行在银行体系中长期占据主导地位，以及未能对国有银行建立起有效的监管机制，阿根廷政府对金融体系的控制力一直较弱。20世纪90年代以来的国有银行私有化进一步削弱了政府的控制。如今阿根廷政府对金融体系几乎没有什么影响力。

阿根廷政府对劳动力市场的有限控制

与大多数发展中国家相比，阿根廷的劳工势力较为强大（Collier

1991；Cook 2007；McGuire 1997；O'Donnell 1978；Rains 1992）。在过去一个世纪的大部分时间里，阿根廷工人拥有建立工会、集体谈判和组织罢工的权利。阿根廷的工人运动受益于其高度集中的组织结构，包括单一的劳工联合会和全行业的工资集体谈判制度。虽然有几届政府试图限制工会的权利，但都没有取得成功。相反，"历届阿根廷政府都很清楚得到工会支持的重要性，无论他们对工会的定位如何"（Buchanan 1995）。与金融政策一样，在过去 50 年中，政府试图改变阿根廷劳工体系的尝试对工会组织的影响非常有限。从 1966 年到 2012 年，阿根廷政府从未能够真正控制劳工运动。

阿根廷工人的政治力量和组织势力具有深厚的历史根源，至少可以回溯到 19 世纪末期（Alexander 1962；Collier 1991；McGuire 1997；Snow and Manzetti 1993）。当时，阿根廷工人组织起来，建立了由各种工会组成的劳工联合会。到 20 世纪初期，又创立了一系列劳工联合会，包括阿根廷劳工联合会（CGT）——时至今日，阿根廷劳工联合会仍然是阿根廷最强大的工会组织。1878 年阿根廷工会组织了第一次罢工，1902 年组织了第一次总罢工，并签署了第一个集体合同。

从 1943 年至 1955 年，在庇隆政府的支持下，阿根廷工会的政治力量和组织能力得到了进一步发展。[4] 1943 年军事政变发生后，庇隆被任命为劳动和社会福利部长，在此期间，他积极维护工人利益。在工人的拥护和支持下，1946 年庇隆赢得了总统选举。在担任劳工部长和总统期间，庇隆出台了多种劳工保护法律，促进了工会运动的发展。其中，最重要的是 1949 年发布的"专业协会法案"（Law of Professional Associations），该法案赋予了工会一些重要权利，包括罢

第四章 汇率高估的政治诱惑：利益集团与阿根廷比索高估

工权和集体谈判权。庇隆还将劳动合同集体谈判扩展到新的行业，将集体谈判从企业层面提升到行业层面。这些措施极大地增加了工会的数量，也增强了工会的组织力量。庇隆改革不仅"使阿根廷劳工运动成为拉丁美洲最强大的劳工运动之一"，而且他所创建的劳工保护法律框架有力地维护了工会的组织力量和政治力量，即使在反劳工政权执政期间也是如此（Cook 2007）。

虽然法律上的集体劳动权利经常变化，但从整体上看，没有一届政府能够完全控制劳动力市场。从1966年至1972年，军事政权限制了集体劳工权利，但并没有能够实际控制工会并阻止工会行动。1973年庇隆总统第二次执政以后，恢复了工会的各项权利。1976—1982年军事政府实施了更加严苛的劳工控制，工会"尽管受到了破坏，但并没有解散"（Drake 1996）。[5] 当时军事政权禁止工会活动，宣布集体谈判和组织罢工为非法行为，秘密杀害了一些工会领导人。暴力镇压使劳工运动在短时间内沉寂下来，但工人继续参加各种集体行动。例如1977年有100多万工人参加了罢工，劳工联合会在1979—1982年组织了四次总罢工（Carrera 2007；Collier 1999）。劳工运动最终推翻了军事独裁政权（Collier 1999）。1983年，阿根廷民主政权再次执政，劳尔·阿方辛（Raúl Alfonsín）政府（1983—1989年）恢复了工会参与政治和组织罢工的权利，取消了对集体谈判的限制（Cook 2007）。[6] 事实上，辛格拉内利和理查兹（Cingranelli and Richards 2010）的数据表明，阿根廷在1981—2006年间并没有限制集体劳动权利（见表1.2）。在过去的30年中，阿根廷工人一直享有参加工会、罢工和集体谈判的权利。

综上所述，从1966年至2012年，阿根廷经历了两种不同的劳工制度。在这 47 年中的大多数时间里，阿根廷的民主政府保护了工人参加工会、罢工和集体谈判的权利。阿根廷法律还通过创建集中的联盟结构，强化了工人组织的作用。在 14 年的军事独裁政权时期，工人参加工会和罢工的权利受到限制。不过，即使在 20 世纪 70 年代末的军事统治时期，阿根廷工人仍然比伊朗工人享有更多的参加工会和罢工的自由。简而言之，阿根廷政府试图控制国内劳动力市场的努力没有取得预期成果。

阿根廷拥有强大的制造业部门

阿根廷拥有强大的制造业部门。阿根廷制造业企业之所以能够影响政府的汇率政策制定，是因为他们控制了大量的经济资源，建立了强大的游说组织，发展了广泛的政治关系。

在阿根廷，制造业占国内生产总值的比重很大。尽管近年来制造业在阿根廷经济中的份额下降了，但仍高于大多数发展中经济体。2005 年，制造业占阿根廷国内生产总值的比重为 23.2%，位于所有发展中国家的前列。因此，阿根廷政府不可能忽视制造业部门的偏好。

阿根廷制造业还拥有很高的地理集中度。阿根廷大部分制造业企业分布在布宜诺斯艾利斯及其周边地区，另外的 20% 分布在科尔多瓦和圣达菲（Sanguinetti and Martincus 2004）。一些大规模综合性企业被称为经济集团（Schneider 2004）。例如佩莱斯康潘集团（Pérez Companc）在工业部门拥有 53 家公司，涉及电器、机械、水泥和金属等领域（Guillén 2001）。[7] 工业生产集中于少数大型企业集团，以及生产活动的区域集中，使得阿根廷企业更容易采取集体行动，影响政府的政策决策（例如，Olson 1965；Bates 1981）。

工商业协会代表了阿根廷制造业部门的利益。[8] 其中，最重要的

第四章 汇率高估的政治诱惑：利益集团与阿根廷比索高估

协会是阿根廷工业联合会（UIA），它代表大企业的利益。经济联合会（GGE）代表中小型企业的利益。[9] 在1976—1982年的军事政权期间，工业联合会与经济联合会合并（Schneider 2004）。阿根廷还有一些代表制造业细分部门利益的工商业协会，比如汽车制造商协会（ADEFA）和阿根廷冶金工业协会（ADIMRA）。

阿根廷制造业部门与政府官员过往甚密，并且从中受益。制造业的企业家通常能够直接与政府高层领导者建立联系，这一点从以下事例中可以略见一斑。庇隆总统曾经以私人身份邀请企业家讨论经济政策；20世纪80年代，劳尔·阿方辛政府的高级官员定期会见工商业领袖；20世纪90年代，工业联合会的总裁定期与经济部长多明戈·卡瓦洛（Donimgo Cavallo）以及其他部长会晤（Schneider 2004）。此外，许多高级政府官员都曾在大型制造业企业或工商业协会任职。阿根廷的制造业部门拥有丰富的组织资源。

最后，在第二次世界大战后的大部分时间，阿根廷制造业被广泛认可为经济中最有价值的部门，这是一无形权力资源，能够在经济政策争论中发挥作用。在战后初期，"工业化是经济发展的必要条件"以及"工业化政策深入人心"成为共识（Sikkink 1991）。1975—2001年制造业部门的威望有所减弱，在此阶段，阿根廷社会更加关注宏观经济稳定而非经济中特定部门的稳定。2001年金融危机后，发展理念以及工业化再次获得重视（Grugel and Riggirozzi 2007）。虽然阿根廷制造业的权力资源随时间的变化而变化，但意识形态和社会舆论一直有力地支持着制造业部门。

总而言之，制造业部门之所以能够影响汇率政策选择，是因为它控制着大量的经济资源，地理位置集中，建立了有效的游说组织，并且与政府保持着密切联系。制造业部门不是阿根廷唯一能够影响汇率政策选择的利益集团，但是，由于制造业部门控制了主要经济资源，因而阿根廷政府具有强烈的动机去选择制造业部门偏好的汇率政策。

阿根廷制造业部门的经济特征

相比其政治制度，阿根廷制造业部门没有经济上的独特之处。阿根廷制造业企业可以生产多种多样的工业产品，包括汽车、机械、金属和纺织品。[10]20 世纪 70 年代军事政府曾经实行进口壁垒政策。20 世纪 60 年代和 70 年代初期的贸易保护主义政策极大削弱了进口品的竞争力，但没有彻底消除进口竞争。[11]然而，即使在贸易保护主义时期，阿根廷制造业的产品仍然可以出口，至少部分产品是可贸易的。[12]后来，阿根廷军事政府放宽了贸易管制，制造业产品就完全可贸易了。在 20 世纪 70 年代的贸易自由化改革之后，特别是在 20 世纪 90 年代贸易自由化进程不断加快，阿根廷制造业面临来自外国企业的激烈竞争，汇率低估有助于提高阿根廷制造业的出口竞争力，汇率低估也有助于提高制造业的国内市场竞争力。

高度依赖进口投入品是阿根廷制造业与其他发展中国家的另外一个相似之处（Chudnovsky and López 2007）。根据 2006 年世界银行的企业调查，阿根廷制造业企业进口投入品占比平均达到 26%，接近但略低于发展中国家的平均水平。

许多阿根廷制造业的子部门，从汽车到钢铁，都是资本密集型行业。尽管制造业企业的新增投资主要依赖于银行贷款，但是，由于当时很难从金融体系获得资金（见表 4.2），留存收益是其投资的主要资金来源（Schneider 2013）。当时出现的融资困难使得阿根廷制造业部门倾向于支持降低融资成本的政策。

第四章　汇率高估的政治诱惑：利益集团与阿根廷比索高估

汇率低估对于阿根廷制造业企业赢利能力的影响是不确定的。制造业企业之所以能够从汇率低估中获益，是因为汇率低估可以降低出口产品价格。但同时，汇率低估也会降低制造业企业的利润，因为它提高了进口投入品的成本，并且使其从本国或国外金融机构贷款更加昂贵。

含义与假设

"条件偏好理论"认为，那些对劳动力市场和金融市场控制力较弱的国家更有可能高估汇率。阿根廷的案例似乎很符合这一观点。阿根廷政府对银行体系和劳动力市场的控制能力较弱，为此，汇率高估成为阿根廷政府的政策选择。图4.1显示，在从1966年到2006年近2/3的时间内，阿根廷比索被严重高估，平均高估达到15%。在图4.1中，阿根廷实际汇率的变动也表现出高估趋势，实际汇率高估一直延续到2012年，也就是说，2006—2012年阿根廷的实际汇率快速升值。[13]

在从1966年到2006年的41年中，有15年的时间比索汇率被低估，尽管每个低估期都很短暂（1975—1978年，1982—1983年，1985—1987年，1989年，2002—2006年）。因此说阿根廷从未出现过汇率低估是不符合实际的。阿根廷与孟加拉国和南非等国的首要差异在于，其他国家能够维持数十年的汇率低估，而阿根廷的汇率低估通常不超过两三年。第二个重要差别是，阿根廷短暂的汇率低估往往不是政府主动选择的结果。1975年、1982年、1989年和2002年的比索汇率贬值都是发生在货币危机时期，并且政府一直在尽力避免贬值。总之，在一般情况下，阿根廷政府会实施实际汇率高估政策；短期出现的汇率低估，在很大程度上是由于政府无力阻止比索贬值所致。

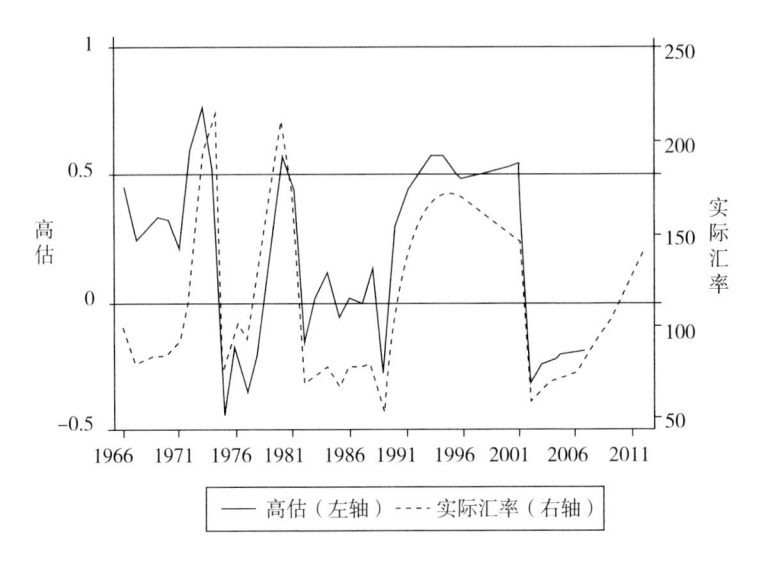

图 4.1　1966—2012 年阿根廷的汇率高估

汇率高估是指实际汇率与均衡实际有效汇率之间的差额。正（负）值意味着实际汇率高估（低估）。详细信息请参阅第三章。实际汇率定义为名义汇率乘以美国消费者价格指数除以阿根廷消费者价格指数。以 1996 年为基期计算实际汇率，数值越大（小）表明高估（低估）的程度越严重。美国通货膨胀数据来自美国劳工统计局。阿根廷 1966—2006 年的通货膨胀数据是世界银行 2010 年的数据；2007 年通货膨胀指定为 20%（原因在文中解释）；2008—2012 年的通货膨胀数据来源于海量价格数据项目（Billion Prices Project）。

下面将讨论阿根廷汇率政策背后的政治因素，分析阿根廷的劳动力市场和金融体系是否可以支持汇率高估，以及如何促成汇率高估。为此，需要首先评估阿根廷的制度结构是否会影响制造业部门的偏好，以及制造业部门偏好是否会影响汇率政策的制定。

在本案例研究中，首先分析阿根廷制造业部门的汇率偏好。传统理论认为，制造业部门通常倾向于汇率低估。"条件偏好理论"认为，在阿根廷，由于政府对劳动力市场和金融体系的控制力较弱，制造业企业往往并不支持汇率低估。如果这一判断是正确的，那么，阿根廷

第四章　汇率高估的政治诱惑：利益集团与阿根廷比索高估

制造业部门应当游说政府实行汇率高估政策。如果制造业部门偏好受到制度结构影响，应该能够观察到另外两个事实：当比索汇率被低估时，阿根廷政府几乎不可能将利率和工资水平维持在市场均衡水平以下；制造业部门反对汇率低估是因为汇率贬值将增加其成本。"条件偏好理论"表明，由于阿根廷政府没有能力通过控制劳动力市场和金融市场来降低制造业部门的工资成本和借贷成本，因此阿根廷制造业企业通常反对汇率低估政策。

尽管阿根廷制造业部门不喜欢汇率低估，但其汇率偏好在47年中不是完全不变的。当汇率低估对企业成本影响较小时，制造业部门会支持汇率低估。比如，政府对劳动力市场和金融体系的控制力增强时，或者当实际经济增长率低于其潜在增长率从而导致企业成本对汇率水平不太敏感时。

本书还将证明，阿根廷大型制造业部门的偏好对于汇率政策选择的影响。"条件偏好理论"假设，汇率政策决策者清楚地知道制造业企业的汇率偏好，并且尽量按照制造业的偏好来制定政策。"条件偏好理论"将证明，由于制造业部门缺乏对汇率低估的热情和支持，阿根廷政策决策者更可能选择汇率高估政策。

阿根廷汇率的政治经济学分析

本节将评估阿根廷在1966—2012年汇率估值的政治决定因素。在这一长达47年的时期内，我们对于其中一些年代的分析更加详尽。特别是对于1989—2012年情况的分析是基于更高质量的基础资料。[14] 尽管对于1966—1988年情况的分析不够详细，但是这一时期的案例有助于解释在不同的政治经济背景下阿根廷汇率政治是否具有相似性。由于本案例所涉及的时间段较长,不可能对每一时期都进行详细的论述,故而只侧重于那些与"条件偏好理论"直接相关的历史事实。

阿根廷的案例研究始于1966年6月,当时由胡安·卡洛斯·翁加尼亚(Juan Carlos Ongania)领导的军事集团推翻了阿图罗·伊利亚(Arturo Illia)政府。这一事件成为阿根廷不稳定历史的一个重要转折点。军事政府认为,作为阿根廷革命(Argentine Revolution)的一个组成部分,他们需要重组国家并实现经济转型(Smith 1989)。

表4.1将1966—2012年划分为九个不同阶段,并且总结了每个阶段的主要特征,包括实际汇率估值、制造业部门偏好以及制造业部门对汇率政策的影响程度。当制造业偏好是汇率决策的最重要参考因素时,其政治影响力为"强";当制造业偏好只是汇率决策的参考因素之一时,其政治影响力是"部分的";如果汇率政策与制造业偏好之间不存在直接关系,那么该项为"弱"。

表4.1 1966—2012年阿根廷的汇率政治分析

阶段	汇率政策	制造业的汇率偏好	制造业的政治影响力
1966—1972	高估	高估	部分影响
1973—1974	高估	高估	强烈影响
1975—1976	低估	高估	弱影响
1977—1980	升值/高估	重工业偏好高估	部分影响
1981—1990	不稳定	不稳定	变化
1991—1998	高估	高估	部分影响
1999—2001	高估	低估	强烈影响
2002—2005	低估	低估	强烈影响
2006—2012	升值/高估	高估	部分影响

第四章　汇率高估的政治诱惑：利益集团与阿根廷比索高估

军事政府汇率低估政策的失败（1966—1972 年）

在胡安·卡洛斯·翁加尼亚总统开始执政的头几个月，阿根廷正处于经济困难时期。[15]1967 年 3 月之前，军事政府并未进行经济政策调整，胡安·卡洛斯·翁加尼亚任命阿达尔贝特·克里格·瓦塞纳（Adalbert Krieger Vasena）为经济部长。阿达尔贝特·克里格·瓦塞纳是著名的实业家，与大型跨国公司有着密切的联系（Smith 1989；di Tella 1983）。当时政府中的其他重要经济部门的职位也被授予制造业部门的盟友（O'Donnell 1988）。发展制造业和增加出口成为胡安·卡洛斯·翁加尼亚政府的首要任务（Smith 1989；Wynia 1978）。

1967 年 3 月，瓦塞纳实施了一项经济计划，该计划既包括促进经济增长的长期目标，又包括遏制通货膨胀的短期目标，核心内容是比索贬值 40%，"以实现汇率低估"（Wynia 1978）。

制造业部门对这次汇率低估尝试的反应是不一致的。经济联合会中的小型制造业企业反对汇率低估，因为他们担心"随着汇率贬值，企业的经营成本将增加"（O'Donnell 1988）。工业联合会中的资本密集型大企业"对比索贬值感到欣慰"（Smith 1989）。

工业联合会和大型制造业企业支持汇率低估，因为阿达尔贝特·克里格·瓦塞纳政府同时也采取了一些降低企业经营成本的政策，抵消了汇率贬值所带来的负面影响。在汇率贬值的同时，军事政府对农产品出口征税，并利用此项收入为大型制造业企业提供信贷补贴。对制造业企业减税的政策，包括允许企业从应税所得中按 100% 扣除设备折旧，进一步降低了制造业企业的成本。与此同时，军事政府还分化了工人运动，使制造业企业工会同意冻结工资，"使制造业企业能够控制其要素成本"（Wynia 1978）。

尽管军事政府希望比索汇率低估，但是汇率低估政策并没有维持太久。瓦塞纳一度成功地降低了通货膨胀率，但是在汇率贬值之后的12个月内阿根廷的通货膨胀率仍然高达24%，第二年又增长了8%（O'Donnell 1988）。由于阿根廷的通货膨胀率远远高于美国，在比索对美元的固定汇率制度下，阿根廷实际汇率迅速升值。到1968年年底，比索实际汇率较1967年3月已经明显升值了（Mallon and Sourrouille 1975）。

资本密集型大企业是这一时期汇率高估政策的最大受益者。1968—1969年，化工、金属和机械设备等行业增长迅速。固定且高估的比索汇率，再加上政府对国际资本流动的限制减少，使得大型工业企业能够在国际资本市场上比较方便地融资。因此，他们并不反对比索升值。工业联合会很是称赞瓦塞纳的经济政策尤其是汇率政策（O'Donnell 1988）。

其他利益集团也支持瓦塞纳的汇率政策。经济联合会中的较小企业要求实行扩张性货币政策，并抱怨对贸易和投资的过度开放使得阿根廷经济失去了独立性。1968年当政府实施土地税时，原本已经对农业出口税非常不满的农业部门与翁加尼亚政府更加敌对。工人对工资冻结的不满最终成为瓦塞纳与翁加尼亚矛盾和冲突的导火索。1969年工人罢工和示威活动激增。1969年5月在科尔多瓦发生了大规模的抗议示威活动，这就是"哥多华索事件"（Cordobazo）。1969年5月瓦塞纳被迫辞职。

瓦塞纳的继任者是约瑟·达尼诺·帕斯托雷（Jose Dagnino Pastore）。在经济政策上，他与其前任持有基本相同的观点，即比索汇率低估"更适合阿根廷的实际情况"（Pastore 1990）。但是，为安抚非

第四章 汇率高估的政治诱惑：利益集团与阿根廷比索高估

制造业部门，帕斯托雷没有改变比索汇率的升值趋势。相反，他承诺继续实施固定汇率制度。为此，工业联合会高度"赞扬1967年3月政府决定继续实行固定制度的决定"（O'Donnell 1988）。哥多华索事件之后，政府受到来自工会的压力，不得不提高工人工资，[16] 导致通货膨胀率上升。结果是1970年的比索实际汇率出现了"显著高估"（O'Donnell 1988；Fillippini and Olcase 1989；Smith 1989）。

政治经济形势对翁加尼亚政府越来越不利。1970年翁加尼亚被另一位军事将领罗伯特·莱文斯顿（Roberto Levingston）取代。莱文斯顿的第一位经济部长是卡洛斯·莫亚诺·列雷纳（Carlos Moyano Llerena），他也继承了前任的理念，认为"汇率高估会带来很多问题，增加出口是发展经济的关键"（Brennan and Rougier 2009；Oberst 2009）。为此，列雷纳基本上复制了瓦塞纳的经济政策。1970年6月，比索汇率贬值14%，农业出口税税率上升，关税税率下降。与1967年不同的是，这次工人的工资没有被冻结，因为此时劳工已经形成了强大的组织力量，坚决反对政府冻结工资的行为。

制造业部门谴责1970年的比索贬值，工业联合会也批评汇率贬值政策，称之为"不必要和自杀的一步"（O'Donnell 1988）。1970年10月，因为制造业部门的强烈反对，列雷纳仅仅上任4个月后就下台了。

在军事政府统治的最后两年里，国家领导人频繁变更，经济政策频繁变化，汇率政策也不例外：在经历了短暂的固定汇率制度之后，1971年4月转向了爬行钉住汇率制度，1971年8月又转向双重汇率制度（见Lizondo 1989）。1970年以后，军事政权的首要任务是获取民众支持，以确保平稳退出。为此，政府竭力迎合所有利益集团的要求。比如，增加工资以笼络工人，放松财政政策和货币政策以帮助小型工业企业。这些宽松的宏观经济政策造成了1971—1972年的通货膨胀。此时，即使比索对美元贬值，也无法抵消高通货膨胀所带来的实际汇率升值（见图4.1，以及Lizondo 1989）。由此可见，1971—1972年汇率高估的主要原因是为了赢得工人和小型制造业企业的支持而实施的扩张性宏观经济政策。

总之，1966年军事领导人执政之后，曾承诺保持汇率低估，但随后又放弃了这一承诺。经过初期贬值后，比索汇率在此后的五年时间里稳步升值，并被持续高估。军事政权未能保持汇率低估，因为强大的利益集团（包括制造业）坚决反对汇率贬值，同时坚决要求实行扩张性宏观经济政策。阿根廷制造业反对汇率低估，部分原因是政府无力控制劳动力市场。在这一时期的初期，军事政府还暂时有能力控制工会和工人提高工资的要求，并采取一些削减成本的措施。随着政府逐步失去对劳动力市场的控制，制造业部门对汇率贬值的宽容度下降。

小型企业支持汇率高估（1973—1975年）

1973年3月，庇隆主义党人赫克托·坎波拉（Hector Campora）赢得总统选举，为庇隆再次上台铺平了道路。[17]1973年6月，庇隆（军政府禁止庇隆参加3月大选）回到阿根廷。1973年7月赫克托·坎波拉宣布辞职，在同年9月举行的大选中，庇隆再次当选。赫克托·坎波拉和庇隆得到了劳工组织和小型工业企业的支持。

坎波拉和庇隆将国家所有的经济资源和政治资源都给予了经济联合会（di Tella 1983）。经济联合会官员担任了大部分政府职位，经济联合会领袖何塞·贝尔·格尔巴德（Jose Ber Gelbard）担任了经济

第四章　汇率高估的政治诱惑：利益集团与阿根廷比索高估

部长（Brennan and Rougier 2009）。坎波拉和庇隆的各种经济政策，包括汇率高估，都反映了经济联合会中的小型制造业企业的偏好。

1973年5月庇隆再次宣誓就任总统时，阿根廷实行多重汇率制度，不同类型的交易适用不同的汇率，但是，所有汇率都被"严重高估"（Struzenegger 1991）。政府的首要任务是控制通货膨胀，因为当时年通货膨胀率超过了50%。不过，政府并不希望以牺牲增长作为代价来控制通货膨胀，按照一位政府高级官员的话来说，"没有经济增长的提案是不会获得公众支持的"（Leyba 1990）。因此，政府不是通过紧缩性财政政策而是通过抑制性的收入政策来控制通货膨胀。1973年6月，政府、经济联合会和劳工联合会签署了一份协议。按照该协议，工人工资在增加了200比索之后被冻结，物价水平则冻结在比协议签订时更低的水平上。虽然1973年的协议与1967年3月的经济稳定计划有许多相似之处，但有一个重要区别，即在1973年庇隆党没有实行汇率贬值。

通货膨胀得到了一定控制，但与此同时，比索实际汇率贬值了5%左右。[18]这是因为阿根廷物价水平低于美国，并且比索对美元的汇率是固定不变的。

比索实际汇率贬值增加了进口成本，引起那些需要大量进口原材料的企业的不满（Wynia 1978）。企业进口投入成本增加了，价格冻结却使他们无法将这些成本增加部分转移给客户。严重依赖进口投入品的企业在1973年出现了亏损（di Tella 1983）。"货币升值的压力出现了。这种压力主要来自那些进口投入品价格上涨但产品价格固化的企业"（Struzenegger 1991；Cortes Conde 2009）。工人同样不满意，由于其工资被冻结，进口商品价格上涨则意味着工人实际工资水平下降。

劳工联合会的工人也要求庇隆政府调整比索估值（di Tella 1983）。

比索真正贬值的时间是非常短暂的。为了应对这些压力，庇隆政府于 1973 年 12 月对进口汇率进行了重新估值。汇率重估造成了中央银行的亏损，因为中央银行从出口商买入的外汇价格高于其卖给进口商的价格。不过，这被认为是为了满足利益集团需求而必须付出的代价。后来阿根廷政府停止实际汇率贬值的主要原因是制造业企业对汇率升值的要求。

1974 年上半年比索实际汇率加速升值。当年，比索对美元名义汇率没有太大变化，但通货膨胀率大幅上升。长期以来，经济联合会主张实施扩张性经济政策，即降低利率并扩大政府支出，结果造成工资和价格轮番上涨。1974 年 3 月通货膨胀加速，工会说服政府增加工资 30%。1974 年 6 月工资再次上涨，此后更是频繁上涨，这样工资冻结计划持续的时间只有一年，还不到协议规定时间的一半。为了减轻工资上涨对制造业部门的压力，庇隆政府降低了利率。在工资谈判中向工会做出妥协后，政府发现控制物价上涨的趋势越来越难。1974 年阿根廷通货膨胀率达到了 17%。

由于比索对美元汇率保持固定不变，当阿根廷通货膨胀率远远超过美国通货膨胀率时，比索实际汇率被大幅高估（di Tella 1983；Struzenegger 1991）。从图 4.1 可以看到，1974 年比索实际汇率升值幅度高于 1966—2012 年中的任何一年。总之，汇率重估和扩张性宏观经济政策导致了 1973—1974 年的汇率高估，而这两项政策都是在制造业部门的坚持下实施的。

1974 年中期，阿根廷经历了一系列经济和政治冲击。庇隆总统于 1974 年 7 月 1 日意外去世。伊莎贝尔·庇隆（庇隆的第三任妻子，在

第四章 汇率高估的政治诱惑：利益集团与阿根廷比索高估

庇隆逝世后继任阿根廷总统）的经济部长阿尔弗雷多·戈麦斯·莫拉莱斯（Alfredo Gómez Morales）坚持认为，不应该改变汇率政策，他说："我反对改变汇率政策，汇率低估毫无作用。"（引自 Struzenegger 1991）因此，比索实际汇率在 1974 年下半年继续升值。不久阿根廷出口减缓引起外汇收入减少，维持汇率高估越来越困难。尽管政府承诺比索汇率不贬值，但 1975 年秋天莫拉莱斯还是让比索汇率贬值了。这次贬值并没有完全改变比索高估的事实，只是高估程度下降了（di Tella 1983）。

伊莎贝尔·庇隆政府的第二任经济部长是塞莱斯蒂诺·罗德里戈（Celestino Rodrigo），他在 1975 年 6 月进行了更大幅度的汇率贬值。工人要求增加工资以弥补实际工资下降。伊莎贝尔·庇隆一开始拒绝增加工资，工会发起总罢工后，最终政府妥协，允许工资增长 100%。阿根廷经济陷入空前的危机中：通货膨胀达到创纪录的 183%，比索贬值 1484%。1976 年 3 月军事集团再次废黜了庇隆政权。

制造业与银行结盟造成汇率高估（1976—1983 年）

军事政府再次掌权后，自称其政权为"国家重组"（National Reorganization Process）。豪尔赫·维德拉（Jorge Rafael Videla）出任新一届总统，其内阁成员主要由知名的农业家和工业家组成（Frieden 1991b）。[19] 大企业主何塞·阿尔弗雷多·马丁内斯·德霍斯（José Alfredo Martínez de Hoz）出任经济部长，他曾任工业联合会的高层领导（Lewis 1990；Schvarzer 1991）。维德拉总统的经济目标是实现经济自由化并降低通货膨胀率。德霍斯和中央银行已经认识到，必须防止比索高估，这对阿根廷经济增长非常重要（见 Martínez de Hoz 1967，1990；Schvarzer 1986）。但此时阿根廷的通货膨胀率仍然很高，实际汇率持续上升,再加上大型制造业企业反对汇率贬值,反对紧缩性财政政策和货币政策,因此,豪尔赫·维德拉军事政府同样没有能够避免比索汇率高估的命运。

何塞·阿尔弗雷多·马丁内斯·德霍斯就任经济部长的第一个月,就推出了各种各样的市场化改革措施,其中就包括汇率改革——1976年4月汇率贬值27%,1976年12月将多重汇率制度调整为单一汇率制度。经济改革措施还包括：对农产品出口减税,降低一些行业的进口壁垒,冻结工资,放开价格,削减政府支出。1977年6月维德拉军事政府出台了金融自由化方案,放开利率管制,消除金融壁垒,放宽跨境资本流动。

但是,军事政府从未成功地降低通货膨胀率。在维德拉任期内,年通货膨胀率超过100%,巨额财政赤字是通货膨胀率的主要原因(Diaz Bonilla and Cshamis 2001；Lewis 1990；Nogues 1986)。甚至连德霍斯(Martinez de Hoz 1990)都承认,"预算赤字和政府过度支出是通货膨胀的最主要原因"。金融自由化是通货膨胀的第二重要原因。较高的实际利率和资本账户开放使得国际资本大规模流入,刺激了货币供应并加剧了通货膨胀(Lewis 1990；Smith 1989)。这一点并非没有被政府意识到："中央银行认为,资本流入是通货膨胀性质的。"(Nogues 1986)维德拉军事政府的货币政策和财政政策阻碍了他们降低通货膨胀的努力。

在高通货膨胀的背景下,为了避免实际汇率升值,政府不断实施比索汇率贬值。在豪尔赫·维德拉军事政府执政的第一年,有管理的浮动汇率制度和比索持续贬值阻止了实际汇率高估。在1977年第二季度和1980年第四季度之间,汇率贬值幅度低于通货膨胀率(Calvo

第四章 汇率高估的政治诱惑：利益集团与阿根廷比索高估

1986）。

从 1978 年 12 月开始，这种缓慢贬值政策更加透明。当时，维德拉政府开始提前宣布未来八个月汇率贬值的幅度。军事政府期望通过实际汇率升值迫使企业降低成本并引导通货膨胀率下行。20 世纪 70 年代末，阿根廷实际汇率被严重高估（di Tella and Braun 1990；Dornbusch 1989；Frieden 1991b；Lewis 1990）。阿根廷政府选择汇率贬值来应对通货膨胀，是因为与其他抑制通货膨胀的工具不同，汇率贬值在短期内不会造成经济衰退（Martínez de Hoz 1990）。

汇率高估使得许多社会群体，包括农业出口商和小型劳动密集型制造业（de Palomino 1988；Frieden 1991b；Schvarzer 1986）感到愤怒，而这些社会群体是 1976 年政变中军事政府的支持者，于是工会组织与军事政权之间敌对情绪升级，当然主要是因为军方镇压工人运动而不是因为汇率政策。军事政府取缔了罢工活动并使用暴力手段恐吓工人，但工人罢工运动仍然继续进行。1977 年罢工浪潮造成 22 个部门瘫痪，劳工联合会于 1979 年发动了总罢工，并取得成功（Collier 1999；McGuire 1997）。

当时阿根廷军事政权有两个最亲密的盟友，一个是银行家，一个是大型企业的企业家，他们都强烈支持汇率高估。金融自由化和汇率高估使金融部门获益，大规模资本流入和金融投机活动为其创造了收益。因此，金融部门成为军事政权最忠实的支持者之一（Frieden 1991b；Gibson 1996；Pepinsky 2009；Cshamis 1999）。在这里，比索汇率估值过高的部分原因是它有利于金融部门。

在这一时期，大型制造业企业也获得了巨大利润。钢铁、金属、橡胶、石油化工和其他重工业的产量迅速增长（Frieden 1991b；

Lewis 1990；Nogues 1986；Petrei and Tybout 1985；Schamis 1999；Schvarzer 1986）。政府的财政政策对这一群体非常有利：钢铁和冰箱等产品出口得到大量财政补贴；钢铁和石化等行业受益于巨额公共投资。德霍斯（Martinez de Hoz 1990，167）表示："我们应该进一步削减公共支出。"但是，他根本做不到。增加对制造业企业的支出是政府实施扩张性财政政策的目的所在。这些政策推高了通货膨胀率，造成比索实际汇率升值。

大型制造业企业同样支持政府的金融政策，因为这使他们能够从国外获得大量的资金（Petrei and Tybout 1985）。最后，随着大型制造业企业越来越依赖外国借款，汇率贬值成为越来越不具有吸引力的政策选择（Lewis 1990）。因此，造成比索高估的每一项政策，包括资本账户自由化、财政赤字和限制汇率贬值，都能使大型制造业企业受益。从本质上讲，维德拉军事政府之所以坚持比索高估政策，主要是因为他们担心实际汇率贬值会引起制造业部门和金融部门的不满。

维德拉军事政权不可能一直阻止比索汇率贬值。到1981年年初，许多观察家认为，高估的比索最终将贬值。汇率贬值预期造成大量资本外流和外汇储备减少。1981年2月，德霍斯将比索汇率贬值了10%。1981年3月，新的军事政府领导人罗伯托·比奥拉执掌政权，资本外逃和汇率贬值加速，造成前所未有的经济危机。当军事政府于1983年被迫下台时，阿根廷的经济状况比1976年军事政府上台时还要糟糕。

债务危机期间的汇率波动（1984—1989年）

1983年10月，阿根廷在经济极端困难的情况下举行了总统选举。[20] 是年，阿根廷国内财政赤字占国内生产总值的比重达到11%，外部债

第四章　汇率高估的政治诱惑：利益集团与阿根廷比索高估

务占国内生产总值的比重高达 2/3，通货膨胀率甚至超过 300%。[21] 在选举中，几乎每位总统候选人均承诺实施扩张性宏观政策以刺激经济增长，并实施爬行钉住汇率制度以使比索汇率贬值（El Cronista 1983；Mercado 1983）。

激进党（Radical）主席劳尔·阿方辛出人意料地成为首个在自由选举中获胜的非庇隆主义党人。阿方辛希望激进党自此成为阿根廷的多数党，因此，他努力争取工人和工商业部门等社会群体的支持。

执政伊始，阿方辛政府就选择了浮动汇率制度以使本币低估，同时，实施扩张性宏观政策，增加工人工资。但不幸的是，1984 年这一政策组合将通货膨胀率推升至 600% 以上。在社会公众强烈的反对声浪中，阿方辛的第一任经济部长贝尔纳多·格林斯本（Bernardo Grinspun）于 1985 年 2 月引咎辞职。格林斯本的继任者是胡安·苏鲁耶（Juan Sourouille）。为了抑制通货膨胀，他采取了与其前任完全不同的经济策略。1985 年 6 月，苏鲁耶制订并发布了"奥斯特拉尔计划"（Austral Plan），同时实行固定汇率制度和紧缩性宏观政策（包括冻结工资、控制物价和增加税收）。苏鲁耶也倾向于汇率低估政策（参见 Mallon and Sourrouille 1975）。同年 3—6 月，苏鲁耶将比索贬值了 150% 以上（Canitrot and Junco 1993；Cortes Conde 2009；Frieden 1991b；Machinea 1990）。最初，确实如政策所愿，通货膨胀率迅速下降，比索汇率低估。不仅如此，"奥斯特拉尔计划"还获得了政治回报：工业联合会转而支持阿方辛政府（Smith 1990），民众对政府的支持率也从 35% 大幅上升至 57%（Gibson 1996），激进党赢得了 1985 年 11 月的国会选举。

然而，这些仅是昙花一现。1986 年年初，随着通货膨胀率下降，各相关利益集团，从工商业者到政治家，都要求政府重新实行扩张性宏观政策，放松价格管制（Canitrot and Junco 1993；Clarin 1986；Machinea 1990）。在"奥斯特拉尔计划"实施9个月后，固定汇率制度和居高不下的通货膨胀率使比索实际汇率再次高估（Canitrot and Junco 1993；Canitrot 1994；Gibson 1996）。[22]农业出口商对于汇率高估和对出口征税越来越不满（Smith 1990；Gibson 1996）。1985年6月由于实际工资下降，之前就从未支持过"奥斯特拉尔计划"的劳工组织开始要求增加工资。1985年8月、1986年1月和1986年3月，阿根廷工会举行了三次大罢工，要求提高薪酬和福利（Carrera 2007）。

阿方辛政府不得不妥协。阿方辛的中央银行行长表示，"原来以为'奥斯特拉尔计划'不会伤及多数人，但这是一个重大的误判"（Machinea 1990）。1986年1月，政府开始提高工资和养老金，试图安抚民众。同年2月，政府降低农业出口关税，并推出新的产业促进政策（Tiempo 1986；Somos 1986）。1986年4月，为了"给出口商提供额外的刺激政策"，阿方辛政府被迫放弃固定汇率制度，转而实行爬行钉住美元的汇率制度（LaNacion 1986）。

尽管多数企业表示满意，但是，这一政策组合却带来了更大的经济问题，最终让每一个人的境况变得更为糟糕：为制造业减税、增加财政补贴等措施扩大了政府财政赤字。[23]高额预算赤字和货币贬值，使通货膨胀再次抬头。

在其剩下的任期内，阿方辛的宏观经济政策和汇率政策一直摇摆不定，实际汇率剧烈波动。1988年下半年，实际汇率快速升值。1988年4月至1989年7月，比索汇率又转向快速贬值，通货膨胀率高达

第四章　汇率高估的政治诱惑：利益集团与阿根廷比索高估

3000%左右。到1989年7月阿方辛辞职时，比索汇率被严重低估，这主要是恶性通货膨胀下恐慌性抛售比索所致。

1984—1989年，阿根廷汇率波动异常。实际汇率在偶数年升值（1984年、1986年、1988年），在奇数年贬值（1985年、1987年、1989年）（见图4.1）。不过，汇率异常波动并非阿方辛政府刻意所为。阿方辛政府的政策目标是提高工资、发展工业和汇率低估，与其前任或继任并无二致（Canitrot and Junco 1993；Diaz Bonilla and Schamis 2001）。阿方辛政府的最大不同是，他所处的经济环境更加严峻、动荡，这强化了其政策的摇摆不定。

获得广泛支持的汇率高估（1990—1998年）

庇隆主义党候选人卡洛斯·梅内姆（Carlos Menem）赢得了1989年总统选举之后，出台了诸多经济稳定计划，但均未获得成功。直到1991年4月《可兑换法案》（Convertibility Law）通过后，阿根廷的恶性通货膨胀才有所缓解。《可兑换法案》要求比索与美元1∶1挂钩，并要求中央银行持有相当于整个货币基础的外汇储备。[24] 但由于阿根廷物价水平仍然高于美国，并且仍在快速上涨（1991年和1992年阿根廷物价水平分别上涨了172%和25%），因此，比索实际汇率仍然被严重高估（Aspe，Elosegui and Gallo 2002；Damill，Frenkel and Maurizio 2007；Etchemendy 2005；Galiani，Heymann and Tommasi 2003；Starr 1997）。

阿根廷工商业界强烈支持比索汇率高估。银行业也对《可兑换法案》的实施感到兴奋，因为他们从汇率高估、币值稳定、通货膨胀率下降和资本自由流动中得到了巨大好处（Aspe，Elosegui and Gallo 2002）。贸易企业支持梅内姆及其汇率政策。在实行比索钉住美元的汇率制度的同时，梅内姆政府大幅减免了农产品出口关税，赢得了农业部门的支持（Interview A25、A26；Cshamis 2003）。工业联合会从一开始就支持《可兑换法案》（El Cronista 1991b）。早在1991年4月，工业联合会主席伊斯雷尔·马勒（Israel Mahler）就宣布支持《可兑换法案》，他的主要理由是"锚定汇率是实现物价稳定的有力武器"（引自 Naselli 1991）。

工业联合会认为，比索估值过高确实会给经济增长带来不利影响，但贬值也非解决问题的最佳方法。制造业部门并不要求货币贬值，他们希望政府出台其他可以提升其国际竞争力的替代政策，比如降低信贷成本和减免关税（Ambito Financiero 1991a；El Cronista 1991）。

在短短的几个月内，梅内姆政府便接受了这些政策诉求。1991年8月，梅内姆政府与工业联合会签署了一项协议，承诺按照国际利率提供工业信贷支持，增加对中小企业的融资扶持，降低电费标准，实施贸易保护（Clarin 1991a；LaNacion 1991）。在赢得政府这些让步之后，工业联合会宣布，"我们接受给定的汇率水平"，"比索汇率贬值毫无意义"（Clarin 1991b）。制造业企业表示，坚决支持卡洛斯·梅内姆政府及其汇率高估政策。

梅内姆还实行了多项市场化改革措施，以巩固其政治联盟（Etchemendy 2005）。通过这些改革，梅内姆使那些有实力的支持者可以应对由于汇率高估所带来的种种问题。比如，政府以优惠的价格将国有钢铁企业和石化企业出售给国内私人企业，以扩大私人企业的市场份额。从总体来看，进口关税有所下降，但对汽车、制药和钢铁行业等的贸易保护依旧存在。石油化工业被允许以优惠条件重新就其债务问题进行谈判。为了获得劳工组织的支持，梅内姆总统保留了

第四章　汇率高估的政治诱惑：利益集团与阿根廷比索高估

对劳动者有利的集体劳动法，以使工会可以主导企业并获得集体谈判权。艾切曼第（Etchemendy 2005）写道："如果不能理解汇率是如何影响那些强大的劳工组织和工业部门的，就无法理解《可兑换法案》的持久影响力。"

与贸易部门相比，政策决策者更加担心汇率高估所产生的其他经济问题。多明戈·卡瓦洛在任职经济部长前曾是一位经济学家，他的主要学术观点是汇率高估存在较为严重的负面影响（Cottani, Cavallo and Khan 1990；Cavallo and Mundlak 1982）。一位行政官员说："多明戈·卡瓦洛将《可兑换法案》视为不可能长久存在的制度安排。"（Interview A7）于卡瓦洛而言，《可兑换法案》仅为解决通货膨胀问题的权宜之计（Levy-Yeyati and Valenzuela 2007）。

卡瓦洛非常担心比索汇率高估，任职初期，他曾试图修改《可兑换法案》。1992年10月，卡瓦洛实施"财政贬值"（Fiscal Devaluation），即在不改变货币兑换率的情况下，通过增加关税和出口补贴，达到比索贬值的效果（Starr 1997；Ambito Financiero 1992）。这些的政策措施沉重地打击了金融市场对于钉住汇率制度的信心，中央银行不得不通过加息、抛售外汇储备等方式打击市场投机者，捍卫钉住美元的汇率制度。对贬值的替代政策失败之后，政府不得不放弃进一步贬值本币的企图。为了恢复投资者信心，1992年11月，政府允许存款人开立美元账户（Ambito Financiero 1992b）。政治的权宜之计最终战胜了经济部长的理想设计。

虽然政府无法直接要求货币贬值，但是，紧缩性宏观政策可以间接地实现实际汇率贬值。遗憾的是梅内姆发现这一操作同样毫无吸引力。1993年，梅内姆开始转而关注修改宪法，以确保其能连任总统。他认识到，经济的可持续增长是其获得选民和强势利益集团支持的关键（Galiani, Heymann and Tommasi 2003；Starr 1997, 1999）。与此同时，工业部门和其他利益集团继续要求政府减税，增加公共补贴，以及扩大低息贷款规模（Starr 1999；Panorama 1993）。

为回应这些诉求，1993 年年底梅内姆政府决定削减税收，增加财政支出。政府预算在 1993 年还是盈余，但到 1994 年已经转为赤字了。从 1993 年至 1994 年，梅内姆政府还不断降低商业银行法定存款准备金率，增加银行贷款（Starr 1997；Schamis 2003）。梅内姆政府的财政政策和金融政策的目标，不是为了对内控制通货膨胀，对外实现比索实际汇率贬值，而是希望通过实施"刺激性货币政策和财政政策"，最大限度地获得社会公众和企业部门的政治支持（Schamis 2003）。扩张性宏观政策存在风险：加速比索实际汇率升值的结果直接削弱了银行体系，金融风险开始聚集（Blustein 2005；Mussa 2002；Schamis 2003；Starr 1999）。但是，对于想要获得选民和强势利益集团支持的总统而言，这在政治上是必需的。

1995 年，在阿根廷总统选举期间，钉住美元的汇率制度经受住了另一次考验。1995 年年初，墨西哥货币贬值后，投机者转而袭击阿根廷比索。此时，整个政治体系都坚决支持汇率高估。1995 年 3 月的调查显示，大约 80% 的阿根廷人反对比索汇率贬值，仅有 5% 阿根廷人支持比索汇率贬值（还有 15% 回答"不知道"）（Galiani, Heymann and Tommasi 2003）。工业联合会仍然反对比索汇率贬值，他们认为"比索汇率贬值将会导致经济和社会混乱"（Pagina 1995）。从 1991 年开始，制造业部门的美元借款越来越多，比索汇率高估可以降低他们的债务成本（Bolten 2009；Cshamis 2003；Woodruff 2005）。得益于

第四章 汇率高估的政治诱惑：利益集团与阿根廷比索高估

梅内姆的经济政策，早在 1993 年，工业联合会就对梅内姆的连任表示支持（Ambito Financiero 1993）。类似地，多数农业出口商也支持比索汇率高估，因为他们严重依赖进口投入品（Interview A25，A26）。有了这样一个支持比索汇率高估的联盟，"梅内姆政府认为，1995 年一定能够保证比索不贬值"（Interview A6）。对于《可兑换法案》的广泛支持，使得梅内姆于 1995 年 5 月轻松地赢得连任（Starr 1997）。

1995 年阿根廷经济陷入衰退，但很快得到恢复。在梅内姆的第二个任期内，人们仍然支持比索汇率高估。工业联合会的企业部门继续要求"在不改变比索对美元实际汇价的基础上，调整《可兑换法案》，并强调"他们并不想修改《可兑换法案》，恰恰相反，调整是为了强化《可兑换法案》"（LaNacion 1996）。尽管从 1996 年至 1999 年，梅内姆政府的经济部长罗克·费尔南德斯（Roque Fernández）公开表示他不喜欢钉住美元的汇率制度，但是，他并没有促使本币贬值（Kaplan 2013）。

总之，20 世纪 90 年代阿根廷之所以能够保持汇率高估，是因为获得了主要利益集团的支持。支持汇率高估的群体不仅包括银行业等非贸易部门，还包括制造业部门和农业部门。20 世纪 90 年代，可贸易部门支持比索汇率高估的原因是多方面的。起初，虽然他们受益于钉住汇率制度和由此带来的物价稳定，但并不关心汇率水平的变化。汇率高估降低了外债和进口投入品的成本，给制造业部门和农业部门带来了越来越多的好处，于是，制造业部门和农业部门也转而支持比索汇率高估。不仅如此，梅内姆政府为了进一步减轻汇率高估可能带来的成本上升，还有针对性地实行了相应的财政政策和金融政策。有经济学家提出，如果当时阿根廷制造业部门偏好比索汇率低估的话，梅内姆政府的经济部长也一定会采取相关政策措施来实现比索汇率低估。

贬值呼声上升与《可兑换法案》终结（1999—2002年）

1998年阿根廷的经济形势开始恶化。受亚洲经济危机影响，在一些国家相继爆发危机之后，资本开始从发展中国家撤离，阿根廷也未能幸免。20世纪90年代末期阿根廷出口大幅下降。在全球经济衰退中，汇率高估与经济增长不可能同时实现。1998年阿根廷经济增长大幅放缓，1999年经济萎缩了近4%，1999年出现了严重的失业和资本过剩。[25]

一旦经济停止增长且生产要素得不到充分使用，社会公众和利益集团便会反对汇率高估政策。虽然金融部门仍然是汇率高估政策的坚定支持者（Amsden, Elosegui and Gallo 2002；Woodruff 2005），但是，大多数利益集团对《可兑换法案》的态度开始转变。从1999年开始，制造业部门转而支持汇率贬值（Interview A14, A29）。工业联合会中的部分企业也转向"有条件地支持"固定汇率制度（La Nacion 1999）。1999年8月，大型钢铁集团阿根廷德钦集团（Techint）公开反对《可兑换法案》（Etchemendy 2005）。1999年10月总统大选前，工业联合会的多数企业建议，新一届政府应促使本币汇率贬值（Montenegro 1999）。随着经济危机不断恶化，制造业企业认识到，必须调整汇率政策，以促进出口，恢复经济增长（Bolten 2009）。与早期支持汇率高估的态度截然不同，此时制造业企业迫切希望比索汇率贬值。制造业部门汇率偏好的变化，是对劳动力和资本等生产要素尚未得到充分使用的直接反应。

1999年10月，阿利安扎（Alianza，激进党和国家团结阵线的

第四章　汇率高估的政治诱惑：利益集团与阿根廷比索高估

两党联盟）的总统候选人费尔南多·德·拉·鲁阿（Fernando de la Rúa）当选为新一届总统。尽管新政府高度认可新凯恩斯主义，坚持认为汇率持续高估会带来严重的经济问题（Interview A3），但德·拉·鲁阿任命工业联合会的约瑟·路易斯·马奇内亚（Jose Luis Machinea）为经济部长，表现了新一届政府对制造业部门的重视。

1999年12月，当德·拉·鲁阿及其团队在准备总统就职典礼的同时，阿利安扎的高级官员开始研究比索汇率贬值的可能性。他们已经认识到，汇率高估不利于阿根廷经济长期发展，但是，他们最终的决定还是拒绝汇率贬值，他们担心汇率贬值会将阿根廷经济再次拖入经济危机（Interview A28）。从本质上讲，他们坚持汇率高估政策也不足为奇，因为当时在阿根廷国内几乎没有权势利益集团公开表示支持汇率贬值。

阿利安扎选择了紧缩性宏观经济政策，希望通过提高税收、削减开支、降低公职人员工资等方式，重建市场信心，恢复商品价格，重回经济增长之路（Interview A20）。

紧缩性宏观经济政策造成了通货紧缩率上升和实际汇率贬值，并促使阿根廷经济在2000年进一步放缓——经济增幅下降，失业率高企。2001年3月经济部长约瑟·路易斯·马奇内亚引咎辞职。

此后的情况变得更加糟糕。里卡多·洛佩斯·墨菲（Ricardo López Murphy）接替马奇内亚出任经济部长，他在位仅仅两个星期。接下来，德·拉·鲁阿邀请"可兑换之父"多明戈·卡瓦洛重返政府任职，希望他能重获市场信心，赢得权势利益集团的支持。卡瓦洛尝试了多种非常规的扩张性宏观经济措施。这不由地让人想起他在1992年曾经做出的努力，即在维持《可兑换法案》的前提下，通过对进口征税和对出口补贴等方式实现比索汇率贬值。他还尝试了比索钉住一篮子货币的汇率制度。这些措施使人们对比索对美元的固定汇率制度是否可持续产生了怀疑。市场强烈预期比索贬值,于是,大量资本开始外逃。

2001年12月1日,阿根廷政府不得不采取金融管制措施,以防止本币大幅贬值。阿根廷政府宣布冻结存款,规定每人每周的银行提款上限不得超过250美元。严格的资本控制限制了资金外流。但资本管制措施引起了市场的剧烈动荡,2001年12月20日,德·拉·鲁阿宣布辞职。

实施外汇管制之后,工业联合会宣布支持比索汇率贬值。2001年12月21日,工业联合会要求按原定汇率1∶1将其外债"比索化"(Bolten 2009;Calvo 2008)。阿根廷企业家希望通过比索贬值促进出口增长和经济发展,但他们同时也希望能够按照原来的固定汇率将美元债务转为比索债务。

工业联合会提出这一要求时,阿根廷议会选举了阿道夫·罗德里格斯·萨阿(AdolfoR odríguez Saá)担任总统。萨阿就任总统之后,立即宣布阿根廷政府无力偿还外债,同时宣布维持比索对美元汇率不变。2002年1月1日,爱德华多·杜阿尔德(Eduardo Duhalde)接替萨阿出任阿根廷总统。杜阿尔德任命工业联合会主席何塞·德·门迪古伦(José de Mendiguren)为新设立的生产部部长。2002年1月6日,杜阿尔德政府废除了《可兑换法案》,宣布实行双重汇率制度,即国际贸易按1.4比索对1美元的固定汇率执行,其他交易按自由浮动汇率执行,很快比索汇率贬值到了1.4以下。2002年1月6日,阿根廷政府允许公司或个人按照以前的1∶1汇率将已大幅贬值的相

第四章 汇率高估的政治诱惑：利益集团与阿根廷比索高估

当于 10 万美元的美元债务转换成比索债务。杜阿尔德政府是按照工业联合会的建议制定了这些政策措施。

令人难以置信的是，工业联合会却认为，杜阿尔德政府的这些政策不会走得太远。他们坚持要求全面实行"比索化"，即没有任何限制地按照票面价值将所有美元债转为比索债务（La Nacion 2002；Calvo 2008）。工业联合会对政府的游说获得了成功。2002 年 2 月 3 日，阿根廷政府允许企业将全部美元债务转为比索债务。[26] 存款人得到的待遇相对较差：他们可以按以 1.4 比索对 1 美元的价格将美元存款兑换成比索存款，这比浮动汇率要好，但给其储蓄收益造成了 40% 的损失。政府还就双重汇率制度给予银行以相应的补偿。实施该项政策的巨额成本最终由纳税人承担（Chunnovsky and Lopez 2007）。阿根廷国家抵押银行（Banco Hipotecario）总裁认为，对于工业企业而言，通过比索化所实施的一揽子贬值政策已经是最好的处理方式了（Interview A9），这一政策组合既可以提升外部竞争力，又不增加公司外债负担，从而提高了阿根廷大型制造业企业的赢利能力（Bolten 2009；Calomiris 2007；Calvo 2008）。

比索汇率贬值以及美元债务比索化给阿根廷制造业部门带来了巨大收益，但令人诧异的是，此前数十年十数届阿根廷政府都没有实施这项政策。他们迟迟没有实行"比索化"的主要原因是，在经济正常发展时期实施"比索化"政策难度太大。再加上，阿根廷政府对金融体系几乎完全没有控制权，因此，当金融体系陷入危机之前很难实施"比索化"。对比来看，正如我们将在第五章中所分析的那样，20 世纪 70 年代，韩国也采取了类似的贬值加债务减免的政策组合，只是实施条件没有阿根廷这般严格。如果阿根廷政府也能够较好地控制金融体系，就有可能在危机之前完成公司债务的清理。阿根廷这一阶段的情况表明，如果不是经济形势极端恶化，非国家控制的金融体系是无法帮助制造业部门转嫁汇率低估的成本的，进而会弱化制造业部门对汇率低估的支持。

2002年的比索贬值使制造业部门获利的另一个原因是，当时比索汇率贬值并没有引发实际工资上升。2002年2月阿根廷外汇市场统一，同年6月比索对美元汇率跌至3.8，本币贬值74%，增加了进口成本。然而，这一年阿根廷工人的工资几乎没有增长（Kritz 2002；McKenzie 2004）。2002年比索贬值之前的极高的失业率弱化了工人提高工资的要求，名义工资并未与物价水平同步上涨（Damill, Frenkel and Maurizio 2007；Damill, Frenkel and Maurizio 2011；Etchemendy and Garay 2011；Levy-Yeyati and Valenzuela 2007）。通过压低工资，2002年的比索贬值使制造业企业更加有利可图。尽管2002年的汇率贬值造成了非常严重的经济衰退（国内生产总值同比下跌11%），然而对于多数制造业企业而言，汇率贬值成本却是微不足道的，因为它们既没有承担外债，也没有承担工人工资上升的成本。

2002年年初制造业部门的汇率偏好影响了阿根廷政府的汇率政策。用一位阿根廷著名经济学家的话来说，爱德华多·杜阿尔德政府的"经济政策完全被制造业部门所俘获"（Interview A7）。安妮卡·博尔顿（Annika Bolten 2009）回应了这一观点："汇率制度的剧烈转变是政策制定者被制造业部门利益集团所裹挟的直接结果。"2002年阿根廷制造业部门比从前任何时期都更支持汇率低估政策，因为高失业率和大量资本闲置等使得汇率贬值对于制造业部门来说有利可图。

第四章　汇率高估的政治诱惑：利益集团与阿根廷比索高估

短暂成功的汇率低估（2003—2005年）

2003年4月，在庇隆主义党人支持下，内斯托·基什内尔（Néstor Kirchner）以22%的选票赢得了总统选举。上任初期，考虑到自己的政治地位基础薄弱，基什内尔希望扩大自己的政治联盟。他积极争取阿根廷最有权势的两个利益集团劳工组织和制造业部门的支持（Etchemendy and Garay 2011；Richardson 2009）。基什内尔上任初期，阿根廷经济条件相对较好，经济已从此前的危机中恢复。

任职初期，基什内尔需要在两个完全不同的经济方案中做出抉择。中央银行行长阿方索·普拉耶（Alfonso Prat-Gay）主张汇率升值，并建议实行通货膨胀目标制。罗伯特·拉瓦尼亚（Roberto Lavagna）及其掌控的经济部坚持实行汇率贬值。基什内尔选择了后者。自此，维持汇率低估成为内斯托·基什内尔政府的主要政策目标。[27]

比索汇率低估使得阿根廷中央银行迅速积累了大量外汇储备。中央银行越来越多地出售短期和中期国债，冲销因购买外汇储备而被迫大量投放的基础货币，以免因外汇储备积累而带来通货膨胀。2005年6月，基什内尔政府开始对资本流入进行管控，防止实际汇率升值。这些政策稳定了2003—2005年的名义汇率，并且维持了实际汇率低估（Damill，Frenkel and Maurizio 2007；Frenkel and Rapetti 2006）。

21世纪初期，制造业部门对汇率低估的支持是基什内尔政府选择比索贬值政策的重要原因。在基什内尔竞选期间，比索对美元汇率升至3.1∶1，工业联合会明确表示，他们无法承受这一汇率，他们要求将比索对美元汇率贬至3.5∶1（Burgueño 2003）。内斯托·基什内尔当选后，工业联合会继续要求汇率低估（Interview A17；Cufre 2003；Ambito Financiero 2005a）。代表制造业部门的各个行业协会，比如汽车、金属和纺织品，同样热衷于竞争性贬值（Interview A29；Ambito Financiero 2005b；Bergaglio2005；Riggi 2004）。在基什内尔执政的头几年，制造业部门明确支持汇率低估，维持汇率低估政策成为将"工业联合会、基什内尔和拉瓦尼亚联系在一起的纽带"（Ambito Financiero 2005a）。

劳工组织是另一个支持基什内尔政府的利益集团（Etchemendy and Collier 2007；Etchemendy and Garay 2011；Tomada and Novick 2007；Richardson 2009）。在通常情况下，汇率低估会导致实际工资下降，工人和工会一般都不支持汇率低估。然而，高失业率的持续存在使阿根廷政府有能力在维护汇率低估的同时增加实际工资。基什内尔政府将工人的最低工资从 2003 年的 200 美元提高到 2006 年的 800 美元，工资增长率远远高于通货膨胀率（Tomada and Novick 2007）。基什内尔政府还对农业出口征税，以增加工人的实际工资——征税降低了国内食品价格，政府还将这部分税收收入用于能源和交通支出。这些行动是基什内尔"出口导向型民本主义"战略的一部分（Richardson 2009）。这些政策措施有效地弱化了工人和工会对汇率低估政策的反对。

许多非贸易部门也支持基什内尔政府的汇率政策。建筑企业并不担心汇率低估增加其进口投入成本。建筑业的主要游说团体表示，实行凯恩斯主义财政政策使"我们从基什内尔政府那里得到了好处"（Candelaresi 2003a，2003b）。同样，金融机构和非贸易企业也不担心汇率低估；得益于国内经济的迅速增长，他们对贸易部门的贷款和销售都增加了（Interview A16；Meanos 2005）。当时，汇率低估政策的主要反对者是农业出口商，农业出口商希望保持比索汇

第四章　汇率高估的政治诱惑：利益集团与阿根廷比索高估

率稳定，反对对出口征税（Interview A25，A26）。

上任的第一年，基什内尔政府取得了令人瞩目的经济成绩：在保持实际汇率低估的同时，实现了政府支出扩张和实际工资提高，尽管这些政策目标之间存在矛盾。胡安·卡洛斯·翁加尼亚、胡安·多明戈·庇隆和豪尔赫·维德拉也曾经尝试过实施类似的宏观经济政策组合，但是，他们的扩张性财政政策却引发了严重的通货膨胀，最终导致实际汇率上升。

为什么基什内尔政府能够较为成功地实施这一政策组合？主要原因在于当时特殊的经济环境。2004年阿根廷经济增长率低于其潜在经济增长率，[28]这意味着，实施扩张性宏观经济政策有可能在保持物价稳定的前提下，增加产出（Interview A4），促进经济增长。当时是由于劳动力和资本等生产要素没有得到充分利用，从而使得比索汇率低估、宏观政策扩张和物价水平稳定这三个通常不可能同时存在的政策组合成为可能。一位阿根廷的政府官员认为，不寻常的经济条件延长了这几项彼此矛盾政策（可能）的共存时间（Interview A23）。

基什内尔出任总统的第一年，特殊的经济环境降低了比索汇率低估的成本，从而解释了为什么阿根廷制造业部门支持低估汇率政策。

实际汇率再次升值（2006年）

2005年年底，基什内尔政府的经济计划开始承压。连续几年的经济稳定增长使实际产出接近潜在产出。[29]除此之外，基什内尔为了2005年10月的立法选举，进一步实施扩张性财政政策，以刺激经济更快增长。财政盈余从2004年10月的3%降至2005年10月的不足1.5%。[30]这些变化将2005年下半年的通货膨胀率推升至10%。

当时，经济部长罗伯特·拉瓦尼亚和其顾问对此非常担心。他们认为，政府的首要任务应当是降低通货膨胀率和防止实际汇率升值。拉瓦尼亚团队还认为，增加财政盈余是实现这些目标的最佳手段（Interview A18，A19，A23，A28）。2005 年 10 月，由经济规划部副秘书长塞巴斯蒂安·卡茨（Sebastian Katz）撰写的关于选举后经济议程的提案表明了拉瓦尼亚团队的态度。在说明"产出缺口消失"和"扩张性"宏观政策是通货膨胀率上升的主要原因之后，卡茨建议政府增加财政盈余，建立逆周期财政稳定基金。[31] 随后，罗伯特·拉瓦尼亚公开了这些政策建议（Rebossio 2005）。

由于缺乏私人部门的支持，拉瓦尼亚关于调整财政政策的建议以失败告终。2005 年 11 月，拉瓦尼亚在明确得知基什内尔及其支持者无法接受紧缩性财政政策之后，他毅然选择了辞职。尽管 2005 年 10 月总统选举后，阿根廷的财政收支平衡状况略有改善，但是，一直到 2008 年年末，基什内尔政府仍然沿用了扩张性财政政策（Damill，Frenkel and Maurizio 2011）。从 2005 年至 2008 年，年均不低于 8% 的经济增长率帮助内斯托·基什内尔夫人克里斯蒂娜·费尔南德斯·德·基什内尔（Cristina Fernández de Kirchner）赢得了 2007 年 10 月的总统大选。然而，正如拉瓦尼亚所预言的那样，扩张性财政政策最终导致通货膨胀率飞涨至不可持续。据估计，2007 年和 2008 年，阿根廷的消费物价水平均分别上涨了 20%—25%。[32]

虽然比索对美元名义汇率不断贬值，2008 年贬值了 10%，但是，在汇率稳定和通货膨胀率攀升的共同作用下，2007—2008 年阿根廷实际汇率却升值了 23%（见图 4.1）。内斯托·基什内尔、克里斯蒂娜·费尔南德斯·德·基什内尔以及在 2007—2008 年间先后任职的四位政府经济部长，都强调实行比索的竞争性贬值的重要性，但是，比

第四章 汇率高估的政治诱惑：利益集团与阿根廷比索高估

索实际汇率升值仍在继续。[33] 实际上比索汇率已经不可能再大幅低于其均衡水平了。[34]

从 2007 年至 2008 年，工会和企业的偏好促使比索实际汇率升值。工会为了保持较高的实际工资水平和就业率，要求政府继续实行扩张性宏观经济政策。同时，他们坚决反对比索贬值，他们认为，汇率贬值会降低工人的实际工资（Interview A17；Etchemendy and Collier 2007；Etchemendy and Garay 2011）。

在这一时期，制造业部门对汇率低估的支持力度也开始减弱。如前所述，制造业部门更倾向扩张性财政政策，这有助于实际汇率升值。此时制造业企业已经无法忍受汇率贬值。比索汇率在经历连续两年的快速升值之后，2008 年年末，制造业部门不再要求汇率大幅贬值，反而认为"让比索汇率升值会更好"（Olivera 2008）。工业联合会的经济学家塞吉奥·沃野奇森（Sergio Woyecheszen）的态度更为明确，2008 年 10 月，在比索对美元汇价达到 3.25∶1 的当天，他建议将比索对美元汇率贬至 3.4 或 3.5∶1。不过，他并不希望比索汇率大幅贬值，反对将比索对美元汇率降至 4 或 5，因为这会导致通货膨胀率上升，进而增加企业成本（Interview A27）。工业联合会要求将 2008 年 10 月的汇率维持在 2003 年 2 月的水平上（这是阿根廷制造业部门比较满意的汇率水平）。由于物价连年上涨，工业联合会的上述要求意味着 2008 年的汇率水平要比 2003 年低估更多。同样，阿根廷冶金工业协会（ADIMRA）也希望阿根廷政府保持比索汇率的竞争性贬值，不过，他们认为，大幅贬值并非明智之举，因为这会增大通货膨胀压力（Interview A29）。2008 年制造业部门倾向于实施扩张性宏观经济政策和比索小幅贬值政策，这一政策组合造成比索实际汇率上升。

2009 年制造业部门对汇率低估的重视程度有所弱化。工业联合会认为，2003 年以来阿根廷经济发生了很大变化，应当使用经济政策中的"新方法"（Coatz 2009）。例如，2010 年工业联合会首席经济学家发表文章表示，虽然"竞争性贬值仍是经济的重要推动力"，但现在"发展规划"却"更为重要"（Coatz 2010）。

2009 年以后，制造业部门不仅不再过度关注汇率政策，而且他们的态度也发生了很大变化，甚至转而反对汇率低估。2009 年，工业联合会要求阿根廷政府防止资本外流，在工业联合会看来，资本外流带来了本币贬值的压力（Coatz et al. 2009；Coatz and Zack 2009）。2010 年，在讨论汇率政策时，重返工业联合会的何塞·德·门迪古伦认为，比索贬值会增加进口投入成本，如果通货膨胀降低了企业竞争力，那么，实施汇率低估政策将"毫无意义"（La Nacion 2010）。从那时起，门迪古伦呼吁工业联合会不要让比索汇率贬值（La Nacion 2011）。2013 年，门迪古伦在接受采访时被问及政府是否应允许汇率贬值，他表示："我认为这简直是无稽之谈。"（Sehinkman 2013）从 2009 年至 2013 年，制造业部门开始敌视汇率贬值。

越来越多的制造业企业支持汇率高估，是经济增长率达到并超过其潜在增长率的必然结果。随着经济再次满负荷运转，企业也恢复了其对生产成本的关注。随着利率的上升（90 天政府债券利率从 2005 年的平均 6% 升至 2010 年的 11.85%），2005—2010 年实际工资增长了 65%。[35] 如表 4.2 所示，多数阿根廷制造业企业都非常关注融资可得性及劳工法规，这是影响其运营成本的最重要两项因素。与经济增长较缓的 2006 年相比，2010 年阿根廷企业更关心这些与企业成本相关的问题。表 4.2 还显示，阿根廷企业面对的融资和劳动力问题比其他发展中国家更为突出。

表 4.2 阿根廷企业面临的困难

	融资可得性	劳工法规
阿根廷，2006	0.81 （n=726）	0.91 （n=740）
阿根廷，2010	0.86 （n=780）	0.93 （n=790）
其他国家， 2006—2013	0.71 （n=36730）	0.56 （n=38015）

注：数据采自"世界银行企业调查"（2006—2013 年）。第 1 列：报告认为融资困难是造成企业运营困难的制造商占比。第 2 列：报告认为劳工法规是造成企业运行困难的制造商占比。

2006 年以后，制造业部门越来越担心企业成本上升，因此他们不再要求比索汇率低估。一位记者在对比工业联合会在 2011 年和早些年份的汇率政策立场后表示："过去，工业联合会开会，企业家总是认为汇率最重要，但 2011 年会议的焦点完全集中在降低企业成本等微观经济层面，例如后勤保障、资金缺乏以及劳工诉讼等。"（Galak 2011）2013 年年初，内斯托·基什内尔总统在会见工业联合会主席时，他们讨论的重点也不再是汇率政策，而是主要讨论了税收和劳工政策（Sehinkman 2013）。

从 2003 年至 2013 年，制造业部门对汇率贬值的态度发生了重大变化，但是，他们对扩张性财政政策的偏好却从未改变。工业联合会始终认为，实行财政政策来降低通货膨胀率是不可取的，相反，他们不断游说克里斯蒂娜·费尔南德斯·德·基什内尔总统，希望阿根廷政府实施扩张性财政政策，以维持国内较高的总需求水平（Coatz 2011；Coatz and Woyecheszen 2013）。

从 2010 年至 2012 年，阿根廷宏观经济和汇率政策反映出制造业部门的偏好变化。政府的财政状况持续恶化，2010 年年末政府财政尚有小额盈余，但到了 2012 年年末，财政赤字占国内生产总值的比重已经超过 2.5%。从 2010 年至 2011 年，扩张性财政政策的实施使经济保持高速增长，同期年均通货膨胀率高达 25%。相比之下，从 2010 年至 2012 年，比索对美元汇率年均贬值仅为 9%。

由于通货膨胀的上涨速度超过了比索贬值速度，从 2010 年至 2012 年，比索实际汇率升值了近 43%，远远高于克里斯蒂娜·费尔南德斯·德·基什内尔任职初年的水平。图 4.1 显示，与 1991 年相比，2012 年比索汇率大幅升价。2013 年 5 月，比索对美元的黑市价格甚至超过了 10，比当时官方价格高出 70%。投资者认为，比索被严重高估了（Ambito Financiero 2013）。

与前面几个阶段相类似，2013 年的汇率高估严重损害了阿根廷经济。由于预计比索最终将会贬值，资本开始外逃。资本外逃消耗了中央银行的外汇储备。2014 年 1 月，比索开始大幅贬值，一个星期之内（从 1 月 20 日至 1 月 24 日）比索贬值了近 20%。与往常一样，2013—2014 年的货币危机与经济衰退相伴而来。

21 世纪初，制造业部门支持货币大幅贬值；但到了 2007—2008 年，他们仅能接受汇率小幅贬值；2009 年后，他们开始反对汇率贬值。这种汇率偏好的变化反映了汇率贬值成本的不断变化。2005 年之前，当实际经济增长率低于其潜在经济增长率时，制造业部门倾向于比索汇率贬值，因为汇率贬值对于工资或其他成本影响不大。随着实际经济增长率达到并超过潜在经济增长率，货币贬值对企业成本的影响越来越大。经济条件的改变降低了汇率低估的净收益，致使制造业部门

第四章　汇率高估的政治诱惑：利益集团与阿根廷比索高估

不再支持汇率低估政策。不过，制造业企业却一直都在支持扩张性财政政策。从 2006 年至 2012 年，内斯托·基什内尔政府实施的扩张性财政政策和稳定汇率政策，导致实际汇率大幅升值。内斯托·基什内尔政府之所以采取这一政策组合，一个重要原因是得到了制造业部门的支持。

总结

阿根廷制度结构对汇率偏好的影响

在 1966—2012 年的多数时间，阿根廷制造业部门更倾向于比索汇率高估。1969—1971 年、1977—1980 年、1991—1998 年，以及 2008—2012 年，阿根廷企业家均反对本币贬值。1973 年阿根廷的制造业企业要求政府实施本币升值政策。制造业企业不同意政府通过紧缩性宏观经济政策来实现实际汇率贬值的做法。

为什么通常情况下，阿根廷制造业部门强烈反对汇率低估？这一做法与政治经济学的主流理论是相矛盾的。政治经济学主流理论认为，制造业等贸易部门往往倾向于通过汇率低估来提升其外部竞争力。阿根廷的制造业部门当然知道汇率低估的好处，但他们认为汇率低估带给他们的成本过大。20 世纪 70 年代初和 21 世纪初，制造业企业更倾向于汇率高估，因为汇率高估可以降低进口投入品成本。20 世纪 70 年代和 90 年代期，制造业部门赞成汇率高估，因为汇率高估可以降低他们的外债负担。从根本上讲，阿根廷制造业部门反对汇率低估，主要原因就是汇率低估政策增加了制造业企业的成本。

政府对劳动力市场和金融体系的控制力较弱，使得制造企业对汇率低估的成本变动更为敏感。如果阿根廷政府有能力控制制造业企业的劳动力成本，可以肯定，制造业部门一定会支持汇率低估政策。包括工会在内的劳工组织的存在有助于解释，为什么阿根廷制造业部门对汇率贬值的支持程度较弱。

阿根廷的私有化金融体系也降低了汇率低估对制造业部门的吸引力。这里，我们可以对比一下 2003—2012 年阿根廷与中国的对冲成本。在此期间，两国中央银行都积累了大量外汇储备，都在公开市场通过政府债券进行对冲，以避免本币汇率大幅升值。然而，无论从对经济影响的绝对值还是相对值来看，中国政府对外汇市场的干预程度都更大，但中国的对冲成本却远远低于阿根廷。2003—2012 年，阿根廷中央银行为 90 天中央银行票据支付了 11% 的平均年利率，甚至某些时点的利率达到了 23%。[36] 中国央行则要求国有银行以 1%—4%的低利率购买其 90 天的中央银行票据（Zhang 2012）。政府债券利率上升，借贷成本随之上升，对制造业部门的借款成本产生了重要影响。两国的差异有助于解释为什么阿根廷制造业部门比中国制造业部门更难获得信贷支持。与中国相比，阿根廷政府缺少对金融市场的控制力，这增大了阿根廷制造业企业汇率低估的成本。

在 1966—2012 年的绝大部分时间内，阿根廷制造业部门都是倾向于汇率高估的，但仍有一些重要的短暂时刻，阿根廷制造业企业偏好汇率低估。2001—2005 年阿根廷制造业部门强烈支持汇率低估；1967 年一些制造业企业（尽管不是全部）支持汇率贬值。之所以如此，是因为在此期间汇率低估成本很低。2002 年，比索汇率贬值对于工人工资和企业其他运营成本几乎没有影响，因为在此之前，阿根廷经历了较高的失业，使得企业运营成本对于汇率低估不太敏感。此外，2002 年阿根廷金融危机的极端情况，使得政府可以通过金融政策阻

第四章　汇率高估的政治诱惑：利益集团与阿根廷比索高估

止企业举借外债。这一情况与 1967 年 3 月的汇率贬值相类似：其时新上台的军事政府暂时能够控制工会，冻结工资，进而降低比索汇率贬值的成本。这两个时期都具备一些比较特殊的经济或政治条件，降低了汇率低估对企业成本的影响。这些情况再次表明，政府对劳动力市场和金融体系的控制，可以提高本国制造业部门对汇率低估政策的支持度。

利益集团对阿根廷汇率政策的影响

阿根廷政策决策者通常倾向于汇率低估，但他们的理想很少有机会变成现实。20 世纪 60 年代的阿达尔贝特·克里格·瓦塞纳和约瑟·达尼诺·帕斯托雷、20 世纪 70 年代的何塞·阿尔弗雷多·马丁内斯·德霍斯、1985—1986 年的胡安·苏鲁耶、20 世纪 90 年代的多明戈·卡瓦洛、世纪之交的费尔南多·德·拉·鲁阿，以及 2006 年以来的内斯托·基什内尔，都没有真正实现比索汇率低估。阿根廷的情况表明下述看法是错误的：政策决策者对汇率低估的态度能够解释其所采取的汇率政策。事实上，无论是卡洛斯·梅内姆和豪尔赫·维德拉等右翼保守政府，还是胡安·多明戈·庇隆和克里斯蒂娜·费尔南德斯·德·基什内尔等左翼民粹主义者，以及爱德华多·杜阿尔德等实用主义中间派，都高估了比索汇率的作用。这些表明，"意识形态影响汇率政策"的看法也不可信。

外部政治因素几乎没有对阿根廷汇率政策产生太大的影响。许多人认为，国际货币基金组织对阿根廷的经济政策施加了错误影响，但情况并非如此。20 世纪 90 年代，阿根廷不断从国际货币基金组织那里获得贷款，国际货币基金组织对阿根廷经济政策的影响也达到峰值，但是，此时国际货币基金组织对阿根廷汇率政策的影响并不大

（Mussa 2002）。国际货币基金组织的工作人员也不希望阿根廷比索汇率高估，相反，他们对《可兑换法案》持怀疑态度，他们还担心 20 世纪 90 年代初的比索估值过高（Blustein 2005；IEO 2004）。正如保罗·布卢斯坦（Paul Blustein 2005）所述，"从 1991 年实施《可兑换法案》到 2001 年的零赤字政策，在很大程度上，是阿根廷政府牵着国际货币基金组织的鼻子走"。几乎没有证据表明，国际货币基金组织或其他外部政治力量需要对阿根廷比索高估负责。

还有人认为，比索汇率高估是由于阿根廷对牛肉和小麦出口的过度依赖。根据这一理论，阿根廷政府选择汇率高估政策，是为了减少食品出口，以降低工人基本生活费用支出（O'Donnell 1978；Richardson 2009）。尼尔·理查森（Neal Richardson 2009）还认为，阿根廷减少食品出口，增加阿根廷工人较少食用的大豆出口，可以解释为什么内斯托·基什内尔政府实现了比索低估。但这仍然无法解释，为什么 2006 年以后比索实际汇率再次迅速升值。此外，正如第五章所述，伊朗和墨西哥等石油出口国经常高估汇率。粮食出口并非阿根廷汇率高估背后的驱动力。

强势利益集团偏好对阿根廷汇率政策的影响比政策决策者的态度、外部压力以及对粮食出口的依赖要大得多。制造业部门偏好是比索汇率高估的重要驱动力。在本章中，阿根廷比索的五个主要升值（高估）阶段，1967—1972 年、1973—1974 年、1977—1997 年、1991—2001 年和 2006—2012 年，都是制造业部门强烈要求的结果。在这五个阶段，政策决策者对制造业企业的需求非常敏感。在当时的情况下，希望满足制造业部门偏好，几乎是比索汇率高估的唯一原因。相反，如果阿根廷制造业部门表示反对的话，比索汇率高估的可能性

第四章　汇率高估的政治诱惑：利益集团与阿根廷比索高估

将大大降低。

2001—2005 年是阿根廷制造业企业偏好汇率低估的唯一阶段，这进一步证明，制造业部门具有强大的政策影响力。在比索高估长达十几年的时间后，阿根廷工业联盟提出汇率贬值要求后仅仅几天，而不是几年或几周，比索便开始贬值。比索贬值的目的同样是为了减少对制造业部门的冲击。此外，2003—2007 年，制造业企业持续支持汇率低估政策，内斯托·基什内尔政府也一直坚持汇率低估政策。也就是说，当制造业部门偏好汇率低估时，阿根廷政策决策者就会选择比索低估政策。反过来，当制造业部门反对汇率低估时，阿根廷政策决策者就会选择汇率高估政策。总之，由于阿根廷制造业部门长期偏好汇率高估，因此，阿根廷政府选择了汇率高估政策。

国际视野下的阿根廷汇率高估

阿根廷制造业部门规模较大，组织程度较高。在过去 50 年中，他们几乎与每届政府都保持了密切联系。"企业家说什么，政策决策者就听什么。"企业家反对汇率贬值，政策决策者就不会低估汇率。政府不能有效控制劳动力市场和金融体系，影响了制造业部门的汇率偏好。政府不能有效控制劳动力市场和金融体系的制度结构，再加上强势的制造业部门，造就了阿根廷国内强有力的汇率高估联盟，使其政策决策者无法拒绝比索高估政策，尽管长期实施汇率高估有可能使国家陷入经济危机。

第五章　韩国、墨西哥和伊朗的制度结构与汇率政策

本书前面部分的经验证据表明，制度结构影响利益集团的汇率偏好，权势利益集团又影响政府的汇率政策选择。本章将通过对韩国、墨西哥和伊朗的案例分析，进一步考察利益集团偏好和制度结构对一国汇率政策的影响。由于每个国家都具有特殊的制度环境和利益集团偏好，本章分别对三个案例进行研究。研究结果表明，这三个国家的汇率制度在一定程度上都与其国内政治安排密切相关。

1961—1979 年，朴正熙（Park Chung Hee）统治下的韩国，政府控制了劳动力市场和金融体系，并且制造业部门具有很强的政策影响力。韩国政府利用其对劳动力市场和金融市场的控制来降低汇率低估带给制造业部门的成本，使韩国制造业部门在这一时期的大部分时间里偏好汇率低估政策；与此同时，韩国强势的制造业部门一直游说朴正熙政府实施汇率贬值政策。

墨西哥的汇率政策与第四章阿根廷的汇率政策具有很强的相似性。墨西哥与阿根廷一样拥有强势的制造业企业，同样，墨西哥劳动

第五章　韩国、墨西哥和伊朗的制度结构与汇率政策

力市场和金融市场也不受政府控制。墨西哥制造业部门也反对汇率低估，其偏好也影响了墨西哥政府的汇率政策选择。制造业部门反对汇率低估是墨西哥在本文考察的 25 年中的大部分时间实行汇率高估的主要原因。虽然墨西哥和阿根廷两国的经济结构不同（墨西哥是产油大国）、政治体制不同（墨西哥拥有较为稳定的单一执政党）、外交政策不同（墨西哥与美国是亲密盟友），但两国的汇率政策却有惊人的相似性。仅就这一点来说，墨西哥就具有非常重要的研究意义。

本章的第三部分考察了伊朗 1953—1997 年的汇率政策。伊朗劳动力市场和金融市场制度与韩国相似。然而，伊朗制造业部门的政策影响力却弱于阿根廷、韩国和墨西哥。尽管 1979 年伊朗革命为其政治经济制度带来了深刻变化，但是，1979 年伊朗革命前与革命后具有一个共同特征，即政府对劳动力市场和金融市场的严格控制与制造业部门的相对弱势。与其他政府控制型经济十分相似，伊朗制造业企业偏好汇率低估，然而，在这 45 年中的大部分时期内，伊朗政策决策者很少关注伊朗制造业部门的汇率偏好。伊朗政治家更关心的是那些规模庞大且组织有序的服务业的汇率偏好。伊朗的案例表明，弱势制造业部门对本国汇率政策制定的影响也相对弱小。

三个国家的案例表明，权势利益集团偏好影响汇率政策的选择。三个国家的政策决策者都寻求将本币汇率维持在强势部门偏好的水平上。本章的案例将支持本书的基本观点：劳动力市场和金融市场的制度结构决定制造业企业是否偏好汇率低估。韩国、墨西哥和伊朗的案例表明，权势利益集团偏好和制度结构的组合决定了一国是否会维持汇率低估政策。

韩国为什么选择汇率低估政策？

韩国汇率政策的政治经济学分析

1961年5月，朴正熙领导的军队将领掌握了韩国政权。朴正熙政府高度重视对金融部门的控制力。[1]1961年韩国对银行业进行了国有化，1962年修订了《中央银行法》，政府直接控制中央银行。通过这些措施韩国政府加强了对整个金融体系的控制。朴正熙政府有权决定银行官员的任命，并从各方面干预银行运营。因此，韩国银行家发放贷款的原则不是市场需求，而是政府指令。

20世纪50年代后期，韩国工会组织大量出现，并且变得越来越激进（Deyo 1989，120；Vu 2010）。朴正熙政府迅速扭转了这一趋势，[2]并以此为契机加强了对劳动力市场的控制。1961年8月，朴正熙组建了政府支持的劳工组织——工会总联盟（FKTU），要求所有企业工会组织加入该联盟。工会总联盟的主要作用是控制劳工而不是保护劳工权益。1963年，韩国修订了劳动法，使政府能够干预工会组织的内部运作。1971年通过的新法律进一步限制了劳工的集体议价权利和集体行动权利。韩国中央情报局（The Korean Central Intelligence Agency）还加强了对工会领导人的监视。

在朴正熙时代，韩国制造业部门拥有巨大的权力资源。尽管20世纪60年代韩国积贫积弱，但是，却拥有发展中国家最大的制造业部门。在1910—1945年的日本殖民时代，韩国经历了快速工业化（Amsden 2001；Kohli 2004）。韩国制造业的发展在日本殖民时期和朝鲜战争（1945—1953年）时期受到了挫折，1953—1958年期间又恢复了快速增长（Amsden 1989；Wu 1991）。20世纪60年代初期，

第五章 韩国、墨西哥和伊朗的制度结构与汇率政策

韩国制造业占国内生产总值的比重为 13.8%（Meason et al. 1980），在发展中国家名列前茅。[3]

韩国制造业高度集中，这增强了其组织资源。日本殖民地政府支持韩国大企业（Amsden 2001；Kim 1997；Kohli 2004）。20 世纪 50 年代，韩国本土企业接管了日本殖民者的工厂，使韩国企业规模进一步扩大（Amsden 1989；Kohli 2004），诞生了众多知名大企业——大型家族控制综合性企业（Kim 1997）。韩国制造业企业对于 1961 年诞生的军人政府具有很强的影响力。

最初，朴正熙政府并未计划与制造业部门结成同盟。朴正熙掌权后曾以违法和贪污的名义逮捕了许多企业家。尽管在执政初期朴正熙不喜欢制造业企业，但他很快就认识到，与制造业企业为敌并不符合自身的政治利益。美国驻韩国大使在会见朴正熙时谈到，与制造业部门关系恶化将会为韩国经济带来灾难性的后果（B.Kim 2011）。为此，美国鼓励韩国政府加强与制造业部门的合作（Kim and Park 2011）。朴正熙政府很快意识到，最有利的做法是与大型企业集团密切合作（Clifford 1994；Kim 1997；Kohli 2004）。于是，朴正熙政府对制造业企业的态度发生了 180 度的转变，很快与韩国大财阀结成亲密盟友（Haggard 1990；Wu 1991）。

韩国制造业部门的领导人拥有与最高决策层沟通的常规渠道，包括朴正熙总统。韩国制造业企业创建了一系列工商业协会，比如韩国工业联合会（Federation of Korean Industries）和韩国贸易协会（Korean Traders Association），他们通过这些协会游说政府官员，以获得优惠政策。这些协会与韩国政府的商务部和工业部一直保持着密切的关系（Haggard 1990）。韩国制造业部门也能够与政府就经济政

策开展常规性对话。比如，朴正熙总统每月主持外贸促进会（Brown 1973）。制造业企业与政府部门也建立了广泛的私人关系。比如，韩国的两大财阀现代和大宇的高层领导都与朴正熙成为亲密朋友（Kohli 2004）。由此，20世纪60年代和70年代，韩国制造业企业获得了重大的政策影响力。[4]

作为发展中国家，韩国制造业部门对于汇率低估的态度是爱恨交织。韩国制造业是可贸易部门，制造业产值的相当一部分用于出口。例如，1968年出口占制造业增加值的37%（Cole and Lyman 1971）。同时，韩国制造业也高度依赖进口投入品。20世纪60年代和70年代初的数据表明，进口投入品占比达到25%（Cole and Lyman 1971；Frank，Kim and Westphal 1975）。韩国制造业部门的负债率很高，朴正熙时代韩国制造业部门整体的贷款价值比接近200%（Amsden 1989；Hong and Park 1986）。国内银行业是贷款首要来源；同时韩国制造业也非常依赖国外贷款，1966—1971年，国外贷款总额甚至超过了国内贷款总额（Amsden and Euh 1993）。作为生产可贸易产品并且严重依赖进口投入品和国内外银行贷款的部门，汇率低估在许多方面为制造业企业带来收益，在另外一些方面，汇率低估也会为制造业企业带来沉重负担。

综上所述，在朴正熙统治的18年间，韩国政府对于金融体系和劳动力市场是高度控制的，并且拥有一个强大的制造业部门。按照"条件偏好理论"，韩国制造业部门应当偏好汇率低估，并且对汇率政策制定具有强大的影响力。

本案例贯穿了朴正熙政府的整个统治期。案例的起始时间是1961年，当时朴正熙通过军事政变取得了政权，该事件不仅标志着韩

第五章 韩国、墨西哥和伊朗的制度结构与汇率政策

国政治的重大转变,也标志着韩国金融市场和劳动力市场的重大转折。案例的结束时间是 1979 年朴正熙遇刺,该事件是韩国政治和经济社会的又一重大转折点。

图 5.1 显示,1961—1979 年韩国汇率平均低估了 23%。在此期间,韩元仅仅在 1978 和 1979 年没有被低估。尽管 1973 年后,韩元对美元实际汇率急剧升值,但是图 5.1 表明,经过贸易加权的韩元实际有效汇率几乎没有升值。总之,在朴正熙统治时期,韩元汇率被严重低估。

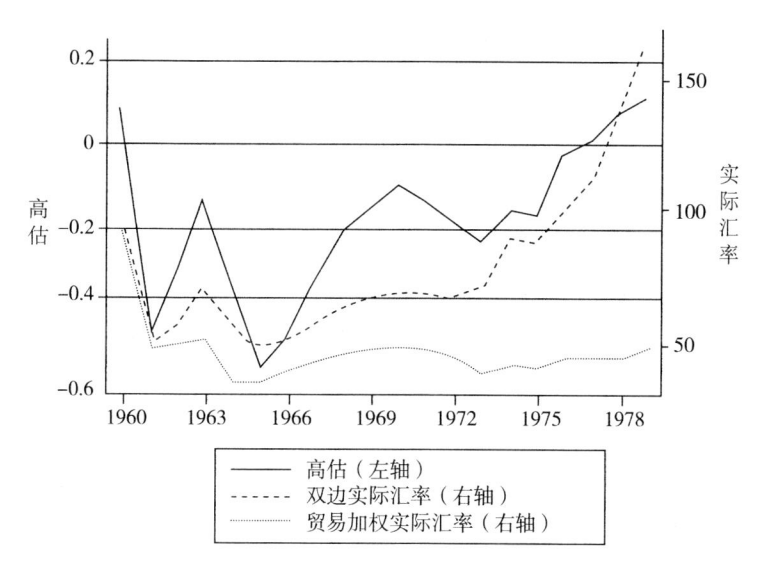

图 5.1 1960—1979 年韩国的汇率低估

注:汇率高估被定义为实际汇率和估计的均衡实际有效汇率之间的差额。正(负)值意味着实际汇率高估(低估)。有关详细信息,请参阅第三章。双边实际汇率为名义汇率除以 GDP 平减指数,然后取自然对数(Heston et al.2009)。这一转换过程是为了使较高(较低)的数值代表实际汇率升值(贬值)。贸易加权实际汇率的计算方法基于达瓦斯(Darvas 2012)。两种实际汇率都以 1960 年为基期。

走向汇率低估（1961—1965年）

1961年1月和2月，韩元对美元汇率大幅贬值，由65∶1贬值到130∶1。[5]1961年5月，朴正熙取得政权后，立即采取固定汇率制度，实行高度扩张的财政政策，以刺激经济增长。韩国政府通过大量发行货币为财政赤字融资，结果引发了严重的通货膨胀。在固定汇率制度下，韩元实际汇率在1962年和1963年经历了较大幅度的升值。根据图5.1估算，韩元汇率在1961年低估了48%，但1963年只低估了14%。

韩元汇率的大幅升值阻碍了出口增长。与此同时，韩国的国外援助也开始减少。1962年的大饥荒导致韩国需要比正常年份进口更多谷物。多种因素的共同作用，使得韩国外汇储备水平急剧下降。1963年年末，外汇短缺成为韩国政府迫切需要解决的问题。大量制造业企业不能得到急需的原材料，一些工程投资和建设也不得不延期。韩国政府必须采取紧急措施来应对即将来临的货币危机。

朴正熙政府得到了许多关于应对外汇危机的建议。韩国三星等大财阀建议朴正熙政府采取出口替代型战略（Clifford 1994；Kim and Park 2011）。美国政府支持韩元贬值，以推动出口增长（Collins and Park 1989；Haggard，Kim and Moon 1991；Wu 1991）。出口替代战略并不是朴正熙执政开始时考虑的政策选项（Collins 1994；Kohli 2004）。但是，当韩国急需外汇资金时，朴正熙政府确信增加出口是解决外汇困境的可行方案（C. Kim 2011）。1964年年初，韩国政府将扩大出口作为首要任务（Han 1964a）。

在此背景下，朴正熙政府的汇率政策开始转向。1964年5月3日，韩元对美元汇率从130∶1大幅贬值至255∶1，并且一直保持

第五章　韩国、墨西哥和伊朗的制度结构与汇率政策

到 1965 年。按照朴正熙政府的说法，韩元汇率贬值的目的是使韩元回归"真实"价值，并以此促进出口（Han 1964b）。接近 100% 的货币贬值显然增加了韩元低估的程度。[6]

包括贸易企业在内的大多数利益集团反对汇率贬值。由于汇率贬值造成化肥价格大幅上升，农民也开始反对汇率贬值政策（Cole and Lyman 1971）。类似地，许多制造业企业也反对汇率贬值，因为汇率贬值增加了进口投入品的成本（Brown 1973；Han 1964b，1965；Haggard，Kim and Moon 1991；K.S.Kim 1991）。比如，纺织企业担心汇率贬值使得进口品棉花变得更为昂贵（Amsden 1989）。尽管仍然有一些大型制造业企业支持汇率低估（Haggard，Kim and Moon 1991），但在这一特殊时期，支持汇率贬值的成为极少数。

政府此时陷入困境之中。韩国政府意识到汇率低估有利于促进出口并带来外汇资金，但政府也需要获得足够的政治支持。为此，1964 年 5 月韩元汇率贬值后不久，朴正熙政府采取了一系列政策措施以降低制造业企业的经营成本。1965 年 2 月，政府将发放给出口企业的贷款利率由 8% 降低到 6.5%。这一利率补贴政策的力度在 1965 年 9 月进一步增强，政府将发放给非制造业企业的贷款利率由 16% 提高到 26%，但发放给制造业企业的贷款利率继续维持在 6.5%。1965 年韩国政府还给予出口企业一系列税收优惠，包括对资本设备进口免税以及对企业固定资产折旧计提的更优惠算法。尽管汇率低估提高了制造业企业的成本，但是，政府的定向补偿性措施超过了成本增加的幅度（Cole and Lyman 1971）。

针对制造业出口企业的汇率低估与定向补贴的政策组合很快获得成效。1964 年下半年，制造业企业出口增加，改善了韩国的贸易平

衡情况（Amsden 1989；Kohli 2004）。不过，这一政策效应在1965年年初逐渐消失。尽管紧缩性货币政策和财政政策有助于抵御通货膨胀，但是韩国物价水平的上涨速度仍然快于美国。实际汇率升值抑制了出口增长。

1965年3月22日，韩国政府将韩元对美元汇率由255∶1贬值到260∶1，并且在此后6个月内继续贬值，到1965年8月，韩元对美元汇率累计贬值6%。当时韩国政府实行韩元贬值的主要目的是"通过回归韩元的'实际'价值，以实现国际收支平衡"。

与对1964年汇率贬值的反应不同，韩国制造业企业并没有反对1965年3—8月的汇率贬值。此次，制造业部门希望通过更加灵活的汇率制度（汇率低估与定向补贴政策组合）来增加出口（Han 1965）。制造业部门支持1965年的汇率贬值，因为他们从税收减免和信贷补贴等政策中受益。

权势利益集团的需求变化并不是1964年韩国汇率贬值的主要原因。1965年制造业对汇率贬值的支持，使得韩国政府维持了汇率低估政策。1965年制造业部门转而支持汇率低估政策，是因为政府运用信贷补贴和其他定向政策弥补了由于汇率低估所带来的成本上升。信贷补贴只有在政府控制金融体系的条件下才是可行的，因此，政府对金融体系的控制以及制造业对汇率低估政策的支持，为韩国出口导向型增长模式奠定了基础。

维持汇率低估（1966—1970年）

在接下来的近半个世纪中，朴正熙政权一直保持汇率低估政策。其中，制造业部门偏好是重要原因。制造业企业偏好汇率低估，是因为韩国政府利用其对金融市场和劳动力市场的控制，降低了制造业

第五章　韩国、墨西哥和伊朗的制度结构与汇率政策

企业的成本。

1966—1967 年，韩元汇率非常稳定。韩国经历了出口快速增长和国外资本大规模流入。为了保持韩元汇率稳定，韩国政府以购买外汇的方式对韩国外汇市场进行干预。韩国外汇储备从 1965 年的 14000 万美元大幅攀升到 1967 年的 35000 万美元（World Bank 2010）。当时，韩国政府必须确保国内的流动性猛增不致引发通货膨胀，因为通货膨胀将会影响韩元汇率低估的政策效果。朴正熙政府有效地控制了通货膨胀，但其控制通货膨胀的政策措施却严重伤害了银行、存款人、中小企业和劳动者的利益。

20 世纪 60 年代末，保持汇率低估的重任落在了韩国国有商业银行的肩上。[7] 为了应对大规模的流动性扩张，政府加强了对金融体系的控制。法定存款准备金率提高到极高的水平：1966 年 2 月，法定存款准备金率提高到 35%，并在此水平上保持三年不变；从 1966 年 10 月到 1967 年 3 月，超额存款准备金率甚至高达 50%。高准备金率降低了商业银行的利润，因为准备金利率（3%—15%）低于商业贷款的利率（26% 左右）。政府吸收过剩的流动性的另一个办法是强制商业银行购买中央银行票据。这些票据的利率最高为 10%，在 1965—1970 年平均通货膨胀高达 12% 的背景下，这些票据对商业银行毫无吸引力。

金融抑制给许多企业造成了困难。1965 年，银行贷款利率高达 16%—26%。1968 年政府控制信贷总量后，企业融资难问题进一步加剧，大量企业被排除在信贷市场之外。金融紧缩政策对制造业中的大型出口商并未造成影响。但是，非制造业企业和小型制造业企业在 20 世纪 60 年代末期根本无法获得低成本贷款。

劳动力政策也被政府用来帮助保持汇率低估。政府控制劳动力市场确保制造业企业可以向工人支付较低的工资。缓慢的工资增长有助于维持汇率低估（Park 1991）。此外，政府还对工资收入直接征税，从而避免了提高公司税（Wu 1991，159）。

大型制造业企业获得了难以置信的优惠政策。出口型制造业企业贷款的利率为 6.5%，这一利率水平不仅低于当时的通货膨胀率，而且远低于其他企业获得贷款的利率（Hwang 1967）。抑制性的劳动力政策进一步降低了工业企业的成本。汇率低估、劳动力管制和金融抑制的政策组合增强了制造业的外部竞争力，同时压低了制造业成本。1965—1967 年，韩国出口额接近翻了一番。

1967 年，尝到政策甜头的制造业企业进一步要求汇率贬值。如图 5.1 所示，1966—1967 年，韩元实际汇率略微升值。制造业部门希望韩元停止升值。吉尔伯托·布朗（Gilbert Brown 1973）称，许多制造业企业在 1967 年"督促汇率进一步贬值"。K.S. 金回应了这一观点："大多数出口商要求韩元进一步快速贬值。"

1967 年 12 月，朴正熙政府满足了制造业部门的需求。韩国汇率制度由固定汇率制度转向爬行钉住制度，韩元汇率稳步贬值。在接下来的三年中，韩元对美元汇率累计贬值了 16%。在 1968—1970 年期间，韩元实际汇率非常稳定（见图 5.1）。为了维持汇率低估，韩国政府持续增加外汇储备，抑制金融和劳动力市场。

1966—1970 年，韩国制造业企业享受到了汇率低估政策的好处。汇率低估增加了外部竞争力，同时政府对工人和金融体系的控制使其保持了较低的成本。1965—1970 年，韩国制造业产值增长率平均达到 29%，出口保持年均 37% 的增长速度（World Bank 2010）。与此相

第五章 韩国、墨西哥和伊朗的制度结构与汇率政策

反,如果汇率升值,那么其他利益群体将获益:工人的实际工资将提高,银行的信贷约束将放宽,受到信贷约束的企业将获得贷款。

从汇率贬值到紧急法令(1971—1973年)

20世纪70年代初,韩国出口导向型增长模式开始面临压力。1970年,信贷快速增长使通货膨胀率上升到16%。由于物价上涨速度快于货币贬值速度,1970年韩元实际汇率升值幅度与1963年基本相同。当时,国际货币基金组织建议韩国政府放弃出口补贴,推动韩元贬值。

1971年7月,朴正熙当局将韩元对美元汇率贬值了12%。韩元汇率稳定了数月,从1971年12月至1972年2月,韩元对美元汇率再次贬值8%。从图5.1可以看出,此次韩元贬值,加之美元对其他主要货币的贬值,导致20世纪70年代初韩国以贸易加权的实际有效汇率大幅贬值。

汇率大幅贬值使得许多制造业企业遭受损失。韩国一些大型制造业企业在此前累积了大量外债,韩元汇率贬值增加了他们的债务偿还负担。迫切需要短期资金的制造业企业越来越多地求助于非正规甚至非法的国内贷款机构,这被称为高利贷市场(Curb Market)。高利贷的利率高达50%—60%。此次韩元大幅贬值的结果是韩国很多大型财阀集团陷入了困境。

于是,代表韩国大型财阀利益的工业家联合会开始寻求新的出路。尽管汇率重估会减轻其财政问题,但是,他们没有要求汇率升值。相反,当工业家联合会主席金永万(Kim Yong-wan)在1972年6月与朴正熙会谈时,请求政府给予大型企业以额外的定向财政救助。具体来说,金永万希望韩国政府宣布高利率贷款合同无效,降低银行利

率，降低企业税率。金永万表示，如果政府再不采取行动，韩国大多数公司都将破产倒闭。

财阀集团的警告深深地震惊了朴正熙政府。他们担心如果政府不采取行动，可能再次发生银行危机或经济危机，并将产生连锁反应，影响整个韩国经济。

企业家的游说活动获得了成功。1972年8月3日，朴正熙总统签署一项紧急法令，满足了财阀集团的要求。韩国政府取消了企业与高利贷机构之间的所有借款合同，将这些贷款的期限延长五年，利息和本金支付暂停三年，最高利率降至16%。韩国政府将国有银行贷款利率从19%降至15.5%。政府还设立了一个工业改革基金，向战略性企业部门提供长期低息贷款。同时，降低企业税率，降低公职人员工资。

紧急法令将制造业企业从绝望中拯救出来。由于该法令，韩国大型财阀集团再次开始赢利。1973年出口增长了73%，国内生产总值增长了12%（World Bank 2010）。金融抑制与汇率贬值一起为韩国大型制造业企业带来了巨额收益。

并非所有人都对这一政策组合感到满意。与朴正熙政府此前的经济政策一样，这一政策组合对于韩国的中小企业来说，并没有带来什么好处，不过，最大的输家是韩国的金融机构和小储蓄者。他们强烈反对这一政策组合，并将其描绘为政府向大型企业财阀转移财富的工具。

1972年的紧急法令是一个特殊事件。"很少有市场经济国家仅凭一纸总统令就能抹去储户的资产"，只有"政府控制信贷，才会使得这一做法获得成功"。通过这一法令，韩国政府控制了金融体系，从而使汇率低估政策获得了政治可行性。

第五章　韩国、墨西哥和伊朗的制度结构与汇率政策

制造业部门游说贬值（1974—1979年）

1973年10月，国际石油危机使韩国的出口导向型经济增长戛然而止。[8]1974年国际石油价格飙升了四倍多。此时朴正熙政府正在着手发展重型制造业，比如钢铁和造船行业，这些都是高耗能行业。

朴正熙政府坚信，石油危机不会降低韩国经济增长速度。为保持经济繁荣，他们采取了扩张性财政政策。为支付日益高涨的进口成本，大量借入国外资金。石油价格上涨和扩张性财政政策的实施，导致韩国通货膨胀率急剧上升，尽管韩元的名义汇率为固定，但韩元的实际汇率却在不断升值。1974年成为朴正熙任期内唯一一个出口增速下滑的年份。

由于担心失去竞争优势，1974年下半年，韩国制造业企业游说政府实施汇率贬值政策。他们的行动在1974年12月和1975年1月获得成功，韩元汇率贬值了21%。与汇率贬值相伴随的还有对出口商的支持政策，包括减税和进一步降低利率。最重要的是，对未来三年内到期的私人企业的美元贷款，政府给予专项国内贷款，以补偿其外债负担的增加。韩国政府希望通过汇率贬值与对制造业企业的金融支持，重新实现出口增长。

从1975年1月起，韩国政府将韩元对美元汇率固定为484。同时，政府继续向制造业企业提供大量的廉价信贷，特别是向重工业部门。由于信贷快速增长，1975—1978年，韩国的通货膨胀率平均高达15%。这种情况意味着韩元对美元的实际汇率持续升值。图5.1中的估计表明，1978年韩元汇率高估了3%左右。然而，这个数字可能夸大了这一时期汇率的高估程度。由于美元对日元和其他非美元主要货币贬值，1976—1978年韩元贸易加权的实际有效汇率仍然保持着较

强的竞争力。图 5.1 显示,在这一时期内,尽管韩元对美元实际汇率迅速升值,但是,经过贸易加权的实际有效汇率仍然非常稳定。通过这一措施,1978 年韩元汇率低估程度比 1963 年更加严重。由于韩元对日元汇率贬值,再加上世界总需求的恢复,1975—1978 年韩国出口保持强劲增长。

关于宏观经济与汇率政策的辩论在 1979 年升温。1978 年倡导宏观经济稳定的申铉碻(Hyun-Hwack Shin)升任经济规划部长和副总理。申铉碻和他的财政部盟友认为,通货膨胀是韩国最严重的经济问题,他们敦促朴正熙总统采取紧缩性宏观经济政策。这些技术官僚反对汇率贬值,担心贬值会加剧通货膨胀。然而,商业和工业部门却担心韩国通货膨胀和日元贬值会降低韩国制造业企业的外部竞争力。于是,他们提出了相反的政策组合:汇率贬值和低利率政策。

高层的政策分歧导致宏观经济政策摇摆不定。1979 年 4 月申铉碻采取了一项经济稳定计划,涉及财政支出削减和信贷紧缩。1979 年 6 月,当申铉碻出国访问时,韩国政府恢复了优惠信贷政策。1979 年 10 月 26 日,韩国中央情报局局长暗杀了朴正熙。1980 年 1 月,过渡政府实施了制造业部门梦寐以求的汇率贬值。1981 年 4 月,全斗焕(Chun Doo Hwan)总统开始了国家银行私有化运动。韩国政府开始缓慢但坚定地放松政府对国内金融体系的控制,而后者正是韩国出口导向型经济增长的汇率政策基础。

小结

1961—1979 年,韩国拥有政府严格控制的劳动力和金融市场以及强大的制造业部门。"条件偏好理论"认为,正是在这一时期,韩国成功地实施了韩元汇率低估。案例研究表明,韩国确实在整个分析期

第五章　韩国、墨西哥和伊朗的制度结构与汇率政策

内都保持了汇率低估。

韩国的案例表明，一个国家的制度结构会影响制造业企业偏好。1965—1970年，以及1974—1979年，韩国制造业企业游说政府实施汇率低估。韩国制造业部门之所以偏好汇率低估，在很大程度上是由于汇率低估所带来的大部分成本能够被政府及时转移。1971—1972年的历史更清楚地表明，政府控制金融市场和劳动力市场的制度结构是如何增强了制造业部门对汇率低估的支持力度：韩国制造业企业最初反对汇率贬值，1972年8月的紧急法令降低了企业的借款成本，消除了他们的后顾之忧。当然，如果韩国的劳动力市场和金融市场不在政府的严格控制之下，汇率低估成本无法及时转移，制造业部门也不会如此坚定地支持汇率低估政策。

韩国强势制造业的偏好影响了朴正熙政府的汇率政策。虽然朴正熙总统1964年首次实施货币贬值不是由权势利益集团的需求驱动的，但是，如果没有制造业部门的坚定支持，韩国政府是不可能在十几年的时间内一直维持汇率低估的。制造业企业支持1965年的汇率贬值，并且在政府降低其部分成本之后更加支持1972年和1973年的汇率低估。韩国制造业部门在1969年、1974年和1979年游说政府实施汇率贬值政策都获得了成功，韩国政府都是在一年内就实现了韩元汇率贬值。政府控制了劳动力市场和金融市场，再加上强大的制造业部门，共同铸就了韩元汇率低估政策。

墨西哥汇率高估的政治经济学分析

墨西哥汇率政策的政治因素

1917年2月，墨西哥立宪会议通过了墨西哥宪法。根据该宪法，

墨西哥实行总统制。[9]1970—1994 年，墨西哥由革命制度党（PRI）一党执政。每任总统的任期为 6 年，且不得连选连任。

墨西哥拥有强大且独立于政府的工会组织。[10] 1910 年墨西哥革命产生了一个高度组织化，并且与统治阶层有着密切联系的工人阶层，一直保留到今天（Collier 1991）。墨西哥宪法将工人参加工会组织的权利视为公民的天然权利。墨西哥政府还明确，保护工人罢工权利，允许工资集体谈判。1917 年以来，墨西哥集体劳动法律几乎没有发生变化。这些法律保护帮助墨西哥工会组织发展成为墨西哥政治体系中重要的力量。墨西哥工人联合会（CTM）是墨西哥占主导地位的全国性工会组织，它与墨西哥革命制度党建立了牢固的关系。[11]尽管受到一些限制，[12]但是受益于有利的法律、强有力的组织以及与执政党派的紧密联系，墨西哥工会组织保持了政治上的优势地位。

墨西哥政府对金融体系的控制随着时间的推移而有所变化，但总的来说，政府对金融市场的控制是较弱的。在墨西哥革命之后，墨西哥政府鼓励发展私人银行，并且与银行业建立了政治联盟。在这一时期，政府还创建了一些国有银行。但是到 20 世纪 60 年代后半期，国有银行资产总额不到银行业总资产的一半。20 世纪 70 年代后期，国有银行的重要性不断下降，国有银行总资产占银行业总资产的份额下降到 10% 以下（Abiad, Detragiache and Tressel 2010）。"私人银行并不认为他们（国有银行）是一种威胁"，因为国有银行不接受公众存款，制造业企业也不依赖国有银行贷款（Maxfield 1990；Minushkin 2002）。墨西哥银行家组织成立了强大的墨西哥银行业协会（ABM）。通常是政府需要银行家的支持，而不是相反（Minushkin 2002）。[13]

第五章　韩国、墨西哥和伊朗的制度结构与汇率政策

在 1982 年金融危机期间，何塞·洛佩斯·波蒂略（José López Portillo）总统致力于推动墨西哥银行业国有化，试图改变政府和银行家之间的关系，但其效果远远低于预期。[14] 银行国有化的主要目标是拯救金融体系免于破产倒闭，而不是增加政府对金融体系的控制力。"国有化法令没有……通过信贷分配来增加国家对投资模式的控制或改善国家的财政状况"，因为国家既不希望也没有能力要求金融部门这样做。国有化的时间非常短暂。在国有化法令颁布数月后，私有化的政策又恢复了。20 世纪 80 年代后期，墨西哥政府又放松了对金融部门的管制，信贷控制完全消除了，储备金要求也降低了。1991 年 7 月至 1992 年 7 月，政府出售了 18 家国有银行，国有银行占银行总资产的份额下降到 25% 以下。[15] 在整个 20 世纪 80 年代，墨西哥政府对金融体系的控制非常有限。20 世纪 90 年代初，墨西哥正式回归到私人金融体系。

除了强大且有组织的劳动力市场和金融体系以外，墨西哥还有一个强大的制造业部门。墨西哥的制造业企业是 1910 年革命的重要支持者和受益者。制造业产值在墨西哥革命后的三十年里翻了一番，在 20 世纪 40 年代又翻了一番。1970 年制造业部门贡献了国内生产总值的 23%，此后基本稳定在这个水平上，制造业部门控制了墨西哥的大部分经济资源。

墨西哥制造业部门还拥有强大的组织资源。制造业企业的生产活动在地理上高度集中于瓜达拉哈拉、墨西哥城和蒙特雷。工业产值也集中在少数几家公司。[16] 这种集中有助于墨西哥企业家分担集体行动的成本，游说有利的经济政策。制造业部门已经形成了强大的游说组织。[17] 许多游说组织与墨西哥政府的高级官员保持着千丝万缕的联

系，政策决策者在改变经济政策之前通常会咨询他们。由于游说组织在内阁官员任命，甚至革命制度党候选人产生方面发挥着重要作用，因此，有野心的官员考虑到未来的职务升迁，更加重视游说组织对政府政策的看法。[18] 就汇率政策来说，制造业部门的偏好决定了墨西哥政策制定者的选择。

墨西哥制造业的汇率偏好受其可贸易性以及对进口投入品和债务高度依赖的影响。首先，墨西哥制造业的产品在 1970—1994 年至少部分是可贸易的，虽然在这一时期的大部分时间里，由于汇率高估，墨西哥制造业部门出口比重不大。至少自 1986 年墨西哥加入关税及贸易总协定以后，制造业企业在国际和国内市场就不得不面对激烈竞争。墨西哥的进口壁垒低于大多数发展中国家，而中间产品和纺织品等传统消费品的贸易也相对自由。总体来说，1986 年以前耐用消费品制造业是部分可贸易的；1986 年之后，制造业成为完全可贸易部门。其次，墨西哥制造业部门高度依赖进口投入品。1980 年的一项调查发现，47.5% 的工业企业从国外购买原材料。再次，墨西哥制造业部门投资的资金主要来源于国内银行和国外银行。制造业部门是商业银行贷款的最大客户，很大一部分债务以外币计价。由于这些特征，汇率低估对于墨西哥制造业企业来说，既有积极影响，又有负面作用。

概括来说，墨西哥拥有私人控制的劳动力市场和金融体系，以及强大的制造业部门。因此，"条件偏好理论"认为，墨西哥制造业企业通常不偏好汇率低估政策，墨西哥政策制定者通常也不选择汇率低估政策。

本部分通过回顾 1970—1994 年墨西哥的政治经济历史来验证这些假设。这一时期墨西哥总共产生了四位总统，从 1970 年路

第五章　韩国、墨西哥和伊朗的制度结构与汇率政策

易斯·埃切维里亚（Luis Echeverrís）执政开始，到1994年卡洛斯·萨利纳斯（Carlos Salinas）的任期结束为止。埃切维里亚就任总统是本案例开始的时间，因为他开创了"共享发展"（Shared Development）这一新的经济发展模式。这一转变是对此前革命制度党"稳定发展"（Stabilizing Development）模式的否定。"稳定发展"模式造成了社会动荡，导致了1968年抗议者与政府之间的暴力冲突。[19]这一事件成为墨西哥政治的分水岭，使得路易斯·埃切维里亚确信，必须转变墨西哥的经济发展模式。案例研究结束于另外一次政治经济转变，即卡洛斯·萨利纳斯六年任期结束时发生的墨西哥金融危机。

图5.2显示了这一时期墨西哥汇率的高估程度。其中，墨西哥汇率被严重低估了两次：1976—1977年金融危机期间和1982—1989年债务危机期间。在这10年里，比索汇率平均被低估了19%。本书将指出，尽管政策决策者努力避免这一结果，但是，1976—1977年和1982—1983年的比索汇率贬值仍然发生了。1983年墨西哥政府无力偿还外债，除了让比索贬值外，别无选择。在其余15年中，比索汇率呈高估态势，并且高估了9%。在这一时期，墨西哥实际汇率表现出强烈的高估态势。从图5.2可以看出，在1972—1975年、1977—1981年和1987—1993年期间，比索实际汇率迅速升值。在样本期间内，墨西哥实际汇率高估的中位数为11%。[20]

总体上，在1970—1994年间，墨西哥的经常性汇率高估与1961—1977年韩国的持续汇率低估的情况非常相似。虽然墨西哥汇率高估没有阿根廷那样严重，但其频繁的实际汇率升值却非常类似于我们在阿根廷案例中所观察到的现象（第四章）。事实上，在墨西

哥四个总统任期中的三个，比索实际汇率一直在稳步升值，并且被严重高估。在本案例研究所涵盖的 25 年期间，比索汇率显示出了较为强烈的高估态势。

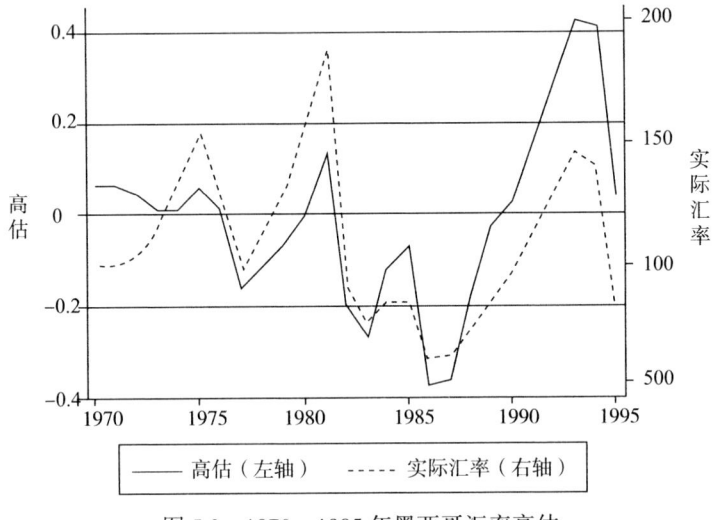

图 5.2 1970—1995 年墨西哥汇率高估

汇率高估被定义为实际汇率和估计的均衡实际有效汇率之间的差额。正（负）值意味着实际汇率高估（低估）。有关详细信息，请参阅第三章。双边实际汇率为名义汇率除以 GDP 平减指数，然后取自然对数（Heston et al. 2009）。这一转换过程是为了使较高（较低）的数值代表实际汇率升值（贬值）。实际汇率以 1970 年为基期。

"共享发展"与汇率高估（1970—1976 年）

路易斯·埃切维里亚于 1970 年 12 月 1 日成为墨西哥总统，墨西哥比索汇率延续了 1954 年以来的 12.50 比索对 1 美元的固定汇率。[21] 在这 16 年期间，墨西哥的实际汇率升值了 42%，因为墨西哥通货膨胀率高于美国。当埃切维里亚就任总统时，比索只是略有高估。[22] 比索汇率高估是 1970 年之前墨西哥贸易赤字扩大和失业率上升的主要原因。

第五章　韩国、墨西哥和伊朗的制度结构与汇率政策

在1968年抗议活动之后,埃切维里亚和革命制度党担心社会动荡会威胁其统治。于是,埃切维里亚政府提出了"共享发展"计划,希望以此化解政治危机。其政策目标是在发展经济的同时改善收入分配。埃切维里亚政府试图改善此前被边缘化的社会群体的生活情况,同时继续争取企业家支持。

早在埃切维里亚上任之前,墨西哥政府内部已经发生了一场关于汇率政策的激烈辩论。1971年8月,当美国政府宣布美元对黄金贬值时,一些以总统府秘书处经济规划局负责人利奥波德·索利斯(Leopoldo Solis)为首的官员认为,墨西哥汇率也应该贬值。[23] 索利斯声称,比索汇率贬值是必要的,因为比索已经被严重高估,由汇率高估而产生的问题,比如贸易赤字,会随着时间推移而不断恶化。他认为,比索汇率贬值将改善贸易平衡以及财政状况,墨西哥政府还可以增加可贸易企业的税收。此外,索利斯声称,当时汇率贬值的时机也是理想的。他在内部备忘录中建议,一定要告诉社会公众"美元的不稳定性和美国通货膨胀使比索贬值存在必然性。即使比索贬值之后,墨西哥的国际收支状况未得到改善,政府也无须承担政治成本"(引自Solis 1981)。墨西哥的财政部长和中央银行行长不同意这一观点。他们认为,固定的和高估的比索汇率应该继续,因为它带来了许多好处,比如有助于物价水平稳定。

索利斯及其支持者无法说服埃切维里亚。埃切维里亚担心汇率贬值将导致劳动力市场动荡和工人的抗议活动,就像1954年墨西哥比索贬值一样(Solis 1981)。此外,墨西哥政府组织的一项调查显示,工商业界支持固定汇率制度:"受访的企业家认为,在过去10年里,比索汇率稳定促进了私人投资。"(Solis 1981)于是,埃切维里亚决

定，比索汇率不贬值。制造业企业和工人同盟支持这一政策决定。

最初，埃切维里亚的宏观经济政策相对保守；从 1972 年起，财政政策和货币政策开始转向扩张。为了支付更高的医疗、教育和其他社会性支出，埃切维里亚政府试图在 1972 年年末提高税率，增加税收。这一计划遭到了工商业界（包括制造业部门）的一致反对。日益严重的财政赤字和低利率使得通货膨胀在 1973 年达到两位数。墨西哥工人联合会（CTM）要求工资增长 20%，这一要求在 1973 年 9 月的罢工后得以实现。1974 年，工人联合会再次要求提高工资，又一次获得成功，平均工资提高了 22%。工人实际工资大幅提高。工资与价格的螺旋式上升，导致了 1974 年通货膨胀率大幅上升至 23%（Kessler 1999；Schlagheck 1977；Solis 1981）。

由于通货膨胀高企和固定汇率制度，1973 年和 1974 年，比索实际汇率再次升值 25%（见图 5.2）。虽然图 5.2 与 1975 年的汇率高估情况相一致，但它未能反映出大多数观察家所认为的汇率高估程度的迅猛增加。[24] 经济学家比较一致看法是，比索在埃切维里亚任期的后半期已经被严重高估了（Balassa 1983；Bazdresch and Levy 1991；Buffie and Krause 1989；Dornbusch 1988；Heath 1999；Maxfield 1990；Reynolds 1978；Tompson 1979）。

通货膨胀率上升和比索汇率高估对 1975 年的墨西哥经济造成了严重冲击。例如，由于进口快速增长，贸易赤字在 1971—1974 年间翻了一番。作为应对措施，1975 年，墨西哥政府实施了一项稳定计划，将通货膨胀率降至 15%。然而，该计划仍然没有能够解决当时面临的经济问题。政府还开展了贸易促进运动，以改善贸易平衡：提高进口关税以遏制进口，降低出口关税。但是，汇率贬值政策却未出现在当

第五章 韩国、墨西哥和伊朗的制度结构与汇率政策

时的政策组合中。

随着比索高估越来越严重,资本开始外逃,中央银行储备大量流失。到 1976 年中期,墨西哥的外汇储备几乎完全耗尽。1976 年 9 月,持续了 22 年的 12.50 比索 / 美元的固定汇率开始下跌,当月比索汇率贬值 60% 以上。

埃切维里亚政府拒绝采取任何措施补偿因汇率贬值而对工商业界造成的伤害,但在工资议价中工资涨幅达 20% 以上(Thompson 1979;Collier 1991;Schlagheck 1977)。对于那些进口投入成本较高和外债负担较重的企业来说,汇率贬值是痛苦的,工资上涨更是雪上加霜。企业生产成本大幅增加,通货膨胀率大幅上升。詹姆斯·施拉格黑克(James Schlagheck 1977)描述了汇率贬值对墨西哥汽车工业的影响:比索贬值使进口投入的成本飙升……结果是汽车公司的成本快速上升,而且劳动者要求支付更高的工资,使得企业成本进一步上升。1976 年,当埃切维里亚政权解体时,整个制造业部门都在反对埃切维里亚政府及其汇率政策。[25]

这个案例说明,在拥有私人劳动力市场的国家中,制造业企业不喜欢汇率低估。在路易斯·埃切维里亚执政时期,大多数制造业企业支持固定并且高估的汇率制度。相比之下,制造业部门反对 1976 年的汇率贬值,部分原因在于劳动力市场的制度结构:1976 年汇率贬值对于制造业企业来说代价高昂,因为它伴随着工资上涨。如果墨西哥政府能够控制劳动力市场,工资增长的可能性就会降低。

这个案例也支持本书的基本论点,即强势制造业部门偏好影响汇率政策。在埃切维里亚执政的第一年,制造业部门反对汇率低估政策,从而阻止了埃切维里亚实施汇率贬值计划。制造业部门还反对高税率

政策，这也推升了实际汇率。预算赤字增加了，反过来又进一步刺激了通货膨胀。制造业部门偏好不能完全解释汇率高估，因为这一时期的大部分汇率高估政策是埃切维里亚政府为了改善收入分配、平复社会动荡而采取的高支出政策所推动的。但是，如果制造业部门对于汇率贬值或紧缩财政政策较少敌对的话，比索实际汇率可能不会在埃切维里亚的任期内大幅升值。

"生产联盟"与比索贬值（1977—1982 年）

1976 年 12 月 1 日，何塞·洛佩斯·波蒂略就任墨西哥总统，此时墨西哥正处于经济危机时期。[26] 波蒂略延续了此前的汇率低估和经济稳定计划。波蒂略是一位缺乏政治基础的技术官僚（Story 1986）。当时墨西哥政治局势紧张，发生军事政变的谣言四起。

波蒂略的首要任务是修复政府与工商业界的关系。在其就职演说中，波蒂略邀请企业家和工会领袖加入"生产联盟"（Alliance for Production）。这种笑脸攻势发挥了作用，特别是对墨西哥的大公司效果明显。包括商会联合会（CONCAMIN）和商业联合会（CONCANACO）在内的商业团体纷纷表示支持波蒂略政府（Camp 1989；Escobar Toledo 1987；Schneider 2004）。

1977 年 3 月，比索对美元汇率变得更加稳定。墨西哥政府决定使比索钉住美元，重建货币稳定机制。新的汇率制度比以前略有弹性，每个交易日允许比索对美元小幅贬值。尽管每日贬值区间很小，但此后一年里比索对美元汇率仍然累计贬值了 0.2%。波蒂略在其任期的第一年也采取了紧缩性货币政策和财政政策。他还说服工会保持克制，使工人工资在 1977 年和 1978 年相对较慢地上升（Collier，1991）。贸易平衡也大大改善了。

第五章　韩国、墨西哥和伊朗的制度结构与汇率政策

1978—1979年国际石油价格大幅上涨对墨西哥经济产生了重大影响，因为在此之前墨西哥开始大量生产石油。这引发了墨西哥是否应该增加财政支出的激烈辩论。商会联合会、商业联合会和工会支持增加支出。政府很快推出了支出计划，财政约束被废除了。但是，令人难以置信的是，政府支出增长很快超过了政府收入增长。墨西哥政府不得不向国外大量借款，为日益膨胀的预算赤字融资。通货膨胀率从1978年的17.5%上升到1980年的26%。

由于1978—1980年比索汇率贬值速度远远低于通货膨胀率，比索实际汇率迅速升值。1977—1981年，比索实际汇率升值了99.8%。人们对比索何时被高估有过争论。图5.2表明，直到1981年比索才出现高估。不过，第三章中所讨论的衡量方法的偏差表明，比索汇率被高估的时间可能更早。一些观察家甚至认为，比索最早于1978年就被严重高估（Maxfield 1990）。虽然比索被高估的准确时间很难确定，但大多数专家同意，比索汇率是在20世纪80年代初就被严重高估了（Kaufman，Bazdresch and Heredia 1994，365）。[27]

波蒂略实行的固定汇率制度与扩张性宏观政策的政策组合，几乎没有听到批评声音——至少在短期内。革命制度党的三个最重要的支持者——工人、金融业和制造业都受益于这一政策组合。工人感到满意，因为政府投资扩大了就业，汇率高估提高了他们的购买力（Bazdresch and Levy 1991）；银行业依靠在国内外金融市场之间融资而赚得盆满钵满（Frieden 1991b；Maxfield 1990）；制造业部门"之所以感到高兴，是因为汇率高估使其在国内市场获益颇丰"（Bazdresch and Levy 1991）。生产工业产品的大型公司获利尤其丰厚。例如从1978年至1981年，制造业部门增长了38%，耐用消费品增长

了 69%（Frieden 1991b）。资本密集型企业对比索高估感到满意的原因，是他们能够获得低成本的国外借款，同时财政政策也提供特殊优惠，比如税收抵免和政府采购订单。20 世纪 80 年代初，一份对企业家的调查发现，波蒂略受到了广泛欢迎，64% 的公司对波蒂略的经济政策表示满意（Story 1986）。

然而，少数经济学家和技术官员却主张改变汇率政策。1979 年，两名中央银行官员联合发表文章，警告"汇率高估的风险"，并坚持"应当避免汇率高估及其对就业和经济活动的抑制作用"（Ortizand Solis 1979）。他们提出，应在爬行钉住制度下使比索汇率贬值，以确保汇率与其实际价值相符（Ortizand Solis 1979）。1980 年，著名经济学家贝拉·巴拉萨（Bela Balassa）向政府官员表示，他们"需要……为提高非石油部门的竞争力而允许汇率波动"（引自 Bela Balassa 1983）。财政部长和中央银行行长试图说服总统在 1980 年实施汇率贬值。但是，汇率贬值的提议受到代表制造业部门利益的政府官员的强烈反对，包括国家财产和工业发展部以及预算和规划部——后者的部长是野心勃勃的米格尔·德·拉·马德里（Miguel de la Madrid）（Maxfield 1990）。

1981 年墨西哥的经济形势变得更加紧张。国际石油价格下跌导致政府收入减少，美联储加息使得外国借款更加昂贵。起初，经济形势变化并没有影响到宏观经济政策。1981 年，墨西哥政府继续增加外国借款，主要是短期浮动利率贷款。后来，墨西哥制造业企业开始注意到本国企业竞争力的下降。商会联合会和代表小型制造商利益的全国制造业协会大力游说政府，扩大制成品出口。波蒂略政府通过提高关税、创建出口促进委员会并且建立信贷基金来支持出口

第五章 韩国、墨西哥和伊朗的制度结构与汇率政策

(Story 1986；Bazdresch and Levy 1991)。

1981年,墨西哥国内关于改变汇率政策的呼声停止了,政府决定不再让比索汇率继续贬值。波蒂略在年底发表的演讲中,表示要维护比索汇率稳定(Kessler 1999)。然而,时隔不久,他就不得不让比索贬值。1981年,比索汇率贬值了11%。与此同时,通货膨胀率上升到25%以上,实际汇率仍然继续上升。与1981年埃切维里亚执政期间相比,比索汇率被进一步严重高估(见图5.2)。

1982年年初,资本继续外逃,中央银行的外汇储备消耗殆尽。1982年2月和3月比索汇率迅速贬值。1982年2月以后的情形与1976年非常相似。工会坚持主张增加工资以恢复工人的购买力。政府没有按照传统应对措施那样调整支出计划,反而在1982年3月紧急加薪。这"增加了政府支出,并且提高了通货膨胀预期"(Heath 1999；Lustig 1992)。汇率贬值使得私人部门受到了重创(Kessler 1999；Zamora 1984),使得私人企业更难偿还外债并购买进口投入品。不过,他们最大的怨言则是伴随汇率贬值而来的30%的工资增长率(Story 1986)。

在接下来的几个月内,政府努力控制汇率贬值。但是,在1982年8月,比索汇率再次贬值60%。政府不得不引入了双重汇率制度,同时宣布不能按期偿还债务。1982年9月1日,政府开始实施银行体系的国有化。虽然一些很难获得信贷的小型公司支持银行国有化,但大多数制造业企业对1982年波蒂略的金融政策表示不满。波蒂略总统被迫下台。

简而言之,波蒂略的宏观经济政策试图取悦所有人(Bazdresch and Levy 1991)。实际汇率升值是一个令大多数利益集团满意的政策,

包括制造业部门。大型制造业企业反对汇率贬值有助于解释为什么在这一时期比索汇率被严重高估。

债务危机期间的汇率政策（1983—1986年）

1982年12月，米格尔·德·拉·马德里成为墨西哥新一届总统，他面临着与六年前波蒂略非常相似的挑战，并且形势更加严峻。[28] 作为对比，1976年比索汇率贬值62%，通货膨胀率为16%。1982年比索贬值超过200%，通货膨胀率为59%。1982年墨西哥面临的国际经济环境也更加严峻，石油出口价格下降和外债违约令墨西哥经济雪上加霜。

债务危机所引起的经济衰退影响了德·拉·马德里的汇率政策。由于墨西哥经济严重依赖全球资本市场，"墨西哥必须与美国和美国金融界保持良好关系"（Aggarwal，1986）。在这种情况下，为获取外部债权人的信任，德·拉·马德里除了继续实施汇率低估、增加非石油出口积累外汇之外，别无选择（Dornbusch 1997；Lustig 1992）。虽然国内政治可能不是墨西哥选择汇率低估的主要原因，但是，政府实施汇率低估的方式却反映了墨西哥制造业企业的偏好。

建立与工商业界的良好关系是德·拉·马德里优先考虑的政治事项。在这方面，米德·拉·马德里主动出击。此前在他担任预算和规划部长的职务时，就极力维护企业家的利益，比如1980年他坚决反对汇率贬值。现在作为墨西哥总统，他寻求巩固与工商业，特别是金融业和大型制造业部门的密切联系。这两个强势利益集团已经对革命制度党的宏观政策感到失望（Kessler 1999；Minushkin 2002；Cshamis 1999）。

在经济政策方面，新总统的首要任务是降低通货膨胀率，维持比

第五章 韩国、墨西哥和伊朗的制度结构与汇率政策

索的"真实价值",以促进出口(Story 1986)。为此,德·拉·马德里实施了财政紧缩和汇率贬值。在他任期的第一年里,他成功地实现了实际汇率贬值,汇率低估使得制造业部门的出口增加。

作为联盟建设战略的一部分,财政政策和汇率政策的目标是确保财政紧缩和汇率低估的成本不落在德·拉·马德里支持的大企业同盟身上。在德·拉·马德里的整个任期内,支出削减部分都集中在削减社会支出方面(Kessler 1999)。为了消除汇率低估对制造业企业的负面影响,1983年4月墨西哥政府发布了外汇风险抵偿信托(Ficorca)[29]的方案,允许私人公司以比现行汇率更高的汇率偿还外债,以使德·拉·马德里政府能够确保比索汇率低估所带来的成本不会增加制造业企业的外债负担。虽然汇率贬值可能加重私人公司的债务负担,但是外汇风险补偿信托和其他债务减免计划减轻了这些负担(Zamora 1984)。在这段时期里,"弱势比索增加了商品出口,但也增加了外债负担。只要外汇风险抵偿信托使大企业免受外国债务的冲击,这些大企业就能从汇率贬值中受益"(Kessler 1999)。20世纪80年代墨西哥财政政策和汇率政策旨在获取权势利益集团的支持,制造业部门从这些政策中获利最大(Kessler 1999)。

即使有了定向补偿措施,维持汇率低估在政治上也是存在困难的。1983年墨西哥经济严重下滑,人均收入下降了8%以上,使紧缩性财政政策难以继续实施。1984年,为了促进经济增长,德·拉·马德里采取了扩张性财政政策(Camp 1989),并且放缓了汇率贬值的步伐。因此,实际汇率在1984年和1985年升值了14%,消除了1983年汇率低估(实际汇率贬值18%)时制造业部分所获取的大部分竞争优势。

1985—1986年，墨西哥经济经历了一系列冲击。1985年9月，地震对墨西哥城造成了严重破坏。几乎在同一时间，国际货币基金组织决定停止对墨西哥的贷款项目。紧接着，1986年国际石油价格大幅下跌使得墨西哥外汇短缺，墨西哥政府不得不让比索进一步贬值（Minushkin 2002）以增加出口。1986年比索实际汇率再次贬值。为获取制造业部门和金融业的支持，政府在汇率政策转变的同时，实施了贸易自由化和金融自由化（Ten Kate 1992；Kessler 1999；Minushkin 2002；Cshamis 1999）。

德·拉·马德里采取了与其他三位墨西哥总统完全相反的汇率政策。1982—1986年，其汇率政策频繁变化，没有表现出路易斯·埃切维里亚、何塞·洛佩斯·波蒂略和卡洛斯·萨利纳斯三位总统在位时的实际汇率稳步升值的态势。在债务危机中，墨西哥迫切需要外汇收入，这也在很大程度上解释了为什么德·拉·马德里政府实施比索低估政策。汇率低估也需要强势利益集团的支持，德·拉·马德里政府又采取了定向金融支持政策。这些行动支持了本书的基本论点，即如果政府控制了金融市场，就会增加制造业企业对汇率低估的政治支持。另一方面，"条件偏好理论"认为，像墨西哥这样对金融部门缺乏控制力的国家，难以维持外汇干预政策。墨西哥案例表明，在极端条件（本案例中的极端条件为债务危机）下，政策制定者可以暂时采取某种金融政策，但在正常条件下并不适用。

汇率高估政治学与"龙舌兰酒危机"（1987—1994年）

1987年墨西哥经济仍然深陷衰退泥潭。通货膨胀加速上行，比索对美元汇率持续贬值。从1987年7月开始，政府、企业和工会举行三方谈判，寻求稳定经济的办法。

第五章 韩国、墨西哥和伊朗的制度结构与汇率政策

1987年12月，政府、企业和工会代表最终签署了《经济巩固与增长协议》(Pact of Economic Solidarity and Growth)。[30] 根据这一协议，比索汇率贬值20%，并在1988年2月固定了美元对比索的汇率。由于过去5年持续贬值，1987年年末比索汇率积累了较为严重的低估压力（见图5.2）。为补偿汇率贬值，工人工资增长15%，1988年1月再次增长了20%，此后大多数企业的工资被冻结。企业和工会答应减少工资增幅，以抑制价格上涨。作为交换，政府承诺减少财政开支，并推进贸易自由化。

《经济巩固与增长协议》成功地降低了通货膨胀。1988年墨西哥通货膨胀率曾经高达100%，1989年下降到27%。然而，由于其通货膨胀率仍然远远高于国际水平，比索实际汇率仍在大幅升值。1988年1月，一些商业协会开始抱怨实际汇率升值，但随着1988年2月美元对比索汇率的固定以及协议的其他内容相继实施，这些怨言消失了。

1988年，社会注意力转移到了总统选举上。在与工商业界协商后，德·拉·马德里选择卡洛斯·萨利纳斯（Carlos Salinas）接替他作为革命制度党候选人。萨利纳斯赢得了1988年的总统选举，对革命制度党来说这次选举获胜实属不易（Kaufman, Bazdresch and Heredia 1994）。

萨利纳斯试图进一步开放并稳定墨西哥经济，他认识到这样做需要构建一个中右翼联盟。于是，萨利纳斯邀请了两个团体：一是大型制造业企业，特别是北墨西哥的出口型企业；二是私营金融部门（Dresser 1997; Kessler 1999; Minushkin 2002; Cshamis 1999）。同时，萨利纳斯还邀请企业协调委员会（Consejo Coordinador Empresarial）的前总裁担任总统顾问，政府高层官员每月与企业协调

委员会领导人举行会议。

1988年12月，萨利纳斯就任总统时，比索汇率仍然被低估，但低估程度相对较小。虽然这一时期通货膨胀率有所下降，但从1989年至1992年通货膨胀率仍然高达两位数。萨利纳斯努力在抑制通货膨胀与提高企业国际竞争力之间寻求平衡。1989年1月，萨利纳斯采取了爬行钉住美元的汇率制度，根据该制度，比索对美元汇率每天都进行微调，以允许比索名义汇率实现缓慢贬值。1991年浮动汇率加区间管理制度又取代了爬行钉住汇率制度，浮动汇率区间制度允许比索在一定区间内自由波动。1990年，比索名义汇率贬值了14%，1991年贬值7%，1992年贬值2.5%。虽然名义汇率贬值减缓了实际汇率升值的步伐，但作用有限。到1992年，比索实际汇率已经被严重高估了。[31]

此时，墨西哥需要大量国外资本以弥补经常账户逆差。受高利率和资本账户自由化吸引，大量短期资本流入墨西哥金融市场，对比索汇率形成上涨压力。稳定的名义汇率和金融自由化导致了20世纪90年代早期的比索实际汇率升值。

关于汇率政策的辩论在1992年爆发，当时比索汇率高估问题越来越严重。一些外国专家提出，汇率高估、贸易逆差以及对短期资本依赖可能导致墨西哥发生经济危机。麻省理工学院经济学家鲁迪格·多恩布什（Rudiger Dornbusch）在1992年写道："当前墨西哥的经济问题是汇率估值过高。"多恩布什主张将汇率贬值幅度提高到1.2比索/天。世界银行也建议，墨西哥比索在1992年应当更快地贬值。

1993年春季，卡洛斯·萨利纳斯政府开始讨论汇率贬值问题，但是，最终还是决定放弃汇率贬值政策（Dornbusch 1997）。政府官员

第五章　韩国、墨西哥和伊朗的制度结构与汇率政策

提出各种理由来支持这一决定，包括否认比索汇率被严重高估。他们认为，市场化改革将提高制造业企业的劳动生产率，缩小进出口贸易逆差。[32] 政府为其汇率高估政策辩护的另一个论点是，社会团体并不认为汇率高估是一个重要问题（Gil-Díaz and Carstens 1997）。事实上，权势利益集团反对汇率贬值是墨西哥政策制定者选择忽视外界建议（比索汇率贬值）的主要原因。

革命制度党的主要利益相关团体都支持比索汇率高估。正如凯斯勒（Kessler 1999）所解释的："卡洛斯·萨利纳斯蓄意高估比索汇率的主要原因是，几乎所有对革命制度党的政治前途有重大影响的国内利益集团都支持维持汇率现状，他们或明或暗地联合在一起。对于银行家、大型企业家、中产阶级和工人来说，墨西哥的爬行钉住汇率制度给这些利益集团都带来了不同程度的好处。面对这些不同的利益集团，执政党发现很难找到令所有群体都满意的汇率制度安排，唯有汇率高估政策几乎没有反对者。"[33]

各个利益集团支持汇率高估的原因各不相同。工人偏好汇率高估是因为它增加了实际工资。金融部门反对汇率贬值是因为贬值会增加外债负担，并且汇率稳定是价格稳定的必要条件。

制造业部门支持汇率高估的原因主要有三个方面。[34] 首先，汇率高估降低了制造商的进口投入成本。即使是那些可能通过汇率贬值获得竞争优势的工业企业也支持爬行钉住美元的汇率制度，因为墨西哥制造业增加值中的很大一部分来源于国外投入，比索低估会导致企业生产成本上升（Kessler 1999）。其次，制造业企业反对汇率贬值是因为汇率贬值会增加外债负担。最后，汇率稳定也有利于制造业企业，"通常认为货币稳定的好处超过汇率高估的危险"。制造业部门也认识

到，汇率高估会损害其出口竞争力，但是，他们坚持认为，比索汇率贬值在解决这些问题的同时，可能会带来新的更严重的问题。墨西哥强势制造业部门的偏好是萨利纳斯政府汇率政策选择的主要依据，结果是比索汇率继续升值（见图 5.2）。

1994 年年初，政治经济环境陡转直下。1994 年 1 月 1 日，《北美自由贸易协定》(North American Free Trade Agreement) 正式生效，萨帕塔主义者（Zapatistas）在墨西哥恰帕斯州发动了武装起义。1994 年 2 月美联储开始加息。1994 年 3 月革命制度党的总统候选人路易斯·唐纳德·科洛西奥（Luis Donaldo Colosio）被暗杀。1994 年 9 月革命制度党总秘书长也被暗杀。受国际市场高利率的吸引以及对墨西哥政治形势的担忧，大量资本开始外逃。

即将到来的总统选举也提高了汇率政策的政治赌注性。萨利纳斯渴望圆满结束其总统任期，保持政治功绩，以助其竞选世界贸易组织总干事（Smith 1997）。萨利纳斯的财政部长佩德罗·阿斯佩（Pedro Aspe）也有自己的政治打算，他希望在下届政府中继续担任财政部长，进而圆自己的总统梦。阿斯佩和萨利纳斯都知道，强势比索在革命制度党的主要选区中非常受欢迎，汇率贬值不利于他们实现各自的政治目标（Dresser1997；Heath1999；Smith 1997）。萨利纳斯政府也不想提高利率，因为借款成本提高"将威胁革命制度党与其商业和工会盟友的关系"（Frieden 1997），尽管这样做可能有助于吸引资金回流到墨西哥，并避免货币贬值。

于是，萨利纳斯选择了扩张性货币政策以刺激经济增长。[35] 中央银行采取多种措施来消除资本流出的影响，这意味着用更多的本国信贷来抵消外资退出。因此，这一时期货币供应量增加，墨西哥国债利

第五章　韩国、墨西哥和伊朗的制度结构与汇率政策

率下降。为了限制资本流出,墨西哥中央银行还通过发行与美元挂钩的债券来改变货币供应的结构,这些国债将投资者的风险转移给政府。短期内,扩张性货币政策的目标得以实现,经济实现了较快增长,革命制度党候选人埃内斯托·塞迪略(Ernesto Zedillo)成功地赢得了1994年8月的总统选举。

在1994年8月总统选举和12月塞迪略就职典礼期间,墨西哥再次爆发关于比索汇率的争论。1994年10月,美国联邦储备委员会委员建议墨西哥政府改变现行汇率制度,降低比索估值。在1994年11月的一次会议上,当选总统塞迪略和他的经济顾问请求萨利纳斯及其他高级官员对比索进行贬值,但是被萨利纳斯及其智囊团队拒绝了。工商业和工会领导赞同这一决定。1994年的一项调查表明,权势利益集团不支持汇率贬值:80%的被调查者反对比索贬值,只有20%的被调查者认为比索应当贬值,但是,没有一个被调查者认为比索应该大幅贬值。

1994年12月2日,塞迪略就职总统后的第二天,他承诺维持前任总统的汇率政策不变。然而,不幸的是,墨西哥政府很快就丧失了维持比索汇率高估的能力。在塞迪略当政时,墨西哥的外汇储备处于危险的低水平,只有125亿美元,仅仅是当时短期公共债务270亿美元的一小部分。1994年12月9日,当塞迪略批准墨西哥1995年预算后,情况变得更糟了。该预算忽视了经济基本面的脆弱性,建议不改变现行汇率政策和财政政策。于是,资本开始加速外逃,一周内墨西哥外汇储备就下降了10亿美元(Heath 1999)。

1994年12月21日,站在悬崖边上的塞迪略政府最终选择了扩大汇率波幅,将比索贬值15%。比索受到巨大的抛售压力,政府已经

失去了对局面的控制。1994 年 12 月 22 日,比索汇率开始浮动,在此后的三个月内比索贬值了 100%。多恩布什和其他经济学家在 1992 年做出的预测成为了现实:高估的比索汇率最终使墨西哥经济陷入 1994—1995 年货币和银行危机的深渊。[36]

事后的研究表明,对于墨西哥政府来说"尽早开始汇率贬值是明智之举",而不应当"浪费国家资源以维持比索汇率高估"。那么,为什么墨西哥政府允许比索汇率在 20 世纪 90 年代一直被严重高估?为什么他们没有及时纠正错误的汇率高估政策?很明显,萨利纳斯政府之所以采取汇率高估政策是因为墨西哥权势利益集团支持这项政策,而其中最重要的利益集团就是制造业部门。虽然制造业企业在 1988 年 1 月反对实际汇率升值,但在此后 6 年时间里,他们一直是强势比索汇率的坚定支持者。如果墨西哥制造业部门倾向于更低的汇率估值,那么,比索汇率在 20 世纪 90 年代初就不会被严重高估。

小结

墨西哥拥有强大的制造业部门以及非政府控制的金融体系,按照本书的"条件偏好理论",政策制定者将选择汇率高估政策,因为制造业部门在政治上具有强大的影响力,并且政府对于劳动力市场和金融市场的控制力较弱。墨西哥的案例很大程度上证实了上述结论。首先,在本案例考察的四个时期中有三个时期,实际汇率迅速升值,并被严重高估。唯一的例外出现在 1982—1989 年,当时墨西哥正处于债务危机时期,急需赚取外汇,以摆脱债务危机。

墨西哥案例也符合本书的另外一个假设,即非政府控制的劳动力市场和金融市场减弱了制造业对汇率低估的支持力度。正如本书的设想一样,当政策制定者考虑在 1971 年、1979—1980 年以及 1992—

第五章　韩国、墨西哥和伊朗的制度结构与汇率政策

1994 年实施比索汇率贬值时，制造业部门都会站出来反对。此外，企业家对案例期内的每次贬值行为都表示不满。总之，制造业企业偏好汇率高估，因为汇率高估会降低其进口投入品和外债的成本。

案例研究表明，私人劳动力市场的制度结构对于墨西哥制造业的汇率偏好具有重要影响。在每次汇率贬值之后，工会都会要求增加工资，并且在大多数情况下获得了成功。工资上涨进一步增加了汇率贬值所带来的制造业部门成本上升的影响，这是制造业部门反对 1976 年和 1982 年比索汇率贬值的主要原因。金融市场结构对制造业汇率偏好没有明显的影响。然而，在 20 世纪 80 年代中期，政府使用干预性金融政策减少了权势利益集团对汇率低估的反对，使汇率低估取得了暂时的成功。制造业部门在这一时期比在其他时期更加容忍比索汇率贬值的事实表明，墨西哥私人控制的金融市场制度可能增加权势利益集团对汇率高估的支持程度。

最后，制造业偏好影响了墨西哥政策制定者。制造业并不是唯一的决定因素，但是，在 1970—1994 年期间，每一任墨西哥总统都试图赢得制造业部门的政治支持。鉴于大多数墨西哥领导人对制造业部门的高度重视，如果墨西哥制造业企业真的偏好汇率低估的话，那么，墨西哥政府将会选择汇率低估政策。的确，是墨西哥制造业部门的偏好影响了政府政策，进而造成了比索汇率高估。

伊朗汇率高估的政治经济学分析

伊朗汇率政策的政治渊源

1953 年，伊朗立宪君主穆罕默德·礼萨·沙·巴列维（Mohammad Reza Shah Pahlavi）颁布法令，罢免民选总统，建立新政权。新政府镇

压了伊朗独立劳工运动（Abrahamian 1982；Bayat 1987；Ladjevardi 1985；Moghadam 1996；Pfeifer 2006；Rahnema 1992），解散了人民党（Tudeh）控制的工会联合会，许多工会领导人被逮捕。新政府禁止工人罢工，取消工资谈判。尽管 1959 年颁布的劳动法允许成立工会，但要求所有工会都要接受政府的严格管理。当然，这样的工会并不以促进工人利益为宗旨。

在巴列维的统治下，政府也控制了整个金融体系。政变之前，伊朗共有六家银行，其中四家是国有银行。20 世纪 50 年代伊朗成立了两家开发性银行，即工业信贷银行（Industrial Credit Bank）以及伊朗工业和矿业开发银行（Industrial and Mining Development Bank of Iran）[37]，进一步增强了国家对金融体系的控制力。这两家银行提供了制造业企业的大部分贷款，例如 1976 年发放了全国 90% 的工业企业贷款（Amid and Hadjikhani 2005；Karshenas 1990）。马扎赫里（Mazaheri 2008）报告说，国有银行资产占银行业总资产的比重高达 72%，混合所有制银行资产占银行业总资产 27%，私营银行只占 1%。[38] 由于国有资产规模占据了压倒性优势，伊朗政府能够单方面决定信贷分配政策和分配模式（Mazaheri 2008）。在巴列维统治期内，政府控制了主要金融机构（Keshavarzian 2007；Salehi Isfahani 1989）。

虽然伊朗的劳动力市场结构和金融市场结构与本书的其他案例相似，但是，伊朗制造业部门的权力资源与本书其他案例差异较大。我们首先来分析被伊朗制造业部门控制的经济资源。1965 年（这是世界银行有此数据最早的年份），伊朗制造业总产值占国内生产总值的 8.5%，农业总产值占国内生产总值的 27.5%，服务业总产值占国内生产总值的 42.5%。也就是说，伊朗的制造业规模远远小于农业和服

第五章 韩国、墨西哥和伊朗的制度结构与汇率政策

务业。服务业是伊朗经济中最重要的部门（Katouzian 1981）。在巴列维执政初期，石油工业在经济中的作用很小，随着时间的推移，其重要性逐步增大（Katouzian 1981）。虽然制造业部门在巴列维任期内经历了快速增长，但其占国内生产总值的比重仍然很低（1978年仅为7.2%），特别是与服务业部门相比。

与制造业部门相比，伊朗服务业部门拥有更多的组织资源。伊朗服务业包括商店、零售商、批发商以及集中在伊朗各城市的巴扎（Bazaars）。巴扎是集中的市场，主要由非贸易部门组成，也包括一些规模较小的可贸易部门，比如地毯生产（Parsa 1995；ShamBayat 1994；Keshavarzian 2007）。德黑兰大巴扎（Tehran Grand Bazaar）拥有2000—3000个商户，有4000—5000名雇员，控制着全国2/3的批发贸易（Keshavarzian 2007）。巴扎商户的地理集中度为他们提供了"集体行动的强大能力"，这是巴扎在政治上能够形成如此强大力量的一个重要原因（Parsa 1995）。不同城镇的巴扎之间建立了密集的交易网络，增强了相互联系（Mazaheri 2006）。

意识形态是制造业最大的权力资源。巴列维和其他发展中国家的领导人一样，坚信国家发展需要工业化（Amuzegar 1991；Clawson and Rubin 2005；Nasr 2000），希望伊朗能够学习日本的发展道路和发展经验。为此，他模仿日本政府的国际贸易部与工业部，组建了伊朗政府的经济部（Nasr 2000）。20世纪60年代，阿里那吉·阿列罕尼（Alinaghi Alikhanid）就任伊朗经济部部长，他代表着私人企业家的利益（Milani 2008；Nasr 2000）。除了这些正式的权力资源以及与政府的紧密联系外，伊朗制造业部门的经济资源和组织资源远远逊色于服务业部门。

相比本书其他案例，虽然伊朗制造业部门的权力资源较为有限，但其生产特征比较典型。伊朗制造业部门生产种类众多的产品，从劳动密集型产品，比如纺织品和地毯，到资本密集型产品，比如金属制品、水泥和汽车（Amid and Hadjikhani 2005；Katouzian 1981）。伊朗制造业部门的产品是可贸易的，汇率高估不利于增加出口，汇率贬值有利于增加出口（Amid and Hadjikhani 2005；Behdad 1988；Katouzian 1981；Lautenschlager 1986；Mazaheri 2008）。贸易保护通常有利于本国企业，但伊朗制造业部门能够受到的保护却非常有限（Amid and Hadjikhani 2005；Behdad 1988；Mazaheri 2008；Salehi Isfahani 1989）。严重依赖进口是伊朗制造业部门的一个重要特征（Assadi 1990；Amid and Hadjikhani 2005；Behdad 1988；Katouzian 1981；Pesaran 1992；Salehi Isfahani 1989）。伊朗制造业部门还严重依赖银行贷款。20世纪70年代，银行的大部分贷款都流向了制造业部门，差不多占贷款总额的1/3（Salehi Isfahani 1989；Valibeigi 1992）。由于伊朗制造业企业生产可贸易产品并且严重依赖进口投入品和借贷，因此，从总体上讲，汇率低估有利于本国制造业发展，但同时也增加了制造业企业的经营成本。

伊朗政治结构与本书中的其他三个案例有所不同。由于伊朗政府对劳动力市场和金融市场的严格控制，根据我们此前的理论模型，伊朗制造业部门应该更倾向于汇率低估政策。但是，由于伊朗制造业部门的权力资源少于大多数发展中国家（包括阿根廷、韩国和墨西哥），其游说对政府部门政策制定的影响有限。相反，在伊朗经济中占主导地位的服务业部门的偏好对汇率政策选择有较大影响。由于服务业部门偏好汇率高估，伊朗政府的汇率政策选择倾向于汇率高估。

第五章　韩国、墨西哥和伊朗的制度结构与汇率政策

汇率高估与巴扎获益（1953—1959 年）

巴列维任职初期，政治势力较为弱小，人们认为他是一个软弱、不具备执政正当性的领导人（Clawson and Rubin 2005）。非民主选举产生的伊朗议会掌握了实权，许多议员并不支持巴列维（Katouzian 1981）。巴扎的商人怀念被驱逐的前总理摩萨台（Mossadegh），并且经常关闭市场以抗议现政府（Parsa 1995）。为了获得政治支持以巩固自己的政权，整个 20 世纪 50 年代巴列维都试图拉拢巴扎、富有的土地所有者以及其他有权势的保守派（Clawson and Rubin 2005；Karshenas 1990；Smith 2007）。

20 世纪 50 年代，伊朗的宏观政策包括汇率政策都反映了保守派政治联盟的利益。[39] 财政政策和信贷政策高度扩张。巴列维的第一个五年发展计划（Five-Year Development Plan）（1955—1962 年）优先增加对基础设施建设的支出，其次是农业，最后是工业。虽然通货膨胀率最初保持在较低的水平上，但从 1957 年开始大幅上升。在此期间，巴列维也减少了进口壁垒。

20 世纪 50 年代中期，伊朗的汇率政策发生了重大变化。[40] 巴列维延续了多重汇率制度。最初，官方汇率（32.5 里亚尔对 1 美元）适用于石油出口和某些特定商品进口，私人贸易商使用被严重低估的汇率（90.5 里亚尔对 1 美元）。巴列维政府逐步提高非官方汇率水平，于 1954 年将 90.5 里亚尔对 1 美元升值到 84.5 里亚尔对 1 美元，在 1955 年里亚尔汇率又升值到 76.5 里亚尔对 1 美元，这相当于名义汇率升值 15%。因为伊朗的通货膨胀率远远高于美国，实际汇率的升值幅度更大。汇率升值提高了消费者和进口商的购买力。政府将官方汇率与非官方汇率统一在 76 里亚尔对 1 美元的比价上。官方汇率贬值

增加了政府的石油收入，因为每一美元的石油收入能够换成更多的里亚尔。汇率变动最终使私人部门受益：政府利用这些额外收入为他们提供更多贷款。20 世纪 50 年代，通货膨胀率上升和名义汇率升值带来了实际汇率升值。图 5.3 显示，20 世纪 50 年代后期伊朗汇率高估了 55%。

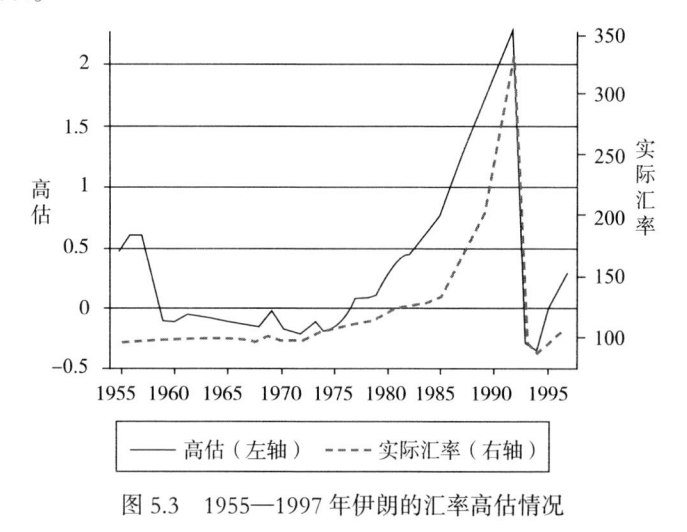

图 5.3 1955—1997 年伊朗的汇率高估情况

注：汇率高估是指实际汇率与均衡实际有效汇率之间的差额。正（负）值意味着实际汇率高估（低估）。有关详细信息，请参阅第三章。双边实际汇率为名义汇率除以 GDP 平减指数，然后取自然对数（Heston et al. 2009）。这一转换过程是为了使较高（较低）的数值代表实际汇率升值（贬值）。实际汇率以 1955 年为基期。

宏观政策调整反映了国内的政治经济关系变化。利益集团受益于汇率重估、扩张性财政政策和货币政策以及贸易自由化的政策组合。不过，最大的受益者是巴扎。扩张性宏观政策扩大了国内消费水平，使人们从巴扎购买更多的商品。住房市场持续繁荣，使巴扎从土地投机中获得了丰厚的利润。最后，贸易自由化和汇率高估政策使进口商品变得相对便宜，从而鼓励了中产阶级消费者从巴扎购买进

第五章　韩国、墨西哥和伊朗的制度结构与汇率政策

口消费品。按照卡什纳斯（Karshenas）的说法，"调整里亚尔估值，逐渐放开贸易限制和进口配额……使巴扎商户受益"。卡什纳斯评论认为，里亚尔升值和其他政策惠及了传统的政治联盟——巴扎的商人、资产阶级和地主，他们反过来又提供了对执政者的社会支持。

巴列维关于汇率低估的博弈（1960—1978 年）

20 世纪 50 年代的经济繁荣在 10 年后戛然而止。[41]快速的经济增长转变为恶性的通货膨胀，进口繁荣转变为国际收支赤字、外汇储备流失。巴列维政府向美国和国际货币基金组织寻求帮助。美国和国际货币基金组织建议伊朗政府采取紧缩政策，包括提高利率、降低公共支出、限制进口。20 世纪 60 年代初期，伊朗经济陷入衰退。服务业（例如建筑业和国内贸易）受信贷限制和进口管制的影响较大。20 世纪 60 年代早期，伊朗制造业部门继续增长。

20 世纪 60 年代初的短暂衰退标志着巴列维政治联盟的一个重要转折，巴列维决定进行政治经济改革。他改变了伊朗统治阶层的精英结构，强迫几个世纪以来主宰伊朗政治的贵族退出政治舞台（Milani 2008）。1961 年 5 月，他解散了由保守派地主主导的议会（Abrahamian 1982），亲自挑选了一群"无灵魂的木偶"参加 1963 年的议会选举（Katouzian 1981）。巴列维还宣布了一个被称为"白色革命"（White Revolution）的改良主义计划，其核心是土地改革。这项改革被神职人员和其他土地所有者视为生存的威胁。这些政治体制变革为经济战略转型奠定了基础。巴列维早期与农业和服务业所结成的联盟彻底瓦解。他决定将伊朗转变成现代工业化的国家，并不切实际地提出了 1979 年赶上世界上最先进的工业化国家的目标。

巴列维的工业化梦醒之后，伊朗经济政策发生了根本转变。当时

伊朗第三个和第四个五年发展计划的时间为 1962—1967 年和 1968—1972 年，主要内容是通过税收减免和优惠信贷促进制造业企业发展。20 世纪 60 年代，伊朗政府的汇率政策几乎没有发生太大的变化，里亚尔对美元汇率维持在 76.5∶1 的水平。然而，实际汇率却在 1962—1970 年出现了贬值。[42]20 世纪 60 年代初期的经济衰退所引发的产能过剩压低了国内通货膨胀率。这一时期的汇率稳定与巴列维执政早期的汇率重估形成了鲜明对比。

1973 年开始的国际石油价格飙升对伊朗经济产生了深刻影响。石油收入增加使得第五个发展计划（1973—1978 年）的规模数倍于此前。1973—1975 年，政府支出和信贷供给快速增加。利率一直保持在极低的水平上，实际利率为负，结果是信贷需求过度。于是，政府开始直接干预信贷分配。信贷最终流向了巴列维家族及其亲友，以及巴列维政权的新盟友——制造业部门。农民和其他群体被排除在信贷市场之外。政府控制了信贷分配之后，将大量财富转移给了制造业部门。萨利希·伊斯法罕（Salehi-Isfahani 1989）认为，信贷补贴占制造业部门利润总额的 2/3。

石油价格上涨引发外汇资金大量涌入，对里亚尔带来了升值压力。为了阻止里亚尔升值，伊朗政府做出了很大努力。为此，外汇储备迅速累积，1974 年，伊朗外汇储备增加了 800%（World Bank 2010）。1975 年 2 月，伊朗放弃了钉住美元的汇率制度，转而实行钉住国际货币基金组织特别提款权的汇率制度（Bahmani-Oskooee 2005；Mazarei 1995）。但里亚尔对美元汇率的波动仍然保持在很小的幅度内，因为美元在特别提款权篮子中所占比重非常高。

通货膨胀率上升与较为稳定的里亚尔汇率结合在一起，造成伊朗

第五章　韩国、墨西哥和伊朗的制度结构与汇率政策

实际汇率升值。到巴列维执政的最后一年（1978年），里亚尔汇率不再高估（见图5.3）。相比之下，1978年绝大多数中东产油国的汇率严重高估。[43] 总的来说，从1960年至1978年伊朗政府一直维持着里亚尔汇率低估，反映了巴列维政权与制造业部门的联姻，以及对巴扎和地主阶层的冷淡。不过，令人震惊的是，伊朗的石油租金并未破坏制造业部门的发展（Nasr 2000）。

1960—1976年伊朗经济快速增长，被称为伊朗奇迹。毫无疑问，石油出口对经济增长的贡献率很高，但不是唯一原因。伊朗制造业部门和非石油国内生产总值的增长速度超过了国内生产总值的增长速度（Pesaran 1982）。这一时期伊朗国内出现了大量的新的钢铁厂、橡胶厂、化工厂和首家汽车制造企业（Mazaheri 2008）。伊朗经历了一场工业革命（Abrahamian 1982；Nasr 2000）。

不幸的是，制造业部门的成功并没有溢出到其他行业。巴扎陷入困境，农业进入困难时期。这两个部门被政府长期忽视了，它们无法像制造业企业一样获得低成本信贷。汇率低估给巴扎的进口商带来了困难，因为它提高了成本，降低了利润。总的来说，这一时期巴列维的金融政策是服务业部门的厄运。20世纪60年代，私人店主、教师以及牧师等群体都在谴责巴列维和他的经济金融政策。

1975年以后，巴扎对巴列维的不满演变成了仇恨。由于石油市场疲弱，1975年伊朗经济出现滞涨。但是，伊朗政府并未削减财政支出以抵御通货膨胀（1977年伊朗通货膨胀率高达27%），反而在1975年8月启动了"反竞争运动"（Anti-Profiteering Campaign），派遣视察队进入巴扎和商业企业，试图控制价格。违规者被处以严厉罚款。在两个星期的时间内，超过7750个巴扎商贩被逮捕。在这次运动中，

超过 250000 家企业被罚款或关闭，绝大多数是零售商和巴扎商贩。一年半之后，巴列维政府实施了另一项引发巴扎强烈反对的政策措施——提高税率、限制土地投机以及规定营业时间。巴扎加入了学生和其他群体的抗议活动。

1978 年 3 月，巴列维政权对其经济政策进行了一定的修正，他们推出了一个旨在降低通货膨胀率的稳定计划，但这一计划却造成了经济衰退。这对于吸纳了大量就业的建筑部门来说是一个沉重打击（Clawson and Rubin 2005；Looney 1982）。1978 年 7 月，建筑工人也加入到抗议活动中去。1978 年 9 月，石油工人也参加了抗议活动，然后是更多的群体（Moghadam 1996）。到 1978 年年底，由工人、巴扎、牧师等其他群体组成了联盟，联合反对巴列维政府。1979 年 1 月 16 日，巴列维逃离伊朗。当年年底，伊朗由君主制转变为伊斯兰共和国。

1960—1978 年间伊朗里亚尔的低估与条件偏好理论相悖。"条件偏好理论"认为，在没有强大的制造业部门的情况下，汇率低估是不可能的。"条件偏好理论"对伊朗制造业的汇率偏好的解释是正确的：政府控制劳动力和金融市场有助于制造业部门支持汇率低估。然而，巴列维政府却选择了只对弱势部门有利的汇率政策。

为什么巴列维低估汇率？支持制造业发展无疑是他采取有利于工业企业利益的金融政策的主要动因。另一方面，巴列维的做法并不是独一无二的。正如我们在第四章所看到的那样，从胡安·多明戈·庇隆到克里斯蒂娜·费尔南德斯·德·基什内尔，多位阿根廷领导人都具有类似的想法，但是却选择了汇率高估。后文中我们还将看到，1989—1997 年伊朗总统哈希米·拉夫桑贾尼（Hashemi Rafsanjani）拥有与巴列维相似的观点，即工业发展至关重要，却在其任期的大部

第五章　韩国、墨西哥和伊朗的制度结构与汇率政策

分时间里推动里亚尔汇率升值。在解释伊朗 1960—1978 年汇率政策时，很难忽视意识形态的作用，但是意识形态因素无法将此案例与上述选择汇率高估的案例区分开来。

巴列维与上述政治领导人有什么区别呢？与其说意识形态使他忽视了国内政治，不如说意念使他忽视了国内政治。巴列维对政治联盟建设几乎没有什么关注（Smith 2007）。有人认为，对国内政治缺乏关注是错误的（Frank 1984）。巴列维本人将此称为勇气，他写道："我想要一个现代化的国家，反对巴扎是实现现代化进程中不得不承担的政治和社会风险。"（引自 Keshavarizain，2007）马扎赫里（Mazaheri 2004）一针见血地指出，"一个更谨慎的领导人对巴扎的态度可能会更克制"。

巴列维的命运提供了一条重要的教训，即不要忽视强大利益集团的诉求。伊朗革命的原因是复杂，但巴列维不加掩饰的反商业的经济政策（包括汇率低估）最终引发了革命（Keshavarzian 2007；Loony 1981；Mazaheri 2006；Parsa 1995）。这一案例有助于解释为什么大多数统治者不愿意采取得罪强大利益集团的汇率政策。

伊斯兰共和国：变化中的连续性

伊朗革命彻底改变了其政治制度。[44]君主制被伊斯兰共和国取代，其治理结构是宗教机构与共和政治的综合体。根据 1979 年 12 月制定的宪法，国家最高领袖也是国内政治和宗教的最高领袖。最高领袖有权任命或批准包括总统在内的其他政治领导人。总统负责制定经济政策，当然也是汇率政策的制定者。议会负责立法，批准货币供应、年度预算和其他计划，它与宪法监督委员会（Guardian Council）共享这些权力。宪法监督委员会是由 12 位成员组成的宗教机构。伊朗定期举行

议会和总统选举。宪法监督委员会审查所有候选人的资格。

尽管伊朗的政治制度发生了重大变化，但是，本案例研究中所涉及的主要变量变化并不大，包括劳动力市场和金融市场以及制造业部门。伊朗政府加强了对金融市场的控制。1979年10月，政府将全国36家银行全部国有化，并将它们合并为9家国有银行。瓦利贝吉（Valibeigi 1992）的研究表明，银行国有化进一步强化了政府对金融部门的控制。[45]在本案例的考察时期内，国有银行主导了伊朗金融部门。[46]

伊朗政府也保持着对劳动力市场的控制。独立的劳工组织工人委员会，在革命前后维持了非常短暂的一段时间。很快，革命政府解散了所有工会组织（Ladjevardi 1985；Moghadam 1996；Rahnema 1992）。新的劳工法于1982年颁布，1990年正式实施，该劳工法禁止工人罢工，只允许成立受劳工部监督的伊斯兰工会组织（Moghadam 1996；Pfeifer 2006）。政府利用这些伊斯兰协会来监督企业，营造恐怖气氛，阻止工人运动（Bayat 1987）。新的劳工法并未改变伊朗劳动力市场的制度结构，伊朗仍然缺乏独立的劳工组织，更不允许工人自由结社和工资集体议价。

伊朗革命也未能实质性地改变制造业的权力资源。该部门的经济资源仍然有限。制造业部门仍然只占GDP的一小部分。例如，在1980年，制造业部门在GDP中的份额为7.7%，低于1975—2006年所有发展中国家。制造业部门的经济影响力与其他行业特别是服务业相比相形见绌。

在伊斯兰共和国中，制造业部门的组织资源仍然有限。工业家确实与一些高级政府官员特别是拉夫桑贾尼及其追随者保持着联系。但

第五章 韩国、墨西哥和伊朗的制度结构与汇率政策

是,伊朗的非贸易行业在这方面也超过了制造业。非贸易行业中的两个群体与最高政策决策者保持着密切关系。

第一个群体是巴扎的进口商人、工匠和零售商。他们是政府保守派的主要组成部分,也被称为传统的右派。这个阵营的领导人哈梅内伊是20世纪80年代的伊朗总统,自1989年以来一直是伊朗最高领导人(Buchta 2000;Moslem 2002;Rakel 2008)。

宗教基金会(bonyads)是非贸易行业内仅次于巴扎的群体。伊朗1979年宪法使这些宗教基金会成为独立的组织,只对最高领导人负责。虽然他们的官方目标是慈善和帮助穷人,但实际上他们是庞大的私人垄断者(Farzin 1995;Rakel,2008)。这些宗教基金会在各个行业都有经济利益,他们控制了35%的GDP和40%的非石油经济(Buchta 2000;Rakel 2008)。与伊朗整体经济相似,宗教基金会的主要利润来源是非贸易行业。例如,1985—1986年的年度报告显示,宗教基金会在德黑兰控制了68家工厂、17家农业公司、21家建筑业公司、75家商业公司以及6000多个物业(Buchta 2000)。宗教基金会具有强大的政治势力:许多宗教基金会由权威牧师领导(Buchta 2000),并在政府的左派阵营中拥有强大的影响力(Rakel 2008;Moslem 2002)。

尽管伊朗革命产生了重大而深远的影响,但它几乎没有改变伊朗制造业部门的权力资源,也没有改变政府对劳动力市场及金融市场的严格控制。与此相应,"条件偏好理论"将证明,虽然伊朗制造业企业偏好汇率低估,但是,制造业部门没有能力说服政策制定者实施他们青睐的汇率政策。后伊朗革命时代的分析包括两个不同的阶段:20世纪80年代,几乎所有的伊朗政府决策者都有强烈的愿望,要保护

服务业部门的利益；1989—1997年，伊朗政府实施了有利于制造业部门的政策。

制造业部门边缘化和汇率严重高估（1980—1988年）

20世纪80年代，伊朗政治权力的平衡严重偏向非贸易行业。整个20世纪80年代在政治上都处于主导地位的伊朗左翼阵营与伊朗革命的核心阶层组成了一个联盟。最高领袖阿亚图拉·霍梅尼（Ayatollah Khomeini）和总理米尔·侯赛因·穆萨维（Mir Hussein Mousavi）都是左翼领导人，他们的追随者控制了第一届议会（1980—1984年）中的120个席位，在第二届议会和第三届议会中控制了更多的席位。20世纪80年代总统哈梅内伊（Khamenei）领导的保守派是伊朗政治中的第二大势力，它代表巴扎的利益，在议会中大约控制了60个席位。

20世纪80年代，制造业部门在政府中有了一位重要代言人——议会发言人拉夫桑贾尼以及它领导的议会中的务实派。拉夫桑贾尼认为，东亚模式比较适合伊朗，伊朗应当向韩国学习，实施出口导向型的工业化政策。尽管制造业部门在政府中有诸多盟友，但是，与非贸易行业相比，制造业部门在政治上处于边缘位置。

1980年5月，伊朗迎来了汇率政策的第一次重大变化，政府将官方汇率从82.2里亚尔/特别提款权贬值到92.3里亚尔/特别提款权。20世纪80年代，官方汇率（适用于石油出口、大多数进口品和公共部门债务）保持在92.3里亚尔/特别提款权。与此同时，伊朗多重汇率制度中的汇率种类也大大增加了，最多时达到12种。例如，1991年年初有七种不同的汇率：固定的官方汇率、两种适用于非石油出口的汇率、三种适用于非必需品进口的汇率以及其他交易中使用的市场

第五章　韩国、墨西哥和伊朗的制度结构与汇率政策

汇率（Mazarei 1995）。

在 20 世纪 80 年代，这些汇率都被严重高估了（Hakimian and Karshenas 2000；Mazarei 1996；Moslem 2002；Pesaran 1992；Pesaran 2000；Saeidi 2001）。大规模的预算赤字持续了 10 年（Mazarei 1996），向诸如宗教基金会等半国有机构提供补贴成为财政失衡的重要原因。政府利用其对银行体系的控制为财政赤字融资（Mazarei 1996；Valibeigi 1992）。此外，政府还向建筑业提供低成本的信贷资金。建筑业贷款占总贷款的比重从 20 世纪 80 年代的 20% 增加到 21 世纪的 40% 以上。不过，工业和矿业的银行贷款份额从 50% 下降到 30%（Valibeigi 1992）。扩张性货币政策导致 20 世纪 80 年代通货膨胀率大幅上升至 20%。由于官方汇率钉住特别提款权，1979 年至 1989 年实际汇率迅速升值。20 世纪 80 年代末，里亚尔成为当时高估最严重的货币之一。图 5.3 显示，1989 年伊朗汇率高估了 153%。

一些社会群体反对汇率高估政策，但他们缺乏政策影响力。一些经济学家建议汇率贬值。在 1982 年政府的内部讨论中，伊朗计划和预算部也提议让里亚尔汇率贬值（Behdad 1988）。汇率高估损害了一些可贸易公司的利益，比如地毯、皮革、蜜枣的出口商。汇率高估也减少了制造业企业的出口。因此，汇率政策成为 20 世纪 80 年代出口商对政府不满的主要原因之一（Keshavarzian 2007）。地毯出口商"经常抱怨竞争不过印度和巴基斯坦的生产商"。尽管如此，在整个 20 世纪 80 年代，里亚尔汇率并未发生过重大贬值。

伊朗政府继续维持多重汇率制度和汇率高估政策，因为这能为巴扎商人和宗教基金会带来巨额利润（Amid and Hadjikhani 2005；

Lautenschlager 1986；Mazarei 1996；Saeidi 2001）。汇率高估是通过以下两种方式使这些群体获利的。一是汇率高估降低了进口商品的成本（Alizadeh 2002；Farzin 1995；Moslem 2002）。二是汇率高估造成对美元需求的增加，由此产生了美元配给。只有持有许可证的人才能以官方汇率兑换美元，从事进口活动。许可证只发放给那些与政府有密切联系的群体，他们从这一制度中获益：他们使用官方汇率以较低的价格进口商品，然后用极高的价格在黑市上出售（Farzin 1995；Lautenschlager 1986；Mazarei 1996；Moslem 2002；Pesaran 1992）。

20 世纪 80 年代，伊朗的经济政策主要"惠及社会中一小部分能够获得外汇的人"（Amid and Hadjikhani 2005）。这些受益者集中在非贸易部门。维护非贸易部门的利益是 20 世纪 80 年代里亚尔汇率严重高估的主要原因。

拉夫桑贾尼汇率低估政策的失败（1989—1997 年）

1989 年，伊朗的政治天平开始向制造业部门倾斜。1989 年 6 月，伊朗最高领袖阿亚图拉·霍梅尼的死亡削弱了左翼势力。专家委员会（the Assembly of Experts）选择了哈梅内伊取代霍梅尼作为最高领袖。拉夫桑贾尼轻易地赢得了 1989 年 7 月的总统选举。同年，伊朗修改宪法，取消总理职位，米尔·侯赛因·穆萨维因此而退出政坛。虽然拉夫桑贾尼是这一时期最有影响力的政策制定者（Moslem 2002），但是，他也受到了一些限制，因为拉夫桑贾尼领导的党派在议会中仅有 90 个席位，少于左派控制的 160 个席位（Baktiari 1996）。

拉夫桑贾尼总统对伊朗经济有着非常独特的看法。传统的右派支持自由市场经济，激进的左派希望将收入再分配给穷人。拉夫桑贾尼推崇政府干预经济，推动工业化发展。拉夫桑贾尼"渴望建立以现代

第五章　韩国、墨西哥和伊朗的制度结构与汇率政策

工业为基础的经济,并且融入世界"(Moslem 2002)。他认为,国有银行是实现这一目标的重要工具:"在这个计划中,银行在吸引外资和为小型工业项目融资方面发挥着至关重要的作用。"(Moslem 2002)。换句话说,拉夫桑贾尼试图效法朴正熙政府的出口促进政策。在朴正熙执政时期的韩国,20世纪90年代初期制造业部门可以获得实际利率为负的贷款(Pesaran 2000)。然而,当拉夫桑贾尼试图低估汇率时,他遇到了比朴正熙政府大得多的阻力。

在其任期的第一年,拉夫桑贾尼就修改了多重汇率制度,以提高制造业部门的国际竞争力。1991年1月,伊朗的汇率种类从七种减少到三种。大多数进口商品仍然实行严重高估的官方利率(70里亚尔对1美元);其他交易则适用温和高估的汇率,汇率范围从600里亚尔对1美元到1460里亚尔对1美元(Mazarei 1995;Farzin 1995)。由于这些变化,1989—1992年里亚尔的名义加权汇率贬值了110%。[47]

实际汇率贬值并不显著。虽然实行扩张性货币政策和财政政策,伊朗的通货膨胀率依然很高,平均达到21%。物价水平的上涨速度比拉夫桑贾尼第一个五年计划中的计划目标要快得多(Hakimian and Karshenas 2000;Pesaran 2000)。根据哈基米安和卡什纳斯的数据,实际有效汇率仅贬值了24%。此外,官方实际汇率继续大幅升值,1992年达到峰值。图5.3显示,官方实际汇率在1992年高估了222%。

1992年,国际石油价格暴跌,伊朗经济形势恶化。不利的外部冲击加上此前的贸易赤字造成了严重的外币短缺。对此,伊朗政府实行了进口管制,短期外债迅速增加(Hakimian and Karshenas 2000)。

1992 年，伊朗经济形势越来越严峻，政治局势却有所好转，左翼派别首次在议会选举中未获得多数，这使得拉夫桑贾尼获得了更多的政策决策空间。新的议会领袖阿里·阿克巴尔·纳提格·努里（Ali-Akbar Nateq-Nuri）代表商人集团的利益。

拉夫桑贾尼认为，当时是实施汇率低估政策的合适机会（Farzin 1995；Pesaran 2000）。在拉夫桑贾尼的第一个五年计划中，统一多重汇率的目标并未完全实现。伊朗政府多次与世界银行和国际货币基金组织协商，计划于 1994 年 3 月统一多重汇率。1993 年 3 月，拉夫桑贾尼试图提前统一多重汇率，比计划时间整整提早了一年。

1993 年 3 月 27 日，单一汇率固定在 1538 里亚尔对 1 美元，有效汇率贬值了 95.6%（Farzin 1995）。尽管贬值幅度如此之大，但是，许多分析师认为，伊朗里亚尔汇率仍然高估。汇率并轨后还存在市场分割现象，因为政府指定 38 亿美元的进口额在旧的官方汇率（70 里亚尔对 1 美元）下进行，其中大多数由宗教组织掌握——这是"对宗教基金会的让步，以便确保其对改革的支持"（Farzin 1995）。这种政治让步造成了巨大的准财政损失。为了进一步减少宗教组织对新汇率政策的反对，政府指示国有银行向宗教组织提供了更多的信贷支持。政府还利用财政政策来缓解由于汇率贬值所带来的企业成本上升，由此导致 1993 年的政府支出增加了 50% 以上（Hakimian and Karshenas 2000）。

1993 年 3 月的汇率改革似乎成功了。1993 年 4—9 月，里亚尔汇率在有管理的浮动汇率体制下继续保持稳定，官方汇率开始接近市场汇率。然而，1993 年 10 月，官方汇率再次与市场汇率出现分歧。1993 年 12 月，政府最终放弃了统一的汇率制度。在经济困难时期所

第五章 韩国、墨西哥和伊朗的制度结构与汇率政策

做出的汇率并轨和贬值的决定,以及为了安抚反对者而提供通货膨胀补贴,使得汇率政策失败在所难免。假如拉夫桑贾尼不是面对如此多的权势利益集团的反对,他可能选择汇率贬值政策。

1994年5月,伊朗重新建立了多重汇率制度,并且在拉夫桑贾尼任期内一直有效。此后,伊朗仍然实施扩张性货币政策,1994—1998年货币供应量年均增长近30%,平均通货膨胀率达到29%。根据佩萨兰(Pesaran)的报告,"造成货币过度扩张和通货膨胀高企的主要原因,是政府不愿意拒绝权势利益集团的信贷需求"(Pesaran 2000)。通货膨胀上升和名义汇率稳定,再次导致实际汇率大幅升值。1994年里亚尔实际汇率被严重低估50%,1997年里亚尔实际汇率又被严重高估22%(见图5.3)。

政治权力偏向制造业部门有助于解释为什么20世纪90年代里亚尔的高估程度较低(相对于20世纪80年代)。在拉夫桑贾尼执政期间,伊朗服务业部门所获得的政治经济优势,是里亚尔汇率高估而不是低估的主要原因。

小结

伊朗的情况与第二章中的假设一致,但存在一些重要例外。伊朗制造业部门薄弱,国家对劳动力市场和金融市场的控制力较强。"条件偏好理论"假设,制造业部门薄弱的国家往往会出现汇率高估。事实上,在案例分析的大部分时间内,里亚尔汇率都被高估了,而且在一些时期还被严重高估。然而,这一理论还不能解释,为什么伊朗政府在1960—1978年一直维持里亚尔汇率低估。

"条件偏好理论"的第二个假设,当政府控制了劳动力市场和金融市场时,制造业部门偏好汇率低估。这一假设也在伊朗案例中得到

证实。伊朗制造业（特别是地毯业）部门反对20世纪80年代的里亚尔汇率高估。维护制造业部门利益的政策决策者，比如穆罕默德·礼萨·巴列维和哈什米·拉夫桑贾尼都认为，里亚尔汇率低估是符合制造业部门利益的，为此，他们坚持汇率低估政策。伊朗还同时存在政府控制的劳动力市场和金融体系，以及制造业偏好汇率低估的条件。伊朗政府对劳动力市场和金融市场的控制有助于解释制造业部门的汇率低估偏好。比如，地毯生产等劳动密集型企业似乎没有理由反对汇率贬值。如果汇率贬值，由于伊朗不存在工会，工人就没有办法要求提高工资。拉夫桑贾尼的汇率低估政策与低成本的信贷政策结合在一起，为制造业（比如化工和金属制造）部门带来了巨大利益。

"条件偏好理论"的第三个假设：缺乏权力资源的制造业部门对于汇率政策的影响有限。在伊朗案例分析的大多数时间段内，这一假设都得到了支持。在20世纪50年代、80年代和90年代，伊朗制造业几乎没有政治影响力。强势服务业部门的偏好解释了为什么在这些时期出现了里亚尔汇率高估。

与我的理论推测相反，1960—1978年，伊朗制造业部门获得了有利的汇率政策和金融政策。这一时期的案例分析表明，资源并不意味着一切。即使是弱小的利益集团也会在某些时候得到他们偏好的汇率政策。这一案例还表明，追求不受权势利益集团支持的汇率政策是危险的。巴列维忽视了当时强势服务业部门的偏好，失去了支持他的政治基础，最终加速了他的垮台。如果伊朗的制造业部门在政治上更加强势的话，里亚尔汇率低估可能持续到20世纪70年代。伊朗的弱势制造业部门有助于解释为什么伊朗经常存在汇率高估，以及为什么里亚尔汇率的高估程度是如此之大。

第五章　韩国、墨西哥和伊朗的制度结构与汇率政策

总结

韩国、墨西哥和伊朗的案例研究为我们理解汇率政治提供了两个重要思路。第一个思路与利益集团偏好有关。本章的案例分析表明，具有相同特征的部门在不同的制度环境下可能拥有不同的汇率偏好。在决定制造业部门汇率偏好的诸多因素中，劳动力市场和金融市场的制度特征至关重要。在韩国和伊朗，由于政府控制了劳动力市场和金融市场，制造业部门倾向于汇率低估。相比之下，在墨西哥，政府对劳动力市场和金融市场的控制力较弱，制造业部门倾向于汇率高估。

第二个重要思路是，权势利益集团的偏好对汇率政策选择至关重要。在韩国和墨西哥，制造业部门控制了众多权力资源，为此，政府的政策决策者会努力将汇率维持在制造业部门偏好的水平上。相比之下，伊朗政府经常忽视本国弱势制造业部门的汇率偏好，他们通常更关心本国强势服务业的汇率偏好。本章的内容再次表明，权势利益集团偏好影响发展中国家的汇率政策选择。

第六章 结论

汇率低估具有强大的诱惑力,经济效益显而易见:促进经济增长,降低失业率,缓解金融危机风险。[1] 汇率低估还有助于提升一国的地缘政治地位:通过增加本国出口、减少贸易伙伴国出口的方式,积累财富并提升本国的竞争力。人们普遍认为,汇率低估能够帮助政府为权势利益集团谋取利益。传统观念认为,贸易部门会从汇率低估中受益(Frieden 1991a)——贸易部门的利益"在政策制定中被充分照顾",而且"他们比非贸易部门更具(汇率)政策影响力"(Henning 2006;Broz and Frieden 2001;Eichengreen 1996;Frieden 1997;Prasad 2014)。以上这些看法,似乎使汇率低估政策具有无法抗拒的诱惑力。但实际上,几乎没有任何一个发展中国家长期保持汇率低估,甚至多数发展中国家更愿意选择汇率高估。本书解释了这一反常现象背后的原因。

在多数情况下,汇率低估政治就是利益集团政治。与国家利益相比,汇率政策制定者更关心某个特殊利益集团的利益。政治经济学理论认为,可贸易部门通常对汇率政策具有更大影响力,这个观点是正确的。

第六章 结论

但是,有关汇率政策的政治理论却被错误的利益集团偏好模型所误导。利益集团对汇率低估政策的支持远远低于利益集团理论所认为的那种程度。特别是像制造业这样的可贸易部门,通常被认为是汇率低估政策的坚定支持者,而实际情况并非如此。汇率低估对制造业部门的影响是双向的,既有正面影响也有负面影响。因此,多数制造业企业会有条件地支持汇率低估。有时偏好汇率低估,有时偏好汇率高估。在多数发展中国家,汇率低估并不常见,主要原因是利益集团对汇率低估的支持受到了多种限制。

本书所提出的"条件偏好理论"认为,汇率是否低估在很大程度上取决于利益集团偏好及其政治影响力。该理论包含两大论据:一是制度结构影响制造业偏好。如果政府控制了劳动力市场和金融体系,制造业部门倾向于汇率低估。因为政府控制了劳动力市场和金融体系有助于将汇率低估的成本转嫁给银行和工人,从而强化汇率低估政策对制造业部门的吸引力。二是掌握权力资源的制造业部门,对汇率政策有着决定性的影响。如果制造业拥有的权力资源较少,他们对汇率政策的影响就会十分有限。因此,"条件偏好理论"认为,政府控制了劳动力市场和金融市场,并且具有强势制造业部门(制造业部门拥有权力资源)的国家,更可能选择汇率低估政策。

在本章中,我将回顾从第三至第五章所提到的经验证据。这些证据证实了以下论点:权势利益集团能够影响汇率政策的制定,但权势利益集团并不会坚定地支持汇率低估政策,他们对汇率低估的支持是有条件的,因此,在各国实践中,汇率低估政策很少见。在总结了这些论点之后,本书的结论部分将为经济学家和政策决策者提供政策建议。

本书基本结论

制度环境影响汇率偏好

在不同的制度环境中,同样的利益集团会有不同的汇率偏好。1974年,在韩国制造业部门支持汇率贬值时,墨西哥制造业部门却在反对汇率贬值。阿根廷工业联盟是制造业部门的代表,在不同时期,其对汇率政策的态度变化之大令人惊讶。除了前面提及的20世纪90年代反对汇率贬值政策之外,1970年、1980年和2010年阿根廷的工业联盟也坚决反对汇率贬值。但是,同样是这个组织,在1967年和2001—2005年却支持汇率贬值。

如何解释各国制造业部门对汇率政策的态度变化呢?在一定程度上,利益集团偏好取决于其内在属性,也就是它的"生产条件"(Lake 2009)。在第二章中,本书指出,当利益集团的产品主要用于出口,且其对进口原材料及债务的依赖度较低时,该利益集团便会支持汇率低估政策。不同利益集团的"生产条件"不同,可以解释为什么一些部门比另外一些部门更倾向于支持汇率低估。然而,仅仅关注部门自身的"生产条件"还是不足以解释巨大的国别差异。该理论的主要缺陷在于各国制造业部门的"生产条件"差别并不大。在本书所列举的四个案例中,制造业部门均生产可贸易产品,且都依靠银行信贷和原材料进口。因此,汇率低估对这些国家制造业部门的影响千差万别。尽管制造业企业的"生产条件"各不相同,但不同"生产条件"与不同的汇率偏好之间并不存在直接联系。例如阿根廷,无论是1973年还是1993年,制造业部门均支持汇率高估,尽管1993年对外债的依赖度很高。关注利益集团的"生产条件"是分析汇率偏好的起点,

第六章 结论

但它还不足以解释为什么制造业部门的汇率偏好会因国家和时间的不同而存在如此大的差异。

如需完整地解释汇率偏好，还应当关注利益集团所处的制度环境。换言之，企业偏好不仅取决于该企业自身的"生产条件"，还受限于所在国家的经济、政治和制度环境。本书研究发现，决定制造业部门汇率偏好的主要因素有三个：金融市场制度、劳动力市场制度和宏观经济环境。虽然这些不是决定制造业部门汇率偏好的全部变量，但却是最重要的三个变量。下面，本书将依次对这三个变量进行分析。

定量和定性证据都表明，一国的金融制度结构对利益集团的汇率偏好具有重大影响。第三章所提供的数据表明，在政府控制了金融体系的国家中，制造业部门往往偏好汇率低估政策。相比之下，在私人部门主导的金融体系下，大部分制造业企业反对汇率低估。

韩国的案例表明，政府控制金融体系会提高制造业企业对汇率低估的支持力度。韩国曾将法定存款准备金率提至超高水平，并要求国有银行以低于市场利率的价格购买政府债券，这一做法虽然给银行及其投资者造成损失，却能够使制造业企业在汇率低估的情况下获得低成本资金。

阿根廷和墨西哥正好相反。这两个国家对金融体系的控制能力有限，很难转嫁汇率低估给制造业部门所带来的成本。这有助于解释，为什么阿根廷和墨西哥的制造业企业都不支持汇率低估。

本书还发现，劳动力市场制度也会影响制造业部门的汇率偏好。统计分析表明，政府控制了劳动力市场，汇率低估对制造业部门有利。不过，计量模型显示，政府控制劳动力市场对制造业部门偏好的影响在统计上并不显著。

在案例研究中，我发现了劳动力市场可能影响汇率偏好的大量证据，比如墨西哥。在几轮货币贬值之后，墨西哥工会游说政府，最终提高了工人工资。这使汇率低估增大了制造业企业的运营成本，这是1976年和1982年墨西哥制造业企业强烈反对本币贬值的主要原因。在阿根廷，工会也具有强大的影响力，1975年，阿根廷货币贬值之后的情况与墨西哥非常类似。相反，在政府控制了劳动力市场的国家中，工会很难说服政策决策者在汇率贬值之后为工人增加工资。例如，1964年、1971年和1974年韩元贬值之后，工资水平并未上升。虽然劳动力市场制度可能不如金融市场制度那样重要，但是，一国的劳动力市场制度还是会对制造业企业的汇率偏好产生重要的影响。

制度结构有助于解释各国制造业部门汇率偏好的差异，但是，通常制度结构具有相对稳定性，制度因素无法解释汇率偏好的年度变化现象。通过案例研究，本书发现，宏观经济环境的变化可以解释汇率偏好的变化。21世纪初的阿根廷提供了一个很好的例证。当时，持续攀升的失业率降低了工资对汇率低估的敏感度。不同于1975年的比索汇率贬值，2002年比索贬值之后，工人的工资几乎没有增长。这增加了汇率低估对阿根廷制造业部门的吸引力，使其更加支持汇率低估政策。当宏观经济条件允许低成本信贷资金、低工资与汇率低估并存时，制造业企业往往支持汇率低估。相反，当汇率低估造成企业运营成本增加时，制造业部门就会反对汇率低估。

宏观经济环境会间接影响汇率偏好：经济危机可能使一些国家强化外汇市场干预。比如，2002年阿根廷的金融危机为政府取消企业外债提供了借口。20世纪80年代的墨西哥，来自债务危机的压力也为政府帮助企业缓释债务压力提供了可能。在这两个案例中，

第六章 结论

金融抑制政策使汇率低估变得可行。正是由于经济危机提供了更多的政策选项,才使得这些国家对汇率低估政策的支持率上升。

影响汇率偏好的环境因素还有很多。评估所有变量已超出了本书的研究范围。有意思的是,国家发展战略似乎对企业的汇率偏好并没有什么影响。一些学者认为,选择贸易保护主义的国家与实行进口替代战略的国家,由于面临的国际竞争相对较弱,制造业部门对汇率低估偏好也相对较弱(Crystal 1994; Friedenet al. 2001)。然而,无论是理论上还是实际上,贸易政策与汇率偏好之间的关系并不十分明确。正如阿尔伯特·赫希曼(Albert Hirschman,1968)所说,即使遵循进口替代战略,对于制造业企业而言,汇率高估也未必是他们想要的:"虽然汇率高估政策可以使他们以优惠的价格(本币计价)获取……那些不可缺少的工业原材料",但是,"汇率高估也阻碍了制造业企业的出口"。此外,尽管贸易自由化可能提升制造业部门的国际竞争力,但也有可能加大该国对进口投入品的依赖程度,从总体上看,其影响并不十分明确。阿根廷和墨西哥的案例还表明,进口替代战略对汇率偏好的影响较为有限。无论是在"新自由主义"时期还是在进口替代战略实施期间,这两国的制造业部门均偏好汇率高估。

问题的关键是,在一些情况下制造业部门偏好汇率低估,在另一些情况下制造业部门偏好汇率高估。在一国金融体系和劳动力市场中占主导地位的制度、政策和宏观环境,共同塑造了制造业部门的汇率偏好。

利益集团偏好决定汇率政策选择

权势利益集团偏好对政策决策者是否坚持汇率高估或低估政策影响重大。在第三章中,本书提供了权势利益集团影响汇率政策选择的统计证据。在政府控制了劳动力市场和金融体系的国家，制造业部门的权势与汇率低估正相关。数据资料显示，政策决策者倾向于实施与权势利益集团偏好相一致的汇率政策。

数据资料还表明，多数汇率政策决策者都非常重视权势利益集团偏好。20世纪50、80和90年代，伊朗政府为了取悦该国大型商业和服务业，一直实行汇率高估政策。由于强势制造业部门和工会反对汇率贬值，阿根廷和墨西哥的政策决策者一再高估本国货币。阿根廷制造业部门持续47年游说政府实施汇率低估，其间仅发生了一次短暂的汇率低估（2002—2005年）。在韩国，朴正熙政府之所以长期坚持汇率低估政策，是因为韩国大型工业集团能从这一政策中大获收益。

第四章和第五章提出的论据表明，在一定程度上，理念也可以影响汇率政策选择。人们普遍认为，制造业部门决定了一国的经济发展，这一观点对于汇率政策选择至关重要。政策决策者所持有的传统观念会使制造业部门更易于说服他们采纳其偏好的汇率政策。关于汇率低估要优于汇率高估的传统观念也会影响到汇率政策选择。例如，坚持认为汇率低估具有一定经济优势，是朴正熙和巴列维选择汇率低估政策的重要原因（虽然并不是最重要的）。

总的来说，"传统观念影响了发展中国家的汇率政策"这一观点值得商榷。对所有的传统观念进行系统分析并不现实。在这里，主要讨论与大量证据相左的两个流行观念，即政治经济学中的建构主义理论。

最常见的建构主义理论认为，政策决策者对汇率政策的观念和信念影响他们的政策选择（Helleiner 2005；McNamara 1998；Morrison

第六章 结论

2015；Moschella 2015；Odell 1982）。也就是说，如果政策决策者认为汇率低估对于本国经济增长有利，他们便会选择低估汇率的政策。但本书提供的证据表明，发展中国家的政策决策者很少会依据理想的汇率水平进行决策，甚至许多政策决策者采用了与最优政策截然不同的措施。1966年以来，阿根廷几乎所有的经济部长都认为，应该避免比索汇率高估，但是，他们中的大部分还是让比索持续高估。同样，20世纪90年代，伊朗总统拉夫桑贾尼希望模仿韩国的出口导向型产业政策，但他也未能成功使里亚尔汇率贬值。总的来说，政策决策者持有的传统汇率观念并不能解释本书中提及的发展中国家的汇率政策悖论。观念大体上是不变的（几乎所有政策决策者都知道汇率高估的弊端），因此，不能用观念差异来解释各国汇率政策的差异。这一理论也难以解释普遍存在的汇率高估现象。多数政策决策者的行动与观念之间存在着巨大的鸿沟，他们不希望本币汇率高估，却偏偏选择了汇率高估政策。

第二个常见的观点认为，政策决策者的宏观经济目标决定了汇率政策选择。比如，汇率低估可以增加就业，却也可能引发通货膨胀。因此，各国的汇率水平取决于政策决策者是优先考虑物价稳定还是充分就业（比如，Crystal 1994）。20世纪90年代的阿根廷就是这种情况：卡洛斯·梅内姆拒绝让高估的货币贬值，部分原因是担心再次出现恶性通货膨胀（Schamis 2003；Starr 1997）。然而，在本书所提及的大部分汇率高估案例中，抑制通货膨胀并非本币汇率高估的主要目的。恰恰相反，扩张性宏观政策通常会造成汇率高估。在路易斯·埃切维里亚、洛佩斯·波蒂略执政时期的墨西哥，胡安·卡洛斯·翁加尼亚、胡安·多明戈·庇隆、内斯托·基什内尔执政时期的阿根廷，以及哈梅内伊统治下的伊朗，均采取了扩张性宏观政策，导致通货膨胀率大幅上升，最终推动实际汇率升值。这些案例表明，保持汇率高估并非政策决策者秉持反通货膨胀理念的结果。

尽管无法排除其他观念因素影响汇率水平的可能性，但是现有证据表明，政策决策者所秉持的反通货膨胀理念对于汇率政策选择的影响要弱于本书所提到的三个因素，即劳动力市场制度、金融市场制度和宏观经济环境。因此，在发展中国家的汇率政策决定中，利益远比观念重要。

关于汇率低估的需求解释

在大部分发展中国家，权势利益集团偏好汇率高估，汇率低估较为罕见。历史上，经济学家强调非贸易部门的重要性，认为它们能使政府远离本币汇率低估（Frieden 1991a）。还有些经济学家强调消费者的作用，认为汇率高估可以提升他们的购买力（Bates 1981）。当然，银行、服务业和消费者也都反对汇率低估，这有助于解释发展中国家普遍存在的汇率高估现象。

我们要真正理解为什么汇率低估并不常见，首先需要理解制造业利益集团的汇率偏好。制造业部门并不支持汇率低估，是发展中国家很少出现汇率低估现象的重要原因。第一，制造业部门偏好对汇率政策具有较大影响力。第二，制造业部门并不偏好汇率低估。如果制造业部门像经济学家所想象的那样总是倾向于汇率低估，那么，应当有更多的发展中国家选择汇率低估政策。例如，在阿根廷和墨西哥，如果制造业部门不反对汇率低估，这些国家应当选择汇率低估政策。制造业部门不能始终如一地支持汇率低估政策是汇率低估在发展中国家较为罕见的重要原因。

第六章　结论

关于保护主义的政策分析

汇率低估是一种能使本国企业在国际市场上更具竞争优势的保护主义政策。汇率低估与关税壁垒等其他保护主义政策具有相似的经济效果（Broz and Frieden 2001）。但是，令人费解的是，保护主义几乎无所不在，但被称作"汇率保护主义"的汇率低估政策却较为罕见。我运用本书所提出的汇率政治经济学理论，帮助大家理解为什么一些保护主义工具比另外一些保护主义工具使用得更为广泛、更为持久。答案就是，是因为权势利益集团偏好这些工具。那些能增加企业利润且更有针对性的保护主义工具更受权势利益集团青睐，也得到了更为广泛、更为持久的应用。

保护主义政策普遍存在。尽管 20 世纪 80—90 年代出现了"自由贸易思潮"（Rodrik 1994），但是大多数发展中国家仍通过关税政策来保护本国工业。图 6.1 的上图显示了 2006 年发展中国家平均关税税率的分布情况。超一半以上的平均关税税率介于 0 和 10% 之间。还有相当一部分关税税率介于 10% 和 20% 之间。个别国家平均关税率在 20% 以上，最高为 30.2%。同年，仅有三个国家和地区（中国香港、利比亚和新加坡）的关税为零。到目前为止，还没有一个国家实行负关税政策。今天，几乎所有的发展中国家都采取了较为温和的贸易保护主义政策。

汇率政策与贸易政策截然不同。图 6.1 的下图显示了与上图中同一样本的发展中国家的汇率水平分布情况。正值表示汇率低估程度。本书调整了比例设定，使之能与关税数据具有可比性。比如，正值 20 表示汇率低估 20%，且与征收 20% 的关税效果相同。2006 年，中位数以及多数国家的低估值为负数,这意味着大多数发展中国家实施了"反保护主义"(即汇率高估)的汇率政策,[2]这大致相当于征收负关税的效果。需要强调的是,2006年没有一个国家征收负关税。这就产生了一个问题:同为贸易保护主义工具,为什么关税保护比汇率低估更为常见?

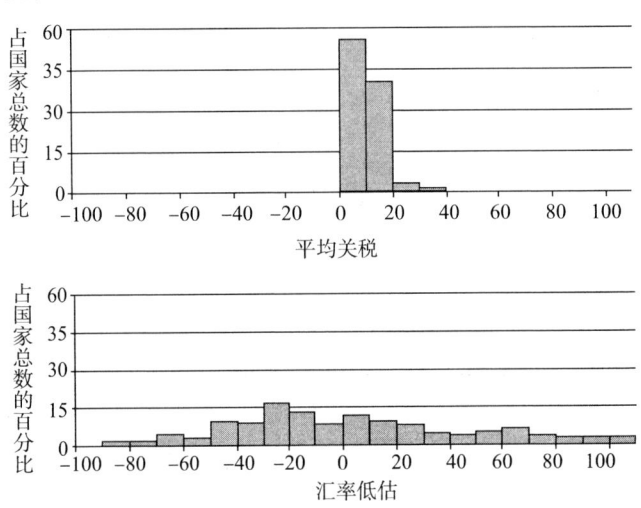

图6.1 2006年的贸易保护主义和汇率保护主义

注:平均关税率取自World Bank(2010)。汇率低估被定义为实际汇率高估的倒数乘以100。第三章详细介绍了汇率高估变量的计算方法。

戈瓦(Gowa 1988)提出了一种可能的解释:贸易政策与汇率政策具有不同的集体行动特征。他认为,利益集团之所以频繁游说政府,要求实行关税保护政策,是因为关税政策具有"排他性",也就是说不游说的行业无法得到关税保护政策的好处。按照戈瓦(Gowa 1988)的理论,利益集团不太可能为汇率低估而进行游说,因为"汇率贬值并非排他性工具,任何人都可以从中受益,无论他是否为此做

第六章 结论

出过贡献"。

用集体行动理论来解释关税保护比汇率低估更常见，与本书所提到的证据存在矛盾。[3] 集体行动的困难并没有妨碍利益集团要求汇率低估。[4] 集体行动理论还有一个更大的问题，即它无法解释利益集团为什么又时常反对汇率低估。阿根廷和墨西哥的制造业企业经常反对汇率低估，韩国也偶尔为之。很明显，要求贸易保护还是汇率保护的次数差异小于要求汇率升值还是汇率贬值的政策差异。集体行动理论似乎无法解释为什么关税保护比汇率低估更为常见。[5]

关税保护与汇率低估的主要区别在于它们影响企业利润的方式不同。对于进口企业而言，关税保护的净收益通常高于汇率低估的净收益。为了理解这一点，我可以举一个简单的例子——两项政策如何影响某家冰箱制造企业的利润：对冰箱进口征收25%的关税，与将本币贬值25%均能使该企业提高其产品的国内售价，且金额相同。这两种保护主义措施都能增加冰箱制造企业的销售收入。尽管两项政策对企业收入的影响相同，但对企业成本的影响却是不同的。汇率低估会增加企业成本。如果该企业使用进口铝作为制造冰箱的原材料，汇率贬值25%将使进口铝的成本也提高25%。如果该企业的贷款需要以外币偿还，贬值还将使这些债务的本币价格增长25%。相比之下，征收关税对该企业的投入成本或债务负担没有（直接）影响。[6] 关税保护与汇率低估对企业竞争力的影响相同，但是，汇率低估会使企业成本上升。如果需要在这两种保护主义工具之间做出选择，企业无疑倾向关税保护而非汇率低估。汇率保护给利益集团带来的收益不如贸易保护来得多、来得直接。

两种保护主义工具使用上的区别不在于利益集团游说而在于政

府意愿。关税保护可以选择性地实施，它不会显著增加企业成本。汇率低估是一种较为迟钝的工具，它可能增加所有企业的成本。有人将关税保护形容为"用餐叉针灸"，因为"不管你多么准确地插入，都会对其他部分造成伤害"（Deardorff and Stern 1987）。按照这种类比，汇率保护相当于"用铁叉针灸"，具有更大的不精确性，会对其本想施惠的人带来伤害。关税保护比汇率低估更为常见，是因为利益集团支持关税保护。关税政策作为更精准的保护主义工具更为利益集团偏好，也因此被更为广泛、更为持久地使用。

政治经济学中的利益与制度

国际政治经济学理论在解释汇率政策偏好时，存在两个相互对立的观点。其中，支持开放经济政治学的学者通常假设，行为者所处的国际经济环境或其"生产条件"决定其政策偏好（Lake 2009）。比如，杰弗里·弗里登（Jeffry Frieden 1991a）提出了部门理论。他认为，可贸易部门偏好汇率低估，非贸易部门偏好汇率高估，这一观点正是开放经济政治学在外汇市场的体现。相反，开放经济政治学的反对者认为，利益集团并不清楚对外经济政策是如何影响企业利润的，而且该利益集团在世界经济中所处的地位也无法决定其偏好（Abdelal，2010）。开放经济政治学的反对者声称，使用利益集团的方法无法解释汇率政策，因为汇率政策远比贸易政策和其他政策的影响更大、更复杂、更具不确定性（Helleiner 2005；McNamara 1998；Morrison 2015；Odell 1982）。本书认为，无论是开放经济政治学的支持者还是批评者，都还不能提供一个令人信服的经济政策偏好理论。

与开放经济政治学相一致，本书所提供的论据表明，制造业企业

第六章 结论

对汇率政策会有明确且易于理解的偏好。例如,伊朗的制造业企业支持汇率低估的态度很明确。同样,阿根廷和墨西哥的制造业企业也能认识到,本币贬值会增加企业债务负担和投入品成本,并会因此降低企业利润。即使汇率政策的分配效应不像贸易政策那么明显,政策偏好与行为主体利益还是高度相关的。行为主体的"生产条件"无疑会影响其政策偏好。

另一方面,还不能仅从行为主体的"生产条件"来解释其政策偏好。具有相似特征的制造业企业,其汇率偏好有时并不一致。在一些情况下,可贸易制造业企业偏好汇率低估,在另一些情况下,偏好汇率高估。这些证据显然都不能支持开放经济政治学理论的核心假设:制造业企业的利益在很大程度上取决于其"生产条件"的变化或其在国际分工中的位置(Lake 2009)。

建构主义是开放经济政治学的主要学派,他们强调偏好的非物质性,例如意识形态的影响,这也是值得商榷的。建构主义认为,"相似的人"通常会做出"完全不同的选择"(Abdelal et al. 2010),实际情况确实如此。然而,这并不代表建构主义的"纯粹的唯物主义观点并不足信,甚至从来都站不住脚"(Abdelal et al. 2010)的结论是正确的。对于建构主义而言,抛弃唯物主义就相当于把婴儿和洗澡水一同倒掉。

更好的解决办法应该是为开放经济政治学这个营养不良的婴儿提供更多的营养。本书提出了第三种偏好解释方法。该方法与开放经济政治学一样关注物质力量,同时更强调环境因素的影响。由于政策会通过多种渠道影响行为主体的收入,人们是否支持此项政策,会因环境不同而不同。本书证明,宏观经济条件和制度结构等环境因素有助于解释为什么在一些情况下制造业企业倾向于汇率低估，而在另一些情况下倾向于汇率高估。综合考虑影响偏好的环境因素，有助于理解不同利益集团的不同偏好。要准确理解某一利益集团的偏好，既需要了解这个行为主体的"生产条件"，也需要关注其所处的政治、经济和制度环境。

"条件偏好理论"认为，制度因素在政治经济学中的意义非常重大。很少有社会学家会质疑制度的重要性，然而，经济学家却很难理解制度因素的传导途径。传统观点认为，制度很重要，因为它决定了政策决策者对某一利益集团偏好的重视程度（Milner 1998；Moravcsik 1997；Lake 2009；Rogowski 1999）。本书认为，制度的作用不仅如此，制度结构还决定了利益集团的偏好。劳动力市场和金融制度会通过影响利益集团偏好来影响汇率政策选择。这一发现与历史制度主义的前期研究相类似，即国内制度因素影响政策偏好。[7] 显然，制度影响偏好并非本书首创。兰德尔·亨宁（C.Randall Henning 1994）在分析发达工业化国家的汇率政策时表示，金融制度结构会影响金融部门的汇率偏好。我再次强调这些，是因为它们没有得到足够重视。持续关注制度影响偏好的传导机制，可以增进我们对这个世界的认知。

政策建议

未来我们将如何改进汇率政策呢？这是一项重大而艰巨的任务。向政府官员解释汇率高估的弊端是毫无意义的，因为经济学家已经这么做了几十年。关于汇率高估的危害，发展中国家的政策决策者已知道的太多太多了。他们亲眼目睹了汇率高估的各种负面影

第六章 结论

响——本国企业竞争力下降、失业率上升,以及金融危机频发。发展中国家的政策决策者同样清楚,实行汇率高估政策是不明智的。

事实证明,关注制度因素更为有效。本书证明了制度因素对汇率政策具有非常重要的影响。如果一个国家的制度安排能够使政府控制劳动力市场和金融体系,这个国家会更倾向于汇率低估政策,反对汇率高估。国际社会要想使发展中国家的汇率政策更加有效,应鼓励他们进行制度改革。

如果西方政府和国际组织真的愿意帮助发展中国家完善其汇率政策,就不应该支持发展中国家的国有银行私有化,也不应当过分强调劳动者权利,相反,应当帮助发展中国家的政府增强对这些领域的控制力。政府控制了劳动力市场和金融体系就降低了汇率高估政策出台的可能性。当然,政府控制金融市场,限制劳工权利,对于政治、社会和经济是有很多负面影响的。其中的利弊权衡还应由发展中国家自己来做出判断。

需要强调的是,那些强化了政府对劳动力市场和金融体系的控制的制度结构,并不一定会带来好的汇率政策。只有在特定条件下,即制造业部门足够强大,这一制度才有可能带来汇率低估的好处,才能促进出口导向型经济的发展。政府控制劳动力市场和金融体系使韩国成功实现了汇率低估和经济增长(参见 Amsden 1989;Ecans 995;Haggard 1990;Johnson 1987;Wade 1990;Wu 1991)。然而,在阿根廷、喀麦隆、伊朗和坦桑尼亚等国家,相似的制度安排带来的却是汇率高估和经济停滞。相同的制度设计可以帮助一些国家选择有益的汇率政策,但却可能无益于另外一些国家。国际社会应当给予那些希望提升国家控制力的制度结构以更大的容忍度,制度改革必须适合该国的政治经济环境。

　　发展中国家的政策决策者应当避免实施以往那些已经被实践证明是错误的汇率政策。这样，在国际社会的帮助下，才有可能取得成功。密切关注经济政策制定的政治基础是通向成功的途径。

附录　作者采访

第四章引用的采访

编号	日期	姓名	职务
A1	2007-8-1	里卡多·阿里亚祖（Ricardo Arriazu）	中央银行顾问（1975—1981年）
A2	2007-8-6	凯瑟琳·斯穆洛维茨（Catalina Smulovitz）	托尔夸托·迪特利亚大学教授
A3	2007-8-7	亚历杭德罗·邦法奇（Alejandro Bonvecchi）	财政部顾问（2000—2001年）
A4	2007-8-7	丹尼尔·海曼（Daniel Heymann）	联合国欧洲经济委员会拉丁美洲和加勒比经济学家
A5	2007-8-7	安德烈斯·洛佩斯（Andrés López）	转型研究中心经理
A6	2007-8-8	豪尔赫·鲍尔德里奇（Jorge Baldrich）	经济政策部副部长（1994—1996年）
A7	2007-8-9	巴勃罗·奎多蒂（Pablo Guidotti）	中央银行行长（1994—1996年）；经济部副部长和财政部长（1996—1999年）
A8	2007-8-10	何塞·玛丽亚·法内利（José Maria fanelli）	国家与社会研究中心高级研究院
A9	2007-8-13	米格尔·基格尔（Miguel Kiguel）	财政部副部长和经济部长首席顾问（1996—1999年）

（续表）

编号	日期	姓名	职务
A10	2007-8-14	塞巴斯蒂安·卡茨（Sebastián Katz）	经济计划部副部长（2004—2006年）；中央银行经济研究副主任
A11	2007-8-15	卢卡斯·利亚赫（Lucas Llach）	托尔夸托·迪特利亚大学经济学家
A12	2007-8-16	佩德罗·艾罗斯格（Pedro Elosegui）	中央银行经济研究副主任
A13	2008-9-16	匿名	汽车出口协会
A14	2008-9-16	匿名	牙科产品制造商
A15	2008-9-18	豪尔赫·阿维拉（Jorge Avila）	财政部分析师（1977—1980年）
A16	2008-9-18	达米安·威尔逊（Damian Wilson）	阿根廷银行协会经济学家
A17	2008-9-19	玛尔塔·诺维克（Marta Novick）	劳动部主管技术规划和劳动研究的副部长
A18	2008-9-24	匿名	中央银行高级分析师
A19	2008-9-24	匿名	中央银行高级分析师
A20	2008-9-25	亚历杭德罗·邦法奇	财政部顾问（2000—2001年）
A21	2008-9-26	丹尼尔·科斯特（Daniel Kostzer）	联合国阿根廷发展经济学家
A22	2008-9-26	卢卡斯·利亚赫	托尔夸托·迪特利亚大学经济学家
A23	2008-10-1	塞巴斯蒂安·卡茨	经济计划部副部长（2004—2006年）；中央银行经济研究副主任
A24	2008-10-8	匿名	房地产部门
A25	2008-10-10	埃塞基耶尔·德·弗雷霍（Ezequiel de Freijo）	阿根廷农村社会经济学家
A26	2008-10-10	艾丽西亚·乌瑞卡里耶（Alicia Urricariet）	阿根廷农村经济研究所顾问
A27	2008-10-11	塞吉奥·沃野奇森（Sergio Woyecheszen）	阿根廷工会经济学家

附录　作者采访

（续表）

编号	日期	姓名	职务
A28	2008-10-15	罗伯特·弗伦克尔（Roberto Frankel）	经济部首席顾问（1985—1989年）；国家与社会研究中心高级研究员
A29	2008-10-17	费尔南多·格拉索（Fernando Grasso）	阿根廷冶金工业协会首席经济学家
A30	2008-10-17	马里亚纳·埃雷迪亚（Mariana Heredia）	社会研究院研究员
A31	2008-10-21	匿名	商会研究员
A32	2008-10-23	阿尔贝特·罗德里格斯（Alberto Rodriguez）	阿根廷粮食出口中心执行董事
A33	2008-10-28	安东尼奥·比森佐蒂（Antonio Vicenzotti）	经济部对外经济政策部主任
A34	2008-12-22（电子邮件）	胡安·何塞·利亚赫（Juan José Llach）	经济政策秘书（1991—1996年）；教育部（1999—2000年）

注：所有采访都在布宜诺斯艾利斯，受访者职务为时任职务。

注 释

第一章 引言

1. 罗德里克（Rodrik 2010）以及埃雷里亚斯和乌瑞思（Herrerias and Urts 2011）讨论了汇率低估政策对中国经济增长的重要贡献。
2. 弗兰克尔和泰勒（Frenkel and Taylor 2007）、爱德华兹（Edwrads 1989）、赫伊津哈（Huizinga 1997）以及托达罗和史密斯（Todaro and Smith 2003）进行了类似的描述。
3. 尽管该方法有局限性，但对于比较整个时间段内各国汇率高估或汇率低估的程度仍然很有价值，也是本书分析数据的主要方法。
4. 不同寻常的是，自2003年以来，国际货币基金组织（IMF）不断鼓励人民币升值。
5. 参见贝罗、比亚维森西奥和米尼翁（Bereau, Villavicencio and Mignon 2012）、伯格和苗（Berg and Miao 2010），科塔尼、卡瓦略和卡恩（Cottani, Cavallo and Khan 1990），多拉尔（Dollar 1992），伊斯特利（Easterly 2001），列维·耶雅迪、施图尔辛格和格卢兹曼（Levy-Yeyati,Sturzenegger and Gluzmann 2013），格卢兹曼、列维·耶雅迪和斯图尔森埃格（Gluzmann, Levy-Yeyati and Sturzenegger 2012），姆巴耶（Mbaye 2013），拉辛和柯林斯（Razin and Collins 1999）以及罗德里克（Rodrik 2008）。尽管这些研究通常都使用了连续测度的高估或低估数据，但贝罗等、伯格和苗、姆巴耶、拉辛和科林斯以及罗德里克均发现了非线性结论：市场化汇率或汇率高估减缓经济增长，而汇率低估促进经济增长。
6. 黑莱纳（Helleiner 2005）、麦克纳马拉（McNamara 1998）、莫里森（Morrison 2015）、莫斯凯拉（Moschella 2015）和奥德尔（Odell 1982）沿此思路，提出了一些解释汇率政策的理论。其他领域也有按此逻辑论证的，例如福利国家（Blyth 2002）、资本管制（Chwieroth 2007）以及贸易政策（Morrison 2012）等。对金融

注 释

政策的相关研究主要集中在另外一些观念性的要素上,例如社会风俗（Nelson and Katzenstein 2014）、民族认同（Helleiner 2003）以及对合法性的理解（Kirshner 2003）。然而,后面这几种变量并没有引起学术界的关注。我关注最常见的研究方法的同时,也认为其他观念性要素可能会影响汇率政策。

7. 通常情况下,保护主义利益集团的政治优势,被解释为无处不在的贸易保护主义政策（例如 Schattschneider 1935；Ehrlich 2007）。
8. 弗里登（Frieden 1991a）的开创性理论强有力地证明了非贸易行业（例如服务业和银行业）反对汇率低估。其他一些学者认为劳动者反对是因为汇率低估会降低他们的实际工资（Cooper 1971；Dornbusch and Edwards 1991）。
9. 黑莱纳（Helleiner 2005）认为,"私人部门偏好的汇率框架具有非常特定的背景,因此并不能轻易地从那些常被使用的各种类型的'理性的'演绎模型中推导出来"。同样,麦克纳马拉（McNamara 1998）的研究对利益导向方法的有效性提出了质疑,他认为这些理论"在不同的货币框架和行为人偏好的环境下,无法解决微观经济成本的高度不确定性。"
10. 第二章将解释为什么尽管理论上农业也是贸易部门,但在实践中并不总是贸易部门。
11. 本书延续了考克斯和雅各布森（Cox and Jacobson 1973）的观点,坚持对权力和影响力做了明确的区分：前者是指行为人的内在属性,后者是指利益集团对政策成效的控制力。
12. 亨宁（Henning 1994）以及法雷尔和纽曼（Farrell and Newman 2010）是国际政治经济学家中少见的认识到这一点的人。想了解进一步讨论偏好的历史制度主义理论,可以参见费奥雷托斯（Fioretos 2011）、史坦莫（Steinmo 1989）、西伦（Thelen 1999）,以及西伦和史坦莫（Thelen and Steinmo 1992）。
13. 高度工业化的经济体包括澳大利亚、加拿大、日本、新西兰、美国,以及西欧18国。
14. 根据辛格拉内利和理查兹（Cingranelli and Richards 2010）的数据,2006年,发达国家都未严重限制劳动者权利。而根据米科、帕尼萨和亚涅斯（Micco, Panizza and Yanez 2007）的数据集,2002年,发达经济体银行体系中国有资产占比均未超过26%。
15. 我搜集了2007年8月和2008年9—11月阿根廷的数据,以及2008年7—8月和2009年3—4月中国的数据。在那段时间里,我还做了一些精英访谈,并搜集了一些原始文献。
16. 本书比较关注制造业强势但由私人控制体系的那两个案例（阿根廷和墨西哥）,以及相反的组合（伊朗）。因为前一种类型在理论上很重要。多数理论预计实业家在这一条件下会支持汇率低估。条件偏好理论则预计此种类型的国家会高估他们的汇率,因为实业家很有可能在此背景下反对汇率低估。在本书中,我的理论对相反组合的缩影——伊朗做出的分析较少。

17. 亨赛、马奥尼和戈茨（Hence，Mahoney and Goertz 2004）称之为"不相干的案例"。
18. 决定每个国家紧要关头的开始和结束日期，主要是依据科利尔（Collier）经典的历史比较法，以及科利尔（1991）的统计数据。
19. 说得再清楚点，没有哪个国家是完全契合我的理论的。每个案例都至少包含一个汇率结果与我的理论预期是相偏离的短暂时期。这些偏离期的存在，对于探究其他因素的作用是非常有价值的，也有助于理清我的理论的一些潜在限制和条件范围。
20. 利伯曼（Lieberman 2005，444）在综合运用两种方法方面有一篇颇具影响力的文章。该文认为，在找到可以支持假设前提的数量型证据后，"学者们应该仅仅选择那些最佳拟合统计模型可以得出准确预测结论的案例，以便进一步调查研究……在此情况下，小样本分析（SNA）可以查验那些伪相关，并通过细化因果机制来调整理论论据……主要目标是评估特殊模型的优势。因此，研究那些模型解释力较差的案例，意义不大"。
21. 贝内特（Bennett 2008）和埃克斯坦（Echstein 1975）认为，从最"困难"或者"可能性最小"的案例中得出的概括性结论是最好的。案例研究方法越不同（研究人员验证的案例具有相似的解释变量，但其他方面非常不同），"产生的概括性结论的基础就越强大"（Seawright and Gerring 2008）。
22. 奥唐奈和理查德森（O'Donnell and Richardson 2009）认为对食品出口的依赖是阿根廷汇率高估的原因。

第二章　汇率低估的"条件偏好理论"

1. 有充分的证据证明汇率能够长时间偏离真实水平（参见 Rogoff 1996；Taylor and Taylor 2004）。
2. 只要价格上涨速度低于货币贬值速度，名义汇率贬值将会导致实际汇率贬值，这与案例经验吻合（Campa and Goldberg 2005；Choudhri and Hakura 2006）。
3. 尽管从 20 世纪 70 年代就出现了弹性汇率政策，但是绝大多数发展中国家会干预外汇市场。截至 2006 年，只有 4 个发展中国家（刚果民主共和国、南非、土耳其、赞比亚）实行浮动汇率制度，其他 140 多个发展中国家都对外汇市场进行干预（Ilzetzki，Reinhardt and Rogoff 2008）。
4. 政府抛售债券的行为回笼了流通中的货币，这减小了通货膨胀压力。当资本流动性不足时，冲销式外汇干预是有效的。这几乎对于所有发展中国家都是有效的假设（Frankel 1997；Reinhardt and Reinhardt 1998）。
5. 自 20 世纪 80 年代以来，许多发展中国家已放松国际资本流动管制，但是根据凯驰

注 释

和斯坦伯格(Karcher and Steinberg 2013)提供的资料,大部分(153 个中的 111 个)发展中国家在 2006 年仍对资本进行管制。

6. 需要澄清的是,笔者并不是说政府官员能够精准控制汇率水平。例如,他们不能精准地将汇率低估 20%。但是他们能控制汇率是高估或低估。
7. 发展中国家的政客们,而不是中央银行家们,是汇率政策的决策群体。即便是"独立"的中央银行通常也没有制定货币政策目标的权力,仅有独立操作政策杠杆实现目标的权力。政府领袖和其他官员负责决定汇率低估是否作为主要目标。
8. 这种间接的影响通常称作"结构性权力",本书中简称为"权力",指利益集团拥有的资源。
9. 本书中采用考克斯和雅各布森(Cox and Jacobson 1973)的概念区分权力与影响力。
10. 科皮(Korpi 1985)维护了"权力资源"研究方式。
11. 鲍姆加特纳等(Baumgartner et al. 2009,ch.11)、吉伦斯和佩奇(Gilens and Page 2014)、韦茅斯(Weymouth 2012)提供了关于经济资源能够增加政治影响力的令人信服的证据。
12. 此类非物质资源与奈(Nye 2004)所称的软实力资源概念相似。
13. 根据贝茨(Bates 1981)的研究,大部分非洲国家制造业公司数量少于 1,000,大部分制造业下游公司数量少于 10。相比之下,像坦桑尼亚、肯尼亚等国拥有农民的数量超过百万。非农部门的生产者影响力较小的原因是,这些企业都是国有,并且其存在都服务于政治、社会目的,而非利益最大化的经济目的(Radetzki 2008)。
14. 如在世界银行企业调查(2002—2006)中,发展中国家制造业的中位数公司拥有 30 个长期员工(样本量为 43650),服务和建筑公司的数据为 12(样本量为 22488)。
15. 其他学者,如黑莱纳(Helleiner 2005)、亨宁(Henning 1994)、麦克纳马拉(McNamara 1998)和沃尔特(Walter 2008),认为某些利益集团具有明确的汇率偏好。
16. 此处所使用"偏好"这一术语指参与者的政治偏好或是弗里登(Frieden 1999)所称"偏好先于结果"。本书所说的"偏好视情况而论"是指真实汇率的理想状态随情况随时变化。理论假设参与者"原始偏好"是不变的,如渴望更高的收入。
17. 产品的差异性是影响汇率低估的第三个变量(Broz and Frieden 2001)。然而与上述两个变量相比,产品差异性并不能决定汇率低估是否有利,只能决定有利的程度。加入此概念可以支持这一结论,即很少有群体受益于汇率低估。之前的研究以进口竞争或出口导向来划分可贸易企业(Frieden 1991a)。本书中忽略这种区分。正如弗里登(Frieden 1991a)所指出的,出口导向企业应该偏好稳定的汇率,而不是低估的汇率;同时为进口竞争和出口导向的企业在汇率低估下更有竞争优势。
18. 不过,汇率低估也会带给工人一些好处,一个重要的好处就是可以增加就业总量。然而,这往往体现在长期,即企业使用劳动替代国外资本之后(Frankel and Ros

2006）。这一政策效应太过间接，也需要太长时间才能显现。

19. 与此相一致，福布斯（Forbes 2002）研究发现，汇率低估对初级产品企业的长期利润的效应并不是一贯不变的。这一效应取决于企业的资本密集程度以及汇率低估推高利率的程度。

20. 然而，对制造业企业而言这种收益可能很小，因为一些制成品（如电子产品）存在质量差别，这意味着产品的质量会影响其价格。因为差异化商品对汇率水平不敏感，所以生产差异化商品的制造业企业从汇率低估中得到的利益相对较少（Broz and Frieden 2001；Helleiner 2005；Kinderman 2008）。外国所有权是另外一个可能降低制造业汇率水平敏感性的因素（Frieden 1994；Kinderman 2008）。由于跨国公司在多个经济体中经营，所以他们可能不太关心单个国家的汇率水平。尽管近年来跨国公司业务有所增长，但是外资控股的制造业企业占比不超过10%（Enterprise Survey，2002—2006）。外资企业的政治影响力也较弱（Herbst 2002）。

21. 纽梅耶和德索伊萨（Neumayer and de Soysa 2006），格林希尔、莫斯利和普拉卡什（Greenhill, Mosley and Prakash 2009）以及莫斯利（Mosley 2010）研究了这些因素如何影响劳动力制度。伯默尔、纳什和内特（Boehmer, Nash and Netter 2005），哈格德和马克斯菲尔德（Haggard and Maxfield 1996）以及艾普斯坦（Epstein 2008）表明，这些变量有助于金融改革。

22. 有一些学者已经认识到了金融结构对汇率政策的重要性。亨宁（Henning 1994）表明，在先进工业化国家，以银行为主的金融体系比以资本市场为主的金融体系更加支持汇率低估。也有学者发现金融抑制与汇率低估之间存在联系（Henning and Katada 2014；Lardy 2012），但两者之间的因果关系尚未被深入考察。

23. 在私人金融体系中，政府能够通过利率政策影响企业的借款成本。然而，与政府控制金融体系不同，在私人金融体系中政府无法决定哪些特定公司或部门可以获得贷款以及贷款的条件。

24. 需要明确的是，我并不是说国有银行总是倾向于向制造业提供贷款。在制造业权势较弱时，这是不太可能的。我在这里的论点是，当政策制定者低估汇率时，他们可能向制造业提供廉价贷款以获得其对汇率低估的支持。

25. 个人劳动法律主要涉及劳动环境、最低工资、禁止雇用童工，也是非常重要的，但它是另外一个独立的问题。

26. 例如，截至2011年年底，共有150个国家批准了国际劳工组织（International Labour Organization）"关于结社自由的第87号公约（Convention 87 on Freedom of Association）"（ILOLEX database）。

27. 此外，劳动力市场和金融市场的结构对国家利用保护主义贸易政策几乎没有影响。贸易保护主义政策是帮助企业应对与汇率高估有关问题的常用工具。

28. 第三章也解释了为什么在跨国数据中发现的模式表明，这种偏好聚合解释最多是

注　释

不完整的。
29. 为便于说明，表 2.4 将劳动力和金融市场的制度结构两个变量合并成一个维度。

第三章　各国汇率政策及其偏好

1. 虽然这两个制度结构是正向关联的，但是很多情况下并不一致。政府控制劳动力市场而不控制金融市场的情形有不少，例如皮诺切特（Pinochet）统治时期的智利和李光耀（Lee Kuan Yew）统治时期的新加坡。政府控制金融市场而不控制劳动力市场的情形要更普遍一些，例如印度和土耳其。
2. 本书选用了最常用的均衡有效汇率的概念和测量方法，相关的还有很多。例如，阿赛莫格卢等（Acemoglu et al. 2003），多拉尔（Dollar 1992），伊斯特利（Easterly 2001），以及约翰逊、奥斯特里和萨勃拉曼尼亚（Johnson, Ostry and Subramanian 2006)正是用了相似的方法估算实际均衡汇率。这个基于 PPP 的测量方法非常有效，因为它为长期实际均衡汇率提供了一个简单的基准。
3. 罗德里克（Rodrik 2008）用实际汇率减去均衡汇率来计算汇率低估，我将它颠倒过来是因为这样更为直观。
4. 辛格纳利和理查德(Cingranelli and Richard 2010)数据集相比莱纳·莫斯利(Layna Mosley）数据集有两个优势。首先，尽管莱纳·莫斯利数据集更准确、更精细，但是辛格纳利和理查德数据集时间跨度更长（莱纳·莫斯利数据集时间跨度为 18 年，而辛格纳利和理查德数据集为 26 年)；其次，莱纳·莫斯利数据集基于戴维·库切拉（David Kucera 2002）的研究，该方法无法区分遵守自由结社和工资集体议价谈判（FACB）的国家和不遵守此项协定的国家（Teitelbaum 2010）。
5. 根据莫斯利（Mosley 2010）的观点，我将样本国家归为两类。
6. 十个解释变量可参见附录中的表 3.7。附录同时还提供了有关统计模型参数方面的更多细节。
7. 95% 的置信区间下，斜率分布在 –0.006 和 –0.019 之间。
8. 95% 的置信区间下，斜率分布在 –0.001 和 –0.01 之间。
9. 不幸的是,仅能获得 1995 年的数据。出于这个原因,无法用之前的分析方法进行研究。在对一国前十大银行进行估计的基础上，拉斐尔·拉波塔等（Rafael La Porta et al. 2002）认为，就他们的样本国而言，几乎所有国家的前十大银行的市场份额占比都大于 75%。
10. 我在布罗兹等（Broz et al 2008）使用的变量的基础上，引入了汇率制度变量。第三章末尾的附录表明，当控制一国是否经历 1999 年货币危机时，结论相似。
11. 预测概率由 CLARIFY 软件计算得出（Tomz, Wittenberg and King 2003）。

12. 图3.3中左图曲线斜率统计上不为零。右图中的曲线斜率正好相反。两个斜率的不同在统计上是显著的。
13. 将1999年发生货币危机的国家排除之后，这些国家情况非常类似。
14. 与理论预期相反，在政府控制了劳动力市场的情况下，影响偏强，但斜率在统计上差别不大。
15. 如果仅是单纯地加总机构偏好，则另一个貌似合理的假设为：当私人控制体系与规模较小的制造业同时存在时，汇率将被大大高估；汇率高估支持者青睐影响力平衡的情况。这甚至不利于上述假设。图3.1和图3.2展示了相反却更为贴近真相的事实：当制造业规模较小时，私人劳动力及金融体系与进一步的汇率低估相联系。

第四章　汇率高估的政治吸引力：制造业利益集团和阿根廷比索高估

1. 虽然在一些时期，政府赋予中央银行正式的独立性，但是这种独立性通常经不起实践检验（Galiani, Heymann and Tomasi 2003）。
2. 关于庇隆在20世纪40年代和70年代金融改革的细节，见巴林奥（Balino 1987）、布伦南和鲁吉耶（Brennan and Rougier 2009）、科尔特斯·康德（Cortés Conde 2009）、迪特拉（di Tella 1983）以及戴伊（Dye 1955）。通常认为庇隆将全部银行存款"国有化"，但这种说法具有误导性，因为阿根廷仍然有私人银行和外国银行在经营。事实上，庇隆将"大多数传统银行借贷功能的管理权留给了私人银行"（Mallon and Sourrouille 1975）。"国有化"是对中央银行自身来说的，"仅包括银行业的一小部分"（引自Cortés Conde 2009）。它只是用可变准备金要求制度取代传统准备金要求制度，允许中央银行实施高达100%的准备金要求（Balino 1987; di Tella 1983; Dye 1955）。
3. 同样，1985年，中央政府只拥有阿根廷35家公众银行中的4家（Rozenwurcel and Bleger 1998）。
4. 大量文献研究庇隆的劳动改革。亚历山大（Alexander 1962）、科利尔（Collier 1991）、麦吉尔（McGuire 1997）以及斯诺和曼泽蒂（Snow and Manzetti 1993）是最好的几篇。
5. 1976—1982年间军事政府与劳工关系的分析参考了科利尔（Collier 1999）、德雷克（Drake 1996）、麦吉尔（Mc Guire 1997）以及拉尼斯（Ranis 1992）。
6. 在恢复集体劳动权利之前，劳尔·阿方辛曾试图分散工会结构，以减弱庇隆主义的影响力，但是工会和庇隆主义者控制的参议院挫败了这一改革尝试（见Drake 1996; Ranis 1992）。劳尔·阿方辛的继任者卡洛斯·梅内姆（Carlos Menem）改

注　释

革了个人劳动法，使劳动力市场更加灵活，但他保留了工会的集体劳动权利（见 Cook 2007；Etchemendy 2005）。
7. 许多阿根廷经济集团通过多元化经营涉足服务业和自然资源领域。
8. 值得注意的是，阿根廷工商业协会比拉美地区其他国家的类似组织控制的资源要少（Schneider 2004）。
9. GGE 还包括农业和商业公司，但工业企业控制着 GGE，因此主要代表制造业的利益。
10. 根据阿根廷国家统计局（INDEC）的数据（http://www.indec.gov.ar），这四个行业中的每一个在 1993 年都占阿根廷制造业产值的 8%—10%。其他主要制造业包括化学品和塑料、纸浆、印刷和农用工业。这些也是 20 世纪 60 年代末阿根廷最大的制造业部门（Mallon and Sourrouille 1975）。
11. 例如，1973 年汇率高估 75%（见图 4.1），平均关税大约为 100%（Chudnovsky and Lopez 2007），导致进口商品价格提高了约 25%。这是很大幅度的进口品价格上涨，但不足以消除进口竞争。
12. 马龙和苏鲁耶（Mallon and Sourrouille 1975）研究指出，阿根廷制造业在 1930 年之前是"出口导向"的，出口占制造业总产值的 15%—20%。但是，比索高估严重影响了战后的制造业出口。
13. 本章计算的阿根廷实际汇率与达瓦斯（Darvas 2012）贸易加权实际汇率高度相关（r=0.96）。
14. 附录中提供了作者访谈清单。
15. 本节参考了以下文献：科尔特斯·康德（Cortés Conde 2009）、迪特拉（di Tella 1983）、菲利皮尼和奥尔凯斯（Filippini and Olcase 1989）、马龙和苏鲁耶（Mallon and Sourrouille 1975）、奥唐奈（O'Donnell 1988）、史密斯（Smith 1989）以及温尼亚（Wynia1978）。
16. 1969 年工资增长了 10%（Smith 1989）。
17. 本节主要基于以下资料：布伦南和鲁吉耶（Brennan and Rougier 2009）、科尔特斯·康德（Cortés Conde 2009）、迪特拉（di Tella 1983）、迪特拉和布劳恩（di Tella and Braun 1990）、莱瓦（Leyba 1990）、斯图尔森埃格（Struzenegger 1991）和温尼亚（Wynia 1978）。
18. 根据斯图尔森埃格（Struzenegger 1991）和美国劳工统计局的数据计算。
19. 这一历史时期有大量文献，其中比较突出的包括卡尔沃（Calvo1986）、科尔特斯·康德（Cortés Conde 2009）、迪特拉和布劳恩（di Tella and Braun 1990）、多恩布什（Dornbush 1989）、弗里登（Frieden 1991b）、吉布森（Gibson 1996）、刘易斯（Lewis 1990）、诺盖（Nogués 1986）、皮特里和伯特（Petrei and Tybout 1985）、施瓦泽（Schvarzer 1986）以及史密斯（Smith 1989）。
20. 这期间的更多详细信息，请参见卡尼特罗（Canitrot 1994）、卡尼特罗和洪科（Canitrot

and Junco 1993)、科尔特斯·康德（Cortes Conde 2009）、迪亚斯·博尼利亚和沙米斯（Diaz-Bonilla and Schamis 2001）、费尔南德斯（Fernandez 1991）、马奇内亚（Machinea 1990）、佩拉尔塔·拉莫斯（Peralta Ramos 1992）、史密斯（Smith 1989）以及史密斯（Smith 1990）。

21. 财政赤字和债务数据采自马奇内亚（Machinea 1990），通货膨胀数据采自世界银行（World Bank 2010）。20 世纪 80 年代早期，军事政权接收了私营企业的大部分外债，导致政府外债急剧增加。
22. 1985 年 7 月至 1986 年 3 月间，实际汇率升值 10%（Fernandez 1991）。
23. 根据卡尼特罗和洪科（Canitrot and Junco 1993），降低出口成本所花的政府财政收入，相当于 GDP 的 1%。工业补贴是"20 世纪 80 年代财政赤字中最大的单项支出"（Schamis 2003），占赤字一半（Peralta Ramos 1992）。
24. 《可兑换法案》及其影响可参见达米尔、弗伦克尔和毛里齐奥（Damill, Frenkeel and Maurizio 2007），加里亚尼、海曼和托马西（Galiani, Heymann and Tommasi 2003），沙米斯（Schamis 2003）以及斯塔尔（Starr 1997）。
25. 1999 年，阿根廷失业率上升到 143%（Chudnovsky and López 2007）。根据阿根廷经济部的估计（Maia and Kweitel 2003），1999 年阿根廷 GDP 比其潜在值低 87%，这是阿根廷 1960—1999 年间增长缺口最大的年份。
26. 关于这一时期重大事件的详细年表，请参阅卡尔沃（Calvo 2008）。
27. 彭博社（*Bloomberg* 2003）及列维·耶雅迪和巴伦苏埃拉（Levy-Yeyati and Valenzuela 2007）讨论了罗伯特·拉瓦尼亚（Roberto Lavagna）和阿方索·普拉耶（Alfonso Prat-Gay）之间的争论。达米尔、弗伦克尔和毛里齐奥（Damill, Frenkeel and Maurizio 2007），弗伦克尔和拉佩蒂（Frenkel and Rapetti 2006）以及里查德森（Richardson 2009）讨论了有竞争力的汇率水平在内斯托·基什内尔经济模式中的核心地位。
28. 罗德里格斯（Rodriguez 2007）估计，2004 年阿根廷 GDP 比其潜在值低 36%，2005 年 GDP 比其潜在值高 17%。
29. 参见上一条脚注。
30. 数据来源于美洲开发银行拉丁美洲宏观观察数据库（Inter-American Development Bank Latin Macro Watch Database）。
31. 引自塞巴斯蒂安·卡茨提供的一份提案的副本。
32. 为避免消费者物价指数高企，阿根廷政府要求国家统计局（INDEC）改变 2007 年消费者物价指数的计算方法。尽管政府声称 2007 年通货膨胀率只有 9%，但大多数学者估计的通货膨胀率至少比该数字高出两倍（Barrionuevo 2007；The Economist 2007；Damill, Frenkel and Maurizio 2011）。
33. 阿根廷《民族报》（*La Nación* 2007a）和雷伯西奥（Rebossio 2007）讨论了经济

注　释

部长费丽萨·米塞利（Felisa Miceli）（2005 年 11 月至 2007 年 7 月期间在任）以及她的继任者米格尔·皮拉诺（Miguel Peirano）的观点。克里斯蒂娜·费尔南德斯·德·基什内尔对有竞争力的实际汇率水平的支持，请参见雷伯西奥（Rebossio 2008）。克里斯蒂娜·费尔南德斯·德·基什内尔的第一位经济部长马丁·洛斯托（Martin Lousteau）上任不久即承诺保持有竞争力的汇率（*La Nación* 2007b），他的继任者卡洛斯·费尔南德斯（Carnn Fernandez）也采取了相同的措施（*La Nación* 2007b）。

34. 2008 年秋季，在匿名访谈中，阿根廷中央银行和经济部的官员认为实际汇率水平已接近其市场汇率。工业组织（Interview A13）〔如 UIA（Kanenguiser 2009）〕印证了这一观点。
35. 这些数据是使用阿根廷中央银行和美洲开发银行拉丁美洲宏观观察数据库（Inter-American Development Bank's Latin Macro Watch database）的数据计算得来的。
36. 这些数字是根据中央银行网站（http://www.bcra.gov.ar）的数据计算得来的。

第五章　韩国、墨西哥和伊朗：利益、制度和汇率政策分析

1. 关于韩国朴正熙时代金融体系的详细情况，请参阅崔（Choi 1993）、科尔和朴（Cole and Park 1983）、朴（Park 1991）以及吴（Woo 1991）。
2. 本段主要基于崔（Choi 1989）、戴佑（Deyo 1989）、奥格莱（Ogle 1990）、金（Kim 1997），以及科利（Kohli 2004）。
3. 在世界发展指标（World Davelopment Indiacators）中，记录了 50 个国家 1965 年的制造业产值与国内生产总值比率，韩国的该项指标排在第 16 位。
4. 对韩国企业的调查发现，43% 的受访者认为他们有时能够影响政策制定，27% 的受访者认为他们经常能够影响政策制定（Jones and Sakong 1980）。
5. 本节参考了布朗（Brown 1973），克利福德（Clifford 1994），科尔和莱曼（Cole and Lyman 1971），弗兰克、金和韦斯特法尔（Frank, Kim and Westphal 1975），哈格德（Haggard 1990），哈格德、金和穆恩（Haggard, Kim and Moon 1991）以及 K.S. 金（K.S.Kim）。
6. 对于当时汇率是大幅低估还是略微低估，存在一些争论，但是对于当时存在汇率低估这个事实，几乎没有分歧。K.S. 金（K.S.Kim 1991）称，大多数人认为"汇率略微低估"。相比之下，图 5.1 显示，1964 年韩元低估了 37%。
7. 关于这一时期金融政策的更多细节，请参阅布朗（Brown 1973）、科尔和朴（Cole and Park 1983）、K.S. 金（K.S.Kim）、朴（Park 1991）以及吴（Woo 1991）。

8. 本节大量参考了柯林斯和朴（Collins and Park 1989）、库珀（Cooper 1994）、哈格德（Haggard 1994a，1994b）、W.S. 金（W.S.Kim）以及吴（Woo 1991）。
9. 参见勒乌克等（Lehoucq et al.2008）关于墨西哥政治体系的综述。
10. 关于墨西哥工会体系的详细情况，参见库克（Cook 2007）、科利尔（Collier 1991）、施拉格黑克（Schlagheck 1977）。
11. 墨西哥工会保留自治权，政府干预工会内部事务的能力受到限制（Collier and Collier 1991）。
12. 例如，政府部门和金融部门的工会受到限制。
13. 直到 20 世纪 80 年代，政府对私人银行进行监管，但是监管并不严格。为确保银行业赢利，政府尽力避免实际利率为负（Kessler 1999）。政府采取的信贷控制措施几乎没有效果，引用墨西哥贸易和工业部长的说法，"是否遵守信贷控制取决于银行的道德"（Maxfield 1990）。
14. 大多数学者强调在这个时期国家与银行关系的连续性而非变化（例如：Auerbach 2001；Kessler 1999；Maxfield 1990；Minushkin 2002）。
15. 阿比阿德、德特拉贾凯和特雷塞尔（Abiad, Detragiache and Tressel 2010）指出，1991—2006 年间，国有银行的市场份额在 10% 以下或 10% 和 25% 之间。米科、帕尼萨和亚涅斯（Micco, Panizza and Yanez 2007）指出，1995—2006 年间，国有银行的市场份额低于 24%。
16. 1980 年，排名前 3% 的企业贡献了 77% 的工业增加值（Story 1986）。
17. 施奈德（Schneider 2004）、坎普（Camp 1989）和斯托里（Story 1986）提供了对墨西哥政府与工商业关系的优秀描述。
18. 根据调查数据，墨西哥工业家认为，他们能够影响政府的政策（Camp 1989；Story 1986）。
19. 有关稳定发展模式的更多信息，请参见巴拉萨（Balassa 1983）、布菲和克劳斯（Buffie and Krause 1989）、雷诺兹（Reynolds 1978）以及索利斯（Solís 1981）。
20. 这与达瓦斯（Darvas 2012）贸易加权实际汇率非常相似。图 5.2 中的实际汇率与达瓦斯的数据的相关性为 0.92。
21. 本部分借鉴了以下资料：巴兹德雷施和莱维（Bazdresch and Levy 1991）、弗里登（Frieden 1991b）、希思（Heath 1999）、凯斯勒（Kessler 1999）、马克斯菲尔德（Maxfield 1990）、奥尔蒂斯和索利斯（Ortiz and Solís 1979）、施拉格黑克（Schlagheck 1977）、索利斯（Solís 1981）以及汤普森（Thompson 1979）。
22. 图 5.2 显示，比索汇率高估了 5%。许多观察家认为，比索汇率自 1970 年以来略有高估（Balassa 1983；Reynolds 1978；Solís 1981；Thompson 1979）。
23. 索利斯（Solís 1981）提供了详细的分析。
24. 图 5.2 中，汇率高估的计算方法未能显示比索汇率高估程度的不断增加。

注　释

25. 在 1970—1975 年的大部分时间里，小型制造业企业大力支持路易斯·埃切维里亚。
26. 本节主要参考了巴兹德雷施和莱维（Bazdresch and Levy 1991）、埃斯科尔瓦尔·托莱多（Escobar Toledo 1987）、弗里登（Frieden 1991b）、希思（Heath 1999）、凯斯勒（Kessler 1999）、勒斯蒂格（Lustig 1992）、马克斯菲尔德（Maxfield 1990）、奥尔蒂斯和索利斯（Ortiz and Solís 1979）以及斯托里（1986）。
27. 巴兹德雷施和莱维（Bazdresch and Levy 1991）、多恩布什（Dornbusch 1988）、希思（Heath 1999）、凯斯勒（Kessler 1999）、斯托里（Story 1986）、佩宾斯基（Pepinsky 2009）以及萨莫拉（Zamora 1984）都认为，在波蒂略主政期间，比索汇率被高估了。勒斯蒂格（Lustig 1992）表明，1980 年汇率高估达到25%。布菲和克劳斯（Buffie and Krause 1989）断言，"比索在 1979—1981 年间被高估了"。巴拉萨（Balassa 1983）指出，在 1982 年贬值之前，比索被长期高估。
28. 本节主要参考阿斯佩（Aspe 1993）、弗洛雷斯·基罗加（Flores Quiroga 2001）、希思（Heath 1999）、凯斯勒（Kessler 1999）、勒斯蒂格（Lustig 1992）、米纳什金（Minushkin 2002）、沙米斯（Schamis 1999）、斯托里（Story 1986）以及坦·凯特（Ten Kate 1992）。
29. 外汇风险抵偿信托是一个综合性计划，包括一系列对不同类型企业的不同贷款安排。萨莫拉（Zamora 1984）提供了详尽的分析。
30. 阿斯佩（Aspe 1993），考夫曼、巴兹德雷施和埃雷迪亚（Kaufman, Bazdresch and Heredia 1994）以及勒斯蒂格（Lustig 1992）详细分析了该协议。
31. 根据图 5.2,1992 年的比索汇率高估了 26%。多恩布什（Dornbusch 1997）、德莱（Dresser 1997）、爱德华兹（Edwards 1997）、希思（Heath 1999）、凯斯勒（Kessler 1999）、纳伊姆（Naim 1997）、佩宾斯基（Pepinsky 2009）以及拉米雷斯·德·拉·奥（Ramírez de la O 1996）都表明，比索在 20 世纪 90 年代初被高估了。1992 年墨西哥贸易逆差相当于 GDP 的 5%（World Bank 2010），进一步表明比索被高估。
32. 阿斯佩（Aspe 1993）、吉尔·迪亚斯和卡斯滕斯（Gil-Díaz and Carstens 1997）记录了这些政府官员的观点。伯基（Burki 1997）、多恩布什（dornbusch 1997）以及爱德华兹（Edwardz 1997）评论了政府官员的论断。
33. 德莱（Dresser 1997）、弗洛雷斯·基罗加（Flores Quiroga 2001）、拉米雷斯（Ramires 1996）以及沙米斯（Schamis 1999）也提出，利益集团偏好是汇率高估的主要原因之一。
34. 本段大量引用了凯斯勒（Kessler 1999）。
35. 关于 1994 年墨西哥经济政策的更多细节，见爱德华兹和纳伊姆（Edwards and Naim 1997）、弗洛雷斯·基罗加（Flores Quiroga 2001）、希思（Heath 1999）和拉米雷斯·德拉奥（Ramírez de la O 1996）。
36. 多恩布什（Dornbusch 1997）强调，汇率高估是危机的最重要原因；其他学者认为，汇率高估是最重要的原因之一（Edwards 1997；Flores Quiroga 2001）。但中央银行家吉尔·迪亚斯和卡斯滕斯（Gil-Díaz and Carstens 1997）不同意此类观点。
37. 前者是完全国有的，后者为混合所有制，但是伊朗政府和世界银行是主要股东。
38. 格沃特尼和劳森（Gwartney and Lawson 2009）认为，超过90%的银行存款存放在国有银行。根据拉波塔、洛佩兹·德·西拉内斯和施莱佛（La Porta, Lopez-de-Silances and Schleifer 2002），1975年89%的银行资产集中于国有银行。
39. 这一时期的政策总结基于阿布拉哈米扬（Abrahamian 1982）、卡图赞（Katouzian 1981）、卡什纳斯（Karshenas 1990）以及卢尼（Looney 1982）。
40. 此部分大量引述了卡什纳斯（Karshenas 1990）的分析。
41. 本节借鉴了以下资料：阿布拉哈米扬（Abrahamian 1982）、克劳森和鲁宾（Clawson and Rubin 2005）、卡什纳斯（Karshenas 1990）、卡图赞（Katouzian1981）、凯沙瓦齐安（Keshavarzian 2007）、卢尼（Looney 1982）、马扎赫里（Mazaheri 2008）、佩萨兰（Pesaran 1982）、萨利希·伊斯法罕（Salehi-Isfahani 1989）、史密斯（Smith 2007）。
42. 如图5.3，实际汇率在这一时期贬值了5.3%。达瓦斯（Darvas 2012）计算的贸易加权汇率指数贬值了12%。这两种衡量方法高度相关（r=0.98）。
43. 1978年，八个中东地区产油国平均汇率高估达到19%。除伊朗外，阿联酋是唯一保持汇率低估的国家。
44. 巴克蒂亚利（Baktiari 1996）、莫斯勒姆（Moslem 2002）、拉克尔（Rakel 2008）提供了对伊朗伊斯兰革命后政治制度的详细分析。
45. 有趣的是，瓦利贝吉（Valibeigi 1992）也发现，伊斯兰化对伊朗金融体系的影响不大。尽管政府禁止收取利息，但伊朗银行通过收取"服务费用"解决了这一问题。
46. 1979—1997年国有银行占比方面的系统性数据缺失。格沃特尼和劳森（Gwartney and Lawson 2009）的数据显示，90%以上的存款都存放在国有银行。
47. 计算结果基于哈基米安和卡什纳斯（Hakimian and Karshenas 2000）提供的数据。

第六章　结论

1. 引言中有更完整的讨论和相关研究综述。
2. 另一个区别是，在当代全球经济中，保护主义的汇率政策比保护主义的贸易政策更为常见。
3. 我并不是说集体行动理论不重要。它们很有可能在贸易政策和汇率政策中发挥重要作用。我的意思是，征税和汇率低估间的差异并不主要是由集体行动问题的差异造成的。

注 释

4. 一个原因是，有组织的集团应该不会认为游说贬值的代价过高（Broz and Frieden 2001）。
5. 一个相关的论点认为，汇率低估相对罕见，是因为各国可以通过贸易保护达到同样的目的（Gowa 1988；Copelovitch and Pevehouse 2013）。换句话说，使用关税的可能性否定了使用保护主义汇率政策的必要性。然而，正如图 6.1 所示的国家样本，关税率与汇率低估间的正相关关系非常弱，这与此论点的预测并不一致。
6. 这个程式化的例子假设不会同时提高中间商品的关税。这与实际情况相符，即最终消费品的关税通常比中间产品的关税高得多（Dornbusch 1992）。
7. 有关历史制度主义理论对偏好的讨论，请参阅法雷尔和纽曼（Farrell and Newman 2010）、费奥雷托斯（Fioretos 2011）、西伦（Thelen 1999）、西伦和史坦莫（Thelen and Steinmo 1992）。

参考文献

Abdelal, Rawi, Mark Blyth, and Craig Parsons. 2010. *Constructing the International Economy*. Ithaca, NY: Cornell University Press.

Abiad, Abdul, Enrica Detragiache, and Thierry Tressel. 2010. "A New Database of Financial Reforms." *IMF Staff Papers* 57(2): 281-302.

Abouharb, M. Rodwan, and David Cingranelli. 2007. *Human Rights and Structural Adjustment*. New York: Cambridge University Press.

Abrahamian, Ervand. 1982. *Iran between Two Revolutions*. Princeton, NJ: Princeton University Press.

Acemoglu, Daron, Simon Johnson, James Robinson, and Yunyong Thaicharoen, 2003. "Institutional Causes, Macroeconomic Symptoms." *Journal of Monetary Economics* 50(1): 49-123.

Adhikari, Ajay, Chek Derashid, and Hao Zhang. 2006. "Public Policy, Political Connections, and Effective Tax Rates." *Journal of Accounting and Public Policy* 25(5): 574-95.

Aggarwal, Vinod K. 1996. *Debt Games*. New York: Cambridge University Press.

Alderman, Liz. 2011. "Swiss Central Bank Considers Pegging Franc to the Euro." *New York Times*, Aug.11. http://www.nytimes.com/2011/08/12/business/global/swiss-central-bank-considers-pegging-franc-to -the-euro.html.

Alexander, Robert Jackson. 1962. *Labor Relations in Argentina, Brazil, and Chile*. New York: McGraw-Hill.

Alizadeh, Parvin. 2002. "Iran's Quandary: Economic Reforms and the Structural Trap." *Brown Journal of World Affairs* 9(2): 267-81.

参考文献

Ambito Financiero. 1991a. "Tibio Apoyo de UIA al Plan Cavallo." Mar.31.
——.1992a. "Riesgosa Jugada de Cavallo." Oct.28.
——.1992b. "Cavallo Ahora Profundizara la Convertibilidad con una Virtual Dolarizacion de la Economia." Nov.17.
——.1993. "Empresarios de la UIA Darán Apoyo a Reelección de Menem." Mar.3.
——.2005a. "El Tipo de Cambio es Crucial para la Coalición con la UIA." Aug.24.
——.2005b. "Pudimos Haber Aumentado los Sueldos sin Huelgas." Nov.25.
——.2013. "El Blue Subió 21 Centavos a $10,08." May 7.
Amid, Javad, and Amjad Hadjikhani. 2005. *Trade, Industrialization, and the Firm in Iran.* London: IB Tauris.
Amsden, Alice H. 1989. *Asia's Next Giant.* Oxford: Oxford University Press.
——.2001. *The Rise of "The Rest."* New York: Oxford University Press.
Amsden, Alice H., and Yoon-Dae Euh. 1993. "South Korea's 1980s Financial Reforms." *World Development* 21(3): 379-90.
Amuzegar, Jahangir. 1991. *The Dynamics of the Iranian Revolution.* Albany, NY: State University of New York Press.
Anner, Mark, and Teri Caraway. 2010. "International Institutions and Workers' Rights." *Studies in Comparative International Development* 45(2): 151-69.
Assadi, Morteza. 1990. "Import Substitution and the Structure of the Iranian Economy 1962-1977." *Social Scientist* 18(5): 30-41.
Aspe, Pedro. 1993. *Economic Transformation the Mexican Way.* Cambridge, MA: MIT Press.
*Associated Press.*2010. "G20 Takes Aim at Currency Wars." Oct.22.http://www.cbc.ca/news/business/g20-takes-aim-at-currency-wars-1.869962.
Auerbach, Nancy Neiman. 2001. *States, Banks, and Markets.* Boulder, CO: Westview Press.
Baer, Werner, Pedro Elosegui, and Andres Gallo. 2002. "The Achievements and Failures of Argentina's Neo-liberal Economic Policies." *Oxford Development Studies* 30(1): 63-85.
Bahmani-Oskooee, Mohsen. 2005. "History of the Rial and Foreign Exchange Policy in Iran." *Iranian Economic Review* 10(14): 1-20.
Bai, Chong-En, Jiangyong Lu, and Zhigang Tao. 2006. "Property Rights Protection and Access to Bank Loans." *Economics of Transition* 14(4): 611-28.
Baktiari, Bahman. 1996. *Parliamentary Politics in Revolutionary Iran.* Gainesville: University Press of Florida.

Balassa, Bela. 1964. "The Purchasing-Power Parity Doctrine: A Reappraisal." *Journal of Political Economy* 72(6): 584-96.

——.1983. "Trade Policy in Mexico." *World Development* 11(9): 795-811.

Baldwin, David A. 1979. "Power Analysis and World Politics." *World Politics* 31(2): 161-94.

Baliño, Tomas. 1987. "The Argentine Banking Crisis of 1980." *IMF Working Paper* WP/87/77.

Banister, Judith, and George Cook. 2011. "China's Employment and Compensation Costs in Manufacturing through 2008." *Monthly Labor Review* 134(3): 39-52.

Barrionuevo, Alexei. 2007. "Economic Balancing Act for Argentina's Next Leader." *New York Times*, Nov.1, A8.

Barth, Jams R., Gerard Caprio, and Ross Levine. 2006. *Rethinking Bank Regulation*. New York: Cambridge University Press.

Bates, Robert. 1981. *Markets and States in Tropical Africa*. Berkeley: University of California Press.

——.1997. *Open-Economy Politics*. Princeton, NJ: Princeton University Press.

Baumgartner, Frank R., Jeffrey M. Berry, Marie Hojnacki, David C. Kimball, and Beth L. Leech. 2009. *Lobbying and Policy Change: Who Wins, Who Loses, and Why*. Chicago: University of Chicago Press.

Bayat, Assef. 1987. *Workers and Revolution in Iran*. London: Zed Books.

Bazdresch, Carlos, and Santiago Levy. 1991. "Populism and Economic Policy in Mexico, 1970-1982." In *The Macroeconomics of Populism in Latin America*, edited by Rudiger Dornbusch and Sebastian Edwards, 223-62. Chicago: University of Chicago Press.

BCRA. 2007. *Sistema Financiero*. Available at http://ww.bcra.gov.ar.

Bearce, David H., and Mark Hallerberg. 2011. "Democracy and De Facto Exchange Rate Regimes." *Economics and Politics* 23(2):172-94.

Beck, Nathaniel, and Jonathan N. Katz. 1995. "What to Do (and Not to Do) with Time-Series Cross-Section Data." *American Political Science Review* 89(3):634-47.

Beck, Thorsten, Asli Demirgüc-Kunt, and Ross Levine. 2003. "Law, Endowments, and Finance." *Journal of Financial Economics* 70(2):137-81.

Behdad, Sohrab. 1988. "Foreign Exchange Gap, Structural Constraints, and the Political Economy of Exchange Rate Determination in Iran." *International Journal of Middle East Studies* 20(1):1-21.

Beim, David O., and Charles W. Calomiris. 2001. *Emerging Financial Markets*. New York:

参考文献

McGraw-Hill/Irwin.

Bell, Stephen, and Hui Feng. 2013. *The Rise of the People's Bank of China*. Cambridge, MA: Harvard University Press.

Bellin, Eva. 2002. *Stalled Democracy*. Ithaca, NY: Cornell University Press.

Bennett, Andrew. 2008. "Process Tracing: A Bayesian Perspective." In *The Oxford Handbook of Political Methodology*, edited by Janet M. Box-Steffensmeier, Henry E. Brady, and David Collier, 702-21. Oxford: Oxford University Press.

Béreau, Sophie, Antonia López Villavicencio, and Valérie Mignon. 2012. "Currency Misalignments and Growth." *Applied Economics* 44(27): 3503-11.

Berg, Andrew, and Yanliang Miao. 2010. "The Real Exchange Rate and Growth Revisited." *IMF Working Paper* WP/10/58.

Berg, Andrew, Jonathan Ostry, and Jeromin Zettelmeyer. 2012. "What Makes Growth Sustained?" *Journal of Development Economics* 98(2): 149-66.

Bergaglio, Pedro. 2005. "Invertir en la Industria Nacional." *Clarin*. Oct.22.

Bergsten, C. Fred. 2010. "Protectionism by China Is Biggest Since World War II." Oct.8. http://economix.blogs.nytimes.com/2010/10/08/biggest-protectionism-since-world-war-ii/.

Blomberg, S. Brock, Jeffry Frieden, and Ernesto Stein. 2005. "Sustaining Fixed Rates." *Journal of Applied Economics* 8(2): 203-25.

Bloomberg. 2003. "Argentina's Prat-Gay Calls Weak Peso Talk 'Nonsense.'" May 28.http://www.bloomberg.com/apps/news?pid=21070001&sid=aCI4xIOPfTYQ.

Blustein, Paul. 2005. *And the Money Kept Rolling In (and Out)*. New York: Public Affairs.

Blyth, Mark.2002. *Great Transformations*. New York: Cambridge University Press.

Bodnar, Gordon M., and William M. Gentry. 1993. "Exchange Rate Exposure and Industry Characteristics." *Journal of International Money and Finance* 12(1):29-45.

Boehmer, Ekkehart, Robert C. Nash, and Jeffry M. Netter. 2005. "Bank Privatization in Developing and Developed Countries." *Journal of Banking & Finance* 29(8):1981-2013.

Bolten, Annika. 2009. "Pegs, Politics, and Petrification: Exchange Rate Policy in Argentina and Brazil Since the 1980s." PhD diss., London School of Economics and Political Science.

Botero, Juan C., Simeon Djankov, Rafael La Porta, Florecio Lopez-de-Silanes, and Andrei Shliefer. 2004. "The Regulation of Labor." *Quarterly Journal of Economics* 119(4):1339-82.

Bottelier, Pieter. 2004. "China's Exchange Rate, U.S.-China Economic Relations and

Globalization." *China Economic Analysis Working Paper* No.9.
Bowles, Paul, and Baotai Wang. 2006. "Flowers and Criticism." *Review of International Political Economy* 13(2):233-57.
Brahm, Laurence J. 2002. *Zhu Rongji and the Transformation of Modern China*. Singapore: Wiley.
Brennan, James P., and Marcelo Rougier. 2009. *The Politics of National Capitalism: Peronism and the Argentine Bourgeoisie, 1946-1976*. University Park: Pennsylvania State University Press.
Bresser-Pereira, Luiz Carlos. 2008. "The Dutch Disease and its Neutralization: A Ricardian Approach." *Brazilian Journal of Political Economy* 28(1):47-71.
Brown, Gilbert T. 1973. *Korean Pricing Policies and Economic Development in the 1960s*. Baltimore: Johns Hopkins University Press.
Broz, J. Lawrence, and Jeffry A. Frieden. 2001. "The Political Economy of International Monetary Relations." *Annual Review of Political Science* 4:317-43.
Broz, J. Lawrence, Jeffry Frieden, and Stephen Weymouth. 2008. "Exchange-Rate Policy Attitudes: Direct Evidence from Survey Data." *IMF Staff Papers* 55(3):417-44.
Buchanan, Paul G. 1995. *State, Labor, Capital*. Pittsburgh: University of Pittsburgh Press.
Buchta, Wilfried. 2000. *Who Rules Iran?* Washington, DC: Washington Institute for Near East Policy.
Bueno de Mesquita, Bruce, Alastair Smith, Randolph M. Siverson, and James D. Morrow. 2003. *The Logic of Political Survival*. Boston: MIT Press.
Buffie, Edward, and Allen Sangines Krause. 1989, "Mexico 1958-86: From Stabilizing Development to the Debt Crisis." In *Developing Country Debt and the World Economy*, edited by Jeffrey D. Sachs, 141-68. Chicago: University of Chicago Press.
Burgueño, Carlos. 2003. "Pidió la UIA Volvera un Dólar de $3, 5." *Ambito Financiero*. Feb. 11.
Burki, Shahid Javed. 1997. "Bad Luck or Bad Policies?" In *Mexico 1994*, edited by Sebastian Edwards and Moisés Naím, 95-124. Washington, DC: Carnegie Endowment for International Peace.
Calomiris, Charles W. 2007. "Devaluation with Contract Redenomination in Argentina." *Annals of Finance* 3(1):155-92.
Calvo, Dolores. 2008. "State and Predominant Socioeconomic Actors: The Asymmetric 'Pesification' in Argentina 2001-2002." *Stockholm Papers in Latin American Studies* 4:1-40.
Calvo, Ernesto, and Maria Victoria Murillo. 2005. "The New Iron Law of Argentine

参考文献

Politics?" In *Argentine Democracy*, edited by Steven Levitsky and Maria Victoria Murillo, 207-26. University Park: Pennsylvania State University Press.

Calvo, Guillermo. 1986. "Fractured Liberalism: Argentina under Martínez de Hoz." *Economic Development and Cultural Change* 34(3):511-33.

Calvo, Guillermo A., Leonardo Leiderman, and Carmen M. Reinhart. 1996. "Inflows of Capital to Developing Countries in the 1990s." *Journal of Economic Perspectives* 10(2):123-40.

Camp, Roderic Ai. 1989. *Entrepreneurs and Politics in Twentieth-Century Mexico*. New York: Oxford University Press.

Campa, José Manuel, and Linda S. Goldberg. 1997. "The Evolving External Orientation of Manufacturing." *Economic Policy Review* 3(2):53-81.

——.2005. "Exchange Rate Pass-through into Import Prices." *Review of Economics and Statistics* 87(4):679-90.

Candelaresi, Cledis. 2003a. "Apostar al Estado Inversor." *Pagina/12*. May 4.

——.2003b. "Somos Mimados por Kirchner." *Pagina/12*. Nov. 30.

Canitrot, Adolfo. 1994. "Crisis and Transformation of the Argentine State (1978-1992)." In *Democracy, Markets, and Structural Reform in Latin America*, edited by William C. Smith, Carlos H. Acuna, and Eduardo A. Gamarra, 75-104. Miami: North-South Center Press.

Canitrot, Adolfo, and Silvia Junco. 1993. "Macroeconomic Conditions and Trade Liberalization." In *Macroeconomic Conditions and Trade Liberalization*, edited by Adolfo Canitrot and Silvia Junco, 1-30. Washington, DC: Inter-American Development Bank.

Caraway, Teri L. 2009. "Labor Rights in East Asia." *Journal of East Asian Studies* 9(2):153-86.

Carrera, Nicolás Iñigo. 2007. "A Century of General Strikes: Strikes in Argentina." In *Strikes Around the World, 1968-2005*, edited by Sjaak van der Velden, Heiner Dribbusch, Dave Lyddon, and Kurt Vandaele, 61-85. Amsterdam: Aksant.

Carrillo Arronte, R. 1987. "The Role of the State and the Entrepreneurial Sector in Mexican Development." In *Government and Private Sector in Contemporary Mexico*, edited by Ricardo Anzaldua and Sylvia Maxfield, 45-63. San Diego, CA: Center for U.S.-Mexican Studies.

Cavallo, Domingo, and Yair Mundlak. 1982. *Agriculture and Economic Growth in an Open Economy*. International Food Policy Research Institute, Research Report No. 36.

Chan, Anita, and Irene Nørlund. 1998. "Vietnamese and Chinese Labour Regimes: On the

Road to Divergence." *The China Journal* 40: 173-97.

Chan, Sewell. 2010. "Geithner Calls for Global Cooperation on Currency." *New York Times*, Oct. 6. http://www.nytimes.com/2010/10/07/business/global/07imf.html?hp.

Chandler, Alfred D. 1990. *Scale and Scope: The Dynamics of Industrial Capitalism.* Cambridge, MA: Belknap Press of Harvard University Press.

Chen, Eadie. 2008. "China's MOFCOM Calls for Slower Yuan Rise" *Reuters*, July 14. http://in.reuters.com/article/2008/07/14/china-economy-policy-idINPEK15048620080714.

Chen, Feng. 2007. "Individual Rights and Collective Rights: Labor's Predicament in China." *Communist and Post-Communist Studies* 40(1):59-79.

———.2009. "Union Power in China Source, Operation, and Constraints." *Modern China* 35(6):662-89.

Chen, Ming. 1993. "Analysis of Foreign Exchange Situation in Mainland China in the Near Future." *Liaowang Overseas Edition*. July 5, in *FBIS* July 28, 1993.

Cheung, Peter T. Y. 1998. Introduction to *Provincial Strategies of Economic Reforms in Post-Mao China*, edited by Peter T. Y. Cheung, Jae Ho Chong, Zhimin Lin, and Chae-Ho Chong, 3-46. New York: East Gate.

Chiang, Langi. 2007. "China Bank Lending Curbs Ripple Through Economy." *Reuters*, Nov. 27. http://www.reuters.com/article/2007/11/27/us-china-economy-lending-analysis-idUSPEK23646520071127.

Chin, Gregory, and Eric Helleiner. 2008. "China as a Creditor: A Rising Financial Power?" *Journal of International Affairs* 62(1):87-102.

China Daily. 1993a. "Devaluing Drastically Ruled Out." June 6, in *FBIS* June 7, 1993.

———.1993b. "Foreign Commerce Increases 16.5 Percent." Dec.8, in *FBIS* Dec. 8, 1993.

———.1993c. "New Unified Rate Will Help Boost Exports." Dec.12, in *FBIS* Dec. 13, 1993.

———.2008. "Govt Unmoved by Slow Exports." July 23, p. 13.

China Labour Bulletin. 2009. *Going It Alone: The Workers' Movement in China(2007-2008)*. Hong Kong: CLB Research Report.

Cho, Soon. 1994. *The Dynamics of Korean Economic Development*. Washington, DC: Institute for International Economics.

Choi, Byung-Sun. 1993. "Financial Policy and Big Business in Korea." In *The Politics of Finance in Developing Countries*, edited by Stephan Haggard, Chung H. Lee, and Sylvia Maxfield, 23-54. Ithaca, NY: Cornell University Press.

Choi, Jang Jip. 1989. *Labor and the Authoritarian State*. Seoul: Korea University Press.

Choudhri, Ehsan U., and Dalia S. Hakura. 2006. "Exchange Rate Pass-Through to Domestic Prices: Does the Inflationary Environment Matter?" *Journal of*

参考文献

International Money and Finance 25(4): 614-39.

Christensen, Darin, and Erik Wibbels. 2014. "Labor Standards, Labor Endowments, and the Evolution of Inequality." *International Studies Quarterly* 58(2):362-79.

Chudnovsky, Daniel, and Andrés López. 2007. *The Elusive Quest for Growth in Argentina.* New York: Palgrave MacMillan.

Chung, Wen. 1993. "China Reestablishes Its Exchange Rate Mechanism." *Wen Wei Po.* Feb. 22, in *FBIS* Mar.4, 1993.

Chwieroth, Jeffrey. 2007. "Neoliberal Economists and Capital Account Liberalization in Emerging Markets." *International Organization* 61(2):443-63.

Cingranelli, David L., and David L. Richards. 2010. "The Cingranelli and Richards (CIRI) Human Rights Data Project." *Human Rights Quarterly* 32(2): 401-24.

Clarin. 1986. "Sourrouille: Los Van a Acompañarnos Planteos Gremiales Por Mucho Tiempo." Feb. 16.

——.1991a. "Pacto Entre Industriales y Gobierno." Aug. 29.

——.1991b. "Herrera: 'El Gobierno Debe Cumplir y Bajar los Costos." Oct. 22.

Clawson, Patrick, and Michael Rubin. 2005. *Eternal Iran.* New York: Palgrave Macmillan.

Clifford, Mark. 1994. *Troubled Tiger: Businessmen, Bureaucrats, and Generals in South Korea.* Armonk, NY: ME Sharpe.

Coatz, Diego. 2009. "La Necesidad de Conformar una Estrategia de Largo Plazo." *El Economista.* Jan.15.

——.2010. "Primarización e Importactión o Industrialización: Esa es la Cuestión" *Informe Industrial.* Dec.15.

——.2011. "El Desafío de la Industrialización." *Revista UIA PyME.* Aug.25.

Coatz, Diego, and Sergio Woyecheszen. 2013. "Sostener la Demanda." *Pagina/12.* Feb.4.

Coatz, Diego, Sergio Woyecheszen, and Fernando Garcia Diaz. 2009. "La Necesidad de Repensar una Macro Pro Desarrollo." *El Economista.* July 7.

Coatz, Diego, and Fernando Zack. 2009. "Perspectivas 2010." *El Economista.* Dec.17.

Cole, David Chamberlin, and Princeton N.Lyman. 1971. *Korean Development.* Cambridge, MA: Harvard University Press.

Cole, David C., and Yung Chul Park. 1983. *Financial Development in Korea, 1945–1978.* Cambridge, MA: Harvard University Press.

Collier, Ruth Berins. 1999. *Paths Toward Democracy.* New York: Cambridge University Press.

Collier, Ruth Berins, and David Collier. 1991. *Shaping the Political Arena.* Princeton, NJ: Princeton University Press.

Collins, Susan M., and Won Am Park. 1989. "External Debt and Macroeconomic Performance in South Korea." In *Developing Country Debt and Economic Performance*, edited by Jeffrey D. Sachs and Susan M. Collins, 121-40. Chicago: University of Chicago Press.

Cook, Maria Lorena. 2007. *The Politics of Labor Reform in Latin America*. University Park: Pennsylvania State University Press.

Cooper, Richard. 1971. *Currency Devaluation in Developing Countries*. Princeton, NJ: Princeton University.

——.1975. "Prolegomena to the Choice of an International Monetary System." *International Organization* 29(1):63-97.

——.1994. "Korea's Balance of International Payments." In *Macroeconomic Policy and Adjustment in Korea, 1970-1999*, edited by Stephan Haggard, Richard Cooper, Susan Collins, Choongso Kim, and Sung-Tae Ro, 261-94. Cambridge, MA: Harvard University Press.

Copelovitch, Mark, and Jon Pevehouse. 2013. "Ties That Bind? Preferential Trade Agreements and Exchange Rate Policy Choice." *International Studies Quarterly* 57(2):385-99.

Cortés Conde, Roberto. 2009. *The Political Economy of Argentina in the Twentieth Century*. New York: Cambridge University Press.

Cottani, Joaquin A., Domingo F. Cavallo, and M. Shahbaz Khan. 1990. "Real Exchange Rate Behavior and Economic Performance in LDCs." *Economic Development and Cultural Change* 39(1):61-76.

Cox, Robert W., and Harold Karan Jacobson. 1973. *The Anatomy of Influence: Decision Making in International Organization*. New Haven, CT: Yale University Press.

CNA. 1993. "Economist on Beijing's Single Currency Policy." Feb. 10, in *FBIS* Feb. 11, 1993.

Cruz, Moritz, and Bernard Walters. 2008. "Is the Accumulation of International Reserves Good for Development?" *Cambridge Journal of Economics* 32(5):665-81.

Crystal, Jonathan. 1994. "The Politics of Capital Flight: Exit and Exchange Rates in Latin America." *Review of International Studies* 20(2):131-47.

Cufré, David. 2003. "La UIA Recreará al G8 para Proteger lo que Ganaron con la Devaluación." *Pagina/12*. Dec.4.

Cumings, Bruce. 1984. "The Origins and Development of the Northeast Asian Political Economy." *International Organization* 38(1):1-40.

Damill, Mario, Roberto Frenkel, and Roxana Maurizio. 2007. "Macroeconomic Policy Changes in Argentina at the Turn of the Century." In *In the Wake of the Crisis*, edited by Marta Novick, Carlos Tomada, Mario Damill, Roberto Frenkel, and Roxana Maurizio, 51-125. Geneva: International Labour Organization.

参考文献

———.2011. "Macroeconomic Policy for Full and Productive Employment and Decent Work for All." *Employment Working Paper* No. 109, International Labour Organization.

Darvas, Zsolt. 2012. "Real Effective Exchange Rates for 178 Countries: A New Database." *Bruegel Working Paper* 2012/06.

Deardorff, Alan V., and Robert M. Stern. 1987. "Current Issues in Trade Policy." In *U.S. Trade Policies in a Changing World Economy*, edited by Robert M. Stern, 15-68. Cambridge, MA: MIT Press.

de la Torre, Augusto, Eduardo Levy Yeyati, Sergio Schmuckler. 2003. "Living and Dying with Hard Pegs." *Economía* 3(2): 43-107.

de Palomino, Mirta L. 1988. *Tradición Y Poder: La Sociedad Rural Argentina (1955–1983)*. Buenos Aires: CISEA.

Deng, Guosheng, and Scott Kennedy. 2010. "Big Business and Industry Association Lobbying in China: The Paradox of Contrasting Styles." *The China Journal* 63: 101-25.

Deyo, Frederic C. 1989. *Beneath the Miracle*. Berkeley: University of California Press.

di Tella, Guido. 1983. *Argentina Under Perón, 1973–76*. New York: St. Martin's Press.

di Tella, Guido, and Carlos Rodríguez Braun. 1990. Introduction to *Argentina, 1946–83: The Economic Ministers Speak*, edited by Guido di Tella and Carlos Rodríguez Braun, 1-30. New York: St. Martin's Press.

Díaz-Bonilla, Eugenio, and Hector E. Schamis. 2001. "From Redistribution to Stability: The Evolution of Exchange Rate Policies in Argentina, 1950–98." In *The Currency Game*, edited by Jeffry Frieden and Ernesto Stein, 65-118. Washington, DC: Inter-American Development Bank.

Dinç, I. Serdar. 2005. "Politicians and Banks: Political Influences on Government-Owned Banks in Emerging Markets." *Journal of Financial Economics* 77(2):453-79.

Ding, F. 2010. "Zhejiang Shanghui dasha juxing zhengji yishi [The building of the Zhejiang Merchant Association has an opening ceremony]." *Hangzhou Ribao*, Dec.2. http://hzdaily.hangzhou.com.cn/hzrb/html/2010-12/02/content_979525.htm.

Dollar, David. 1992. "Outward Oriented Developing Countries Really Do Grow More Rapidly." *Economic Development and Cultural Change* 40(3):523-44.

Domínguez, Jorge I .2011. "The Perfect Dictatorship? Comparing Authoritarian Rule in South Korea and in Argentina, Brazil, Chile, and Mexico." In *The Park Chung Hee Era*, edited by Byung-Kook Kim and Ezra Vogel, 573-602. Cambridge, MA: Harvard University Press.

Dornbusch, Rudiger. 1988. "Mexico: Stabilization, Debt, and Growth." *Economic Policy* 3(7):231.

——.1989. "Argentina after Martínez de Hoz." In *The Political Economy of Argentina*, edited by Guido di Tella and Rudiger Dornbusch, 286-320. Pittsburgh: University of Pittsburgh Press.

——.1992. "The Case for Trade Liberalization in Developing Countries." *Journal of Economic Perspectives* 6(1): 69-85.

——.1997. "The Folly, the Crash, and Beyond: Economic Policies and the Crisis." In *Mexico 1994*, edited by Sebastian Edwrds and Moisés Naím, 125-40. Washington, DC: Carnegie Endowment for International Peace.

Drake, Paul W. 1996. *Labor Movements and Dictatorships*. Baltimore: Johns Hopkins University Press.

Dresser, Denise. 1997. "Falling from the Tightrope." In *Mexico 1994*, edited by Sebastian Edwards and Moisés Naím, 55-80. Washington, DC: Carnegie Endowment for International Peace.

Duckenfield, Mark, and Mark Aspinwall. 2010. "Private Interests and Exchange Rate Politics." *European Union Politics* 11(3): 381-404.

Dye, Howard S. 1995. "Development of the Banco Central in Argentina's Economy." *Southern Economic Journal* 21(3):303-18.

Easterly, William. 2001. "The Lost Decades." *Journal of Economic Growth* 6(2):135-57.

Economic Information Center of the State Economic and Trade Commission. 1995. "Analysis of China's Current Export Environment." *Jingji Gongzuo Tongxun (Economic Work Newsletter)*. May 31, in *FBIS* Aug. 10, 1995.

Economist, The. 2007. "Marital bliss; Argentina." Dec. 15. http://www.economist.com/node/10286016.

——.2009. "China's Struggling Smaller Firms." Sept. 12. http://www.economist.com/node/14409584.

——.2011. "Inflated fears; Price rises in China." Jan.6. http://www.economist.com/node/17851541.

——.2013. "Don't go Zhou; Monetary policy in China." Mar.2. http://www.economist.com/news/finance-and-economics/21572805-chinas-central-banker-stays-put-chinese-central-banking-moves-dont-go-zhou.

Eckstein, Harry. 1975. "Case Study and Theory in Political Science." In *Handbook of Political Science*, edited by Fred Greenstein and Nelson W. Polsby, 79-137. Reading, MA: Addison-Wesley.

Edwards, Sebastian. 1989. *Real Exchange Rates, Devaluation, and Adjustment*. Cambridge, MA: MIT Press.

参考文献

———.1997. "Bad Luck or Bad Policies? An Economic Analysis of the Crisis." In *Mexico 1994*, edited by Sebastian Edwards and Moisés Naím, 95-124. Washington, DC: Carnegie Endowment for International Peace.

Edwards, Sebastian, and Moisés Naím, 1997. *Mexico 1994: Anatomy of an Emerging-Market Crash.* Washington, DC: Carnegie Endowment for International Peace.

Ehrlich, Sean D. 2007. "Access to Protection." *International Organization* 61(3):571-605.

Eichengreen, Barry. 1996. *Globalizing Capital.* Princeton, NJ: Princeton University Press.

———.2007. "The Real Exchange Rate and Economic Growth." *Social and Economic Studies* 56(4):7-20.

Eichengreen, Barry, Ricardo Hausmann, and Ugo Panizza. 2005. "The Pain of Original Sin." In *Other People's Money*, edited by Barry Eichengreen and Ricardo Hausmann, 13-47. Chicago: University of Chicago Press.

El Cronista. 1983. "Politicas Fiscal y Cambiaria, y Deuda Externa." July 28.

———. 1991. "Ofrecío la UIA Apoyo a Cavallo Para Afianzar la Estabilidad." May 10.

El Economista. 1991a. "Entrevista Con el Presidente de la UIA, Israel Mahler." May 3.

———. 1991b. "La UIA no Hace Oposición y Apoya la Gestión de Cavallo." May 17.

Enterprise Surveys. Various Years. The World Bank. http://www.enterprisesurveys.org.

Epstein, Rachel A. 2008. "The Social Context in Conditionality: Internationalizing Finance in Postcommunist Europe." *Journal of European Public Policy* 15(6): 880-98.

Escobar Toledo, Saul. 1987. "Rifts in the Mexican Power Elite, 1976–1986." In *Government and Private Sector in Contemporary Mexico*, edited by Ricardo Anzaldua and Sylvia Maxfield, 65-88. San Diego, CA: Center for U.S.-Mexican Studies.

Etchemendy, Sebastián. 2005. "Old Actors in New Markets." In *Argentine Democracy*, edited by Steven Levitsky and María Victoria Murillo, 62-87. University Park: Pennsylvania State University Press.

Etchemendy, Sebastián, and Ruth Berins Collier. 2007. "Down but Not Out: Union Resurgence and Segmented Neocorporatism in Argentina (2003–2007)." *Politics and Society* 35(3): 363-401.

Etchemendy, Sebastián, and Candelaria Garay. 2011. "Argentina: Left Populism in Comparative Perspective, 2003–2009." In *The Resurgence of the Latin American Left*, edited by Steven Levitsky and Kenneth M. Roberts, 283-305. Baltimore: Johns Hopkins University Press.

Evans, Peter B. 1995. *Embedded Autonomy*. Princeton, NJ: Princeton University Press.

Faccio, Mara, Ronald W. Masulis, and John McConnell. 2006. "Political Connections and Corporate Bailouts." *Journal of Finance* 61(6): 2597-2635.

Fairfield, Tasha. 2010. "Business Power and Tax Reform: Taxing Income and Profits in

Chile and Argentina." *Latin American Politics and Society* 52(2): 37-71.
Far Eastern Economic Review. 1974. "Devaluation: Danger of War." Dec. 20, pp. 34-36.
Farrell, Henry, and Abraham L. Newman. 2010. "Making Global Markets: Historical Institutionalism in International Political Economy." *Review of International Political Economy* 17(4): 609-38.
Farzin, Yeganeh Hossein. 1995. "Foreign Exchange Reform in Iran: Badly Designed, Badly Managed." *World Development* 23(6):987-1001.
Fernández, Roque. 1991. "What Have Populists Learned from Hyperinflation?" In *The Macroeconomics of Populism in Latin America*, edited by Rudiger Dornbusch and Sebastián Edwards, 121-49. Chicago: University of Chicago Press.
Filippini, Mariano, and María Angélica Olcese. 1989. "Transitional Economic Policies, 1971-3." In *The Political Economy of Argentina*, edited by Guido di Tella and Rudiger Dornbusch, 189-205. Pittsburgh: University of Pittsburgh Press.
Fioretos, Orfeo. 2011. "Historical Institutionalism in International Relations." *International Organization* 65(2): 367-99.
Flores Quiroga, Aldo. 2001. "Mexico: Crises and the Domestic Politics of Sustained Liberalization." In *The Political Economy of International Financial Crisis*, edited by Shale Horowitz and Uk Heo, 179-98. Lanham, MD: Rowman and Littlefield.
Foot, Rosemary, and Andrew Walter. 2011. *China, the United States, and Global Order*. New York: Cambridge University Press.
Forbes, Kristin J. 2002. "Cheap Labor Meets Costly Capital: The Impact of Devaluations on Commodity Firms." *Journal of Development Economics* 69(2): 335-65.
Frank, Charles R., Jr., Kwang Suk Kim, and Larry Westphal. 1975. *Foreign Trade Regimes and Economic Development: South Korea*. New York: Columbia University Press.
Frank, Lawrence P. 1984. "Two Responses to the Oil Boom: Iranian and Nigerian Politics after 1973." *Comparative Politics* 16(3): 295-314.
Frankel, Jeffrey. 1997. "Sterilization of Money Inflows." *Estudios de Economia* 24(2): 263-85.
———.2006. "On the Yuan." *CESifo Economic Studies* 52(2): 246-75.
Frankel, Jeffrey, and Andrew K. Rose. 1996. "Currency Crashes in Emerging Markets." *Journal of International Economics* 41 (3-4):351-66.
Frankel, Jeffrey, and George Saravelos. 2012. "Can Leading Indicators Assess Country Vulnerability?" *Journal of International Economics* 87 (2): 216-31.
Frankel, Jeffrey A., and Shang-Jin Wei. 2007. "Assessing China's Exchange Rate Regime." *Economy Policy* 22 (51): 575-627.

参考文献

Freeman III, Charles W., and Wen Jin Yuan. 2011. "China's Exchange Rate Politics." A Report of the Freeman Chair in China Studies, Center for Strategic and International Studies.

Frenkel, Roberto, and Martin Rapetti. 2006. "Monetary and Exchange Rate Policies in Argentina after the Convertibility Regime Collapse." *Nuevos Documentos CEDES*. Jan. 2006.

Frenkel, Roberto, and Jaime Ros. 2006. "Unemployment and the Real Exchange Rate in Latin America." *World Development* 34 (4): 631-46.

Frenkel, Roberto, and Lance Taylor. 2007. "Real Exchange Rate, Monetary Policy, and Employment." In *Policy Matters*, edited by José Ocampo, Jomo K.S., and Sarbuland Khan, 272-85. New York: Zed Books.

Freund, Caroline, and Martha Denisse Pierola. 2012. "Export Surges." *Journal of Development Economics* 97 (2): 387-95.

Frieden, Jeffry A. 1991a. "Invested Interests: The Politics of National Economic Policies in a World of Global Finance." *International Organization* 45 (4): 425-51.

——.1991b. *Debt, Development, and Democracy*. Princeton, NJ: Princeton University Press.

——.1994. "Exchange Rate Politics: Contemporary Lessons from American History." *Review of International Political Economy* 1 (1): 81-103.

——.1997. "The Politics of Exchange Rates." In *Mexico 1994*, edited by Sebastian Edwards and Moisés Naím, 81-94. New York: Carnegie Endowment for International Peace.

——.1999. "Actors and Preferences in International Relations." In *Strategic Choice and International Relations*, edited by David Lake and Robert Powell, 39-76. Princeton, NJ: Princeton University Press.

——.2002. "Real Sources of EuroPean Currency Policy." *International Organization* 56 (4): 831-60.

Frieden, Jeffry A., Piero Ghezzi, and Ernesto Stein. 2001. "Politics and Exchange Rates." In *The Currency Game: Exchange Rate Politics in Latin America*, edited by Jeffry Frieden and Ernesto Stein, 21-63. Washington, DC: Inter-American Development Bank.

Frieden, Jeffry David Leblang, and Neven Valev. 2010. "The Political Economy of Exchange Rate Regimes in Transition Economies." *Review of International Organizations* 5 (1): 1-25.

Galak, Oliver. 2011. "Pide la UIA Bajar Costos y Más Crédito." *La Nación*, Nov.22.

Galiani, Sebastián, Daniel Heymann, and Mariano Tommasi. 2003. "Great Expectations and Hard Times" *Economía* 3 (2): 109-60.

Gallagher, Kevin P. 2015. "Countervailing Monetary Power: Re-regulating Capital Flows in Brazil and South Korea." *Review of International Political Economy* 22 (1): 77-102.

Gallagher, Mary Elizabeth. 2005. *Contagious Capitalism*. New York: Cambridge University Press.

Gao, Jinshui. 2006. "Dang qian woguo wai hui chu bei you guan wenti tan tao (Analysis of Current Issues about Foreign Reserves)." *Jingji Yanjiu Cankao (Review of Economic Research)* 65: 41-44.

Gereffi, Gary. 2009. "Development Models and Industrial Upgrading in China and Mexico." *European Sociological Review* 25 (1): 37-51.

Gereffi, Gary, John Humphrey, and Timothy Sturgeon. 2005. "The Governance of Global Value Chains." *Review of International Political Economy* 12 (1): 78-104.

Gerschenkron, Alexander. 1962. *Economic Backwardness in Historical Perspective*. Cambridge, MA: Belknap Press of Harvard University Press.

Ghosh, Atish R., Jun Kim, Mahvash S. Qureshi, and Juan Zalduendo. 2012. "Surges." *IMF Working Paper* No. 12/22.

Gibson, Edward. 1996. *Class and Conservative Parties*. Baltimore: Johns Hopkins University Press.

Gil-Díaz, Francisco, and Agustín Carstens. 1997. "Pride and Prejudice." In *Mexico 1994*, edited by Sebastian Edwards and Moisés Naím, 165-200. Washington, DC: Carnegie Endowment for International Peace.

Gilens, Martin, and Benjamin I. Page. 2014. "Testing Theories of American Politics: Elites, Interest Groups, and Average Citizens." *Perspectives on Politics* 12 (3):564-81.

Gilley, Bruce. 1998. *Tiger on the Brink*. Berkeley: University of California Press.

Gilpin, Robert. 2001. *Global Political Economy*. Princeton, NJ: Princeton University Press.

Giovannini, Alberto, and Martha De Melo. 1993. "Government Revenue from Financial Repression." *American Economic Review* 83 (4): 953-63.

Gluzmann, Pablo, Eduardo Levy-Yeyati, and Federico Sturzenegger. 2012. "Exchange Rate Undervaluation and Economic Growth." *Economics Letters* 117 (3): 666-72.

Goldstein, Avery. 2005. *Rising to the Challenge*. Stanford, CA: Stanford University Press.

Goodfriend, Marvin, and Eswar Prasad. 2006. "A Framework for Independent Monetary Policy in China." *IMF Working Paper* WP/06/112.

Gowa, Joanne. 1988. "Public Goods and Political Institutions." *International Organization* 42 (1): 15-32.

Greenhill, Brian, Layna Mosley, and Aseem Prakash. 2009. "Trade-Based Diffusion of Labor Rights." *American Political Science Review* 103 (4): 669-90.

参考文献

Grugel, Jean, and Maria Pia Riggirozzi. 2007. "The Return of the State in Argentina." *International Affairs* 83 (1): 87-107.

Guillén, Mauro F. 2001. *The Limits of Convergence*. Princeton, NJ: Princeton University Press.

Gwartney, James, and Robert Lawson. 2009, *Economic Freedom of the World 2009 Annual Report*. Vancouver: The Fraser Institute.

Hacker, Jacob S., and Paul Pierson. 2002. "Business Power and Social Policy." *Politics & Society* 30 (2): 277-325.

Haggard, Stephan. 1990. *Pathways from the Periphery*. Ithaca, NY: Cornell University Press.

——.1994a. "Macroeconomic Policy through the First Oil Shock, 1970-1975." In *Macroeconomic Policy and Adjustment in Korea, 1970-1999*, edited by Stephan Haggard, Richard Cooper, Susan Collins, Choongso Kim, and Sung-Tae Ro, 23-47. Cambridge, MA: Harvard University Press.

——.1994b. "From the Heavy Industry Plan to Stabilization." In *Macroeconomic Policy and Adjustment in Korea, 1970-1999*, edited by Stephan Haggard, Richard Cooper, Susan Collins, Choongso Kim, and Sung-Tae Ro, 49-74. Cambridge, MA: Harvard University Press.

Haggard, Stephan, Byung-kook Kim, and Chung-in Moon. 1991. "The Transition to Export led Growth in South Korea: 1954-1966." *Journal of Asian Studies* 50 (4): 850-73.

Haggard, Stephan, and Sylvia Maxfield. 1996. "The Political Economy of Financial Internationalization in the Developing World." *International Organization* 50 (1): 35-68.

Hakimian, Hassan, and Massoud Karshenas. 2000. "Dilemmas and Prospects for Economic Reform and Reconstruction in Iran." In *Iran's Economy,* edited by Parvin Alizadeh, 29-62. New York: St. Martin's Press.

Hall, Peter A., and David W. Soskice. 2001. *Varieties of Capitalism*. New York: Oxford University Press.

Hamilton, Nora. 1982. *The Limits of State Autonomy: Post-Revolutionary Mexico*. Princeton, NJ: Princeton University Press.

Han, Nae Bok. 1964a. "Austerity." *Far Eastern Economic Review*, Jan.23, 142-43.

——. 1964b. "Seoul Devalues." *Far Eastern Economic Review*, May 21, 395.

——.1965. "Floating Rate." *Far Eastern Economic Review*, Apr.15, 133.

Harvey, Charles, and Stephen R. Lewis. 1990. *Policy Choice and Development Performance in Botswana*. New York: St. Martin's Press.

He, Sui. 1993. "Guangdong Official Sees 'Benefit.'" *Ta Kung Pao*, Dec.31, in *FBIS* Jan.3, 1994.
Heath, Jonathan. 1999. *Mexico and the Sexenio Curse*. Washington, DC: Center for Strategic & International Studies.
Helleiner, Eric. 2003. *The Making of National Money*. Ithaca, NY: Cornell University Press.
———.2005. "A Fixation with Floating." *Canadian Journal of Political Science* 38 (1): 23-44.
Henning, C. Randall. 1994. *Currencies and Politics in the United States, Germany, and Japan*. Washington, DC: Institute for International Economics.
———.2006. "The Exchange-Rate Weapon and Macroeconomic Conflict." In *International Monetary Power*, edited by David Andrews, 117-38. Ithaca, NY: Cornell University Press.
Henning, C. Randall, and Saori Katada. 2014. "Cooperation without Institutions: The Case of East Asian Currency Arrangements." Unpublished manuscript. American University and University of Southern California.
Herbst, Jeffrey Ⅰ. 2000. *States and Power in Africa*. Princeton, NJ: Princeton University Press.
Herrerias, Maria J., and Vicente Orts. 2011. "The Driving Forces Behind China's Growth." *Economics of Transition* 19(1): 79-124.
Heston, Alan, Robert Summers, and Bettina Aten. 2009. "Penn World Tables Version 6.3." Center for International Comparisons of Production, Income and Prices, University of Pennsylvania. https://pwt.sas.upenn.edu/php_site/pwt_index.php.
Hirschman, Albert O. 1968. "The Political Economy of Import-Substituting Industrialization in Latin America." *Quarterly Journal of Economics* 82 (1):1-32.
Hong, Wontack, and Yung Chul Park. 1986. "The Financing of Export-Oriented Growth in South Korea." In *Pacific Growth and Financial Interdependence*, edited by Augustin H. H. Tan and Basant Kapur, 163-82. Sydney: Allen and Unwin.
Howson, Nicholas Calcina. 2009. "China's Restructured Commercial Banks." In *China's Emerging Financial Markets*, edited by Martha Avery, Zhu Min, and Jinqing Cai, 123-63. Singapore: John Wiley & Sons.
Huang, Guobo, and Clement Yuk-Pang Wong. 1996. "Unification of China's Foreign Exchange Rates." *Contemporary Economic Policy* 14 (4): 42-57.
Huang, Yasheng. 2008. *Capitalism with Chinese Characteristics: Entrepreneurship and the State*. New York: Cambridge University Press.
Huizinga, Harry. 1997. "Real Exchange Rate Misalignment and Redistribution." *European Economic Review* 41 (2): 259-77.

参考文献

Huntington, Samuel P. 1968. *Political Order in Changing Societies*. New Haven, CT: Yale University Press.

Hwang, Don. 1967. "Upside Down Rates." *Far Eastern Economic Review*. Apr.27, p.216.

Ikenberry, G. John. 1986. "The Irony of State Strength: Comparative Responses to the Oil Shocks in the 1970s." *International Organization* 40 (1): 105-37.

Ilzetzki, Ethan, Carmen Reinhart, and Kenneth Rogoff. 2008. "Exchange Rate Arrangements Entering the 21st Century." Available at: http://terpconnect.umd. edu/~creinhar/Papers.html.

IMF. 2012. *People's Republic of China 2012 Article IV Consultation*. Washington, DC: International Monetary Fund.

Independent Evaluation Office of the International Monetary Fund. 2004. *The IMF and Argentina, 1991-2001*. Washington, DC: International Monetary Fund.

Jing, Xuecheng. 1995. "Foreign Exchange Reserves Increase; Renminbi Exchange Rate Remains Firm." *Caimao Jingji (Finance and Economics)*. Oct. 11, in *FBIS* Dec.26, 1995.

Jingji Ribao. 1995. "A Survey of Experts: What Are the Trends in China's Economy in 1995?" Jan.18, in *FBIS* Apr.25, 1995.

Johnson, Chalmers. 1987. "Political Institutions and Economic Performance." In *The Political Economy of the New Asian Industrialism*, edited by Frederic C. Deyo, 136-64. Ithaca, NY: Cornell University Press.

Johnson, Simon, Jonathan D. Ostry, and Arvind Subramanian. 2006. "Levers for Growth." *Finance and Development* 43 (1): 28-31.

Jones, Leroy P., and Il Sakong.1980. *Government, Business, and Entrepreneurship in Economic Development*. Cambridge, MA: Council on East Asian Studies, Harvard University.

Kaifang (Open Magazine). 1995. "Situation in China's Economic Reform for 1995— Zhu Rongji's Closed-Door Speech at End of December 1994." Feb. 2, in *FBIS* May 19, 1995.

Kanenguiser, Martin. 2009. "La UIA Pide Medidas de Reactivación." *La Nación*. Jan.3.

Kaplan, Stephen B. 2006. "The Political Obstacles to Greater Exchange Rate Flexibility in China." *World Development* 34 (7): 1182-1200.

———.2013. *Globalization and Austerity Politics in Latin America*. New York: Cambridge University Press.

Karcher, Sebastian, and David A. Steinberg. 2013. "Assessing the Causes of Capital Account Liberalization." *International Studies Quarterly* 57 (1): 128-37.

Karshenas, Massoud. 1990. *Oil, State, and Industrialization in Iran*. New York: Cambridge University Press.

Katouzian, Homan. 1981. *The Political Economy of Modern Iran*. New York: New York University Press.

Katzenstein, Peter J. 1978. Conclusion to *Between Power and Plenty*, edited by Peter J. Katzenstein, 295-336. Madison: University of Wisconsin Press.

Kaufman, Robert R., Carlos Bazdresch, and Blanca Heredia. 1994. "Mexico: Radical Reform in a Dominant Party System." In *Voting for Reform*, edited by Stephan Haggard and Steven B. Webb, 360-410. Washington, DC: World Bank.

Kennedy, Scott. 2005. *The Business of Lobbying in China*. Cambridge, MA: Harvard University Press.

Keshavarzian, Arang. 2007. *Bazaar and State in Iran*. New York: Cambridge University Press.

Kessler, Timothy P. 1998. "Political Capital: Mexican Financial Policy Under Salinas." *World Politics* 51 (1): 36-66.

——.1999. *Global Capital and National Politics*. Westport, CT: Praeger Publishers.

Khwaja, Asim Ijaz, and Atif Mian. 2005. "Do Lenders Favor Politically Connected Firms?" *Quarterly Journal of Economics* 120 (4): 1371-1411.

Kim, Byung-Kook. 2011. "The Leviathan." In *The Park Chung Hee Era*, edited by Byung-Kook Im and Ezra F. Vogel, 200-232. Cambridge, MA: Harvard University Press.

Kim, Chung-Yum. 2011. *From Despair to Hope: Economic Policymaking in Korea 1945– 1979*. Seoul: Korea Development Institute.

Kim, Eun Mee. 1977. *Big Business, Strong State*. Albany: State University of New York Press.

Kim, Eun Mee, and Gil-Sun Park. 2011. "The Chaebol." In *The Park Chung Hee Era*, edited by Byung-Kook Im and Ezra F. Vogel, 265-94. Cambridge, MA: Harvard University Press.

Kim, Kwang Suk. 1991. "The 1964-65 Exchange Rate Reform, Export-Promotion Measures, and Import-Liberalization Program." In *Economic Development in the Republic of Korea*, edited by Lee-Jay Cho and Yoon Hyun Kim, 101-34. Honolulu: University of Hawaii Press.

Kim, Samuel S. 2006. "Chinese Foreign Policy Faces Globalization Challenges." In *New Directions in the Study of China's Foreign Policy*, edited by Alastair Iain Johnston and Robert Ross, 276-306. Stanford, CA: Stanford University Press.

Kim, Wan-Soon. 1991. "The President's Emergency Decree for Economic Stability and Growth (1972)." In *Economic Development in the Republic of Korea*, edited by Lee-

参考文献

Jay Cho and Yoon Hyun Kim, 163-81. Honolulu: University of Hawaii Press.

Kim, Yoon Hyung. 1991. "Policy Response to the Oil Crisis and the Presidential Emergency Decree (1974)." In *Economic Development in the Republic of Korea*, edited by Lee-Jay Cho and Yoon Hyun Kim, 183-206. Honolulu: University of Hawaii Press.

Kinderman, Daniel. 2008. "The Political Economy of Sectoral Exchange Rate Preferences and Lobbying." *Review of International Political Economy* 15 (5): 851-80.

King, Gary, Robert O. Keohane, and Sidney Verba. 1994. *Designing Social Inquiry*. Princeton, NJ: Princeton University Press.

Kirshner, Jonathan. 2003. "Money Is Politics." *Review of International Political Economy* 10 (4): 645-60.

Knight, Sarah Cleeland. 2010. "Divested Interests: Globalization and the New Politics of Exchange Rates." *Business and Politics* 12 (2): 1-28.

Kohli, Atul. 2004. *State-Directed Development*. New York: Cambridge University Press.

Koopman, Robert, Zhi Wang, and Shang-Jin. 2012. "Estimating Domestic Content in Exports When Processing Trade is Pervasive." *Journal of Development Economics* 99 (1): 178-89.

Korpi, Walter. 1985. "Power Resources Approach vs. Action and Conflict." *Sociological Theory* 3 (2): 31-45.

——.2006. "Power Resources and Employer-centered Approaches in Explanations of Welfare States and Varieties of Capitalism." *World Politics* 58 (2): 167-206.

Krasner, Stephen D. 1978. "United States Commercial and Monetary Policy." In *Between Power and Plenty*, edited by Peter J. Katzenstein, 51-87. Madison: University of Wisconsin Press.

Krieger Vasena, Adalbert. 1990. "Chapter 6." In *Argentina, 1946-83: The Economic Ministers Speak*, edited by Guido di Tella and Carlos Rodríguez Braun, 85-103. New York: St. Martin's Press.

Kritz, Ernesto. 2002. "Poverty and the Labor Market in the Argentine Crisis 1998–2002." *Argentina-Crisis and Poverty 2003: A Poverty Assessment. Background Paper* No.4.

Krugman, Paul. 2010. "Taking On China." *New York Times*, Mar.14. http://www.nytimes.com/2010/03/15/opinion/15krugman.html.

Kucera, David. 2002. "Core Labour Standards and Foreign Direct Investment." *International Labour Review* 141 (1-2): 31-69.

Ladjevardi, Habib. 1985. *Labor Unions and Autocracy in Iran*. Syracuse, NY: Syracuse University Press.

Lake, David A. 2009. "Open Economy Politics: A Critical Review." *Review of International Organizations* 4 (3): 219-44.
Lam, Willy Wo-Lap. 1999. *The Era of Jiang Zemin*. New York: Prentice Hall.
Lampton, David M. 1992. "A Plum for a Peach." In *Bureaucracy, Politics, and Decision Making in Post-Mao China*, edited by Kenneth Lieberthal and David M. Lampton, 33-58. Berkeley: University of California Press.
La Nación. 1986. "Sourrouille: Ajustes Cambiarios y en las Tarifas." Apr. 5, p.14.
——.1991. "Se Firmó el Acuerdo con la Industria." Sep.3.
——.1996. "El futuro de la convertibilidad se instala otra vez en la UIA." Jan. 18. http://www.lanacion.com.ar/171250-el-futuro-de-la-convertibilidad-se-instala-otra-vez-en-la-uia.
——.1999. "Los Empresarios Defienden el Modelo, Pero dan su Apoyo con Condiciones." May 30. http://www.lanacion.com.ar/140252-los-empresarios-defienden-el-modelo-pero-dan-su-apoyo-con-condiciones.
——.2002. "Industriales del Interior Pidieron la Pesificación Total." Jan.26. http://www.lanacion.com.ar/369549-industriales-del-interior-pidieron-la-pesificacion-total.
——.2007a. "Miceli Dijo que Seguirá el Tipo de Cambio Alto." June 14. http://www.lanacion.com.ar/917286-miceli-dijo-que-seguira-el-tipo-de-cambio-alto.
——.2007b. "Lousteau Criticóa los Productores por su Falta de Diálogo." Dec.13. http://www.lanacion.com.ar/970770-lousteau-critico-a-los-productores-por-su-falta-de-dialogo.
——.2008. "Prometen un Tipo de Cambio Competitivo." Aug. 21. http://www.lanacion.com.ar/1041869-prometen-un-tipo-de-cambio-competitivo.
——.2010. "Se Suman Reclamos por el Tipo de Cambio." Apr. 14. http://www.lanacion.com.ar/1253999-se-suman-reclamos-por-el-tipo-de-cambio.
——.2011. "La UIA Dice que no Impulsa 'Ningún Proceso Devaluatorio.'" Nov. 4. http://www.lanacion.com.ar/1420417-la-uia-dice-que-no-impulsa-ningun-proceso-devaluatorio.
La Porta, Rafael, Florencio Lopez-de-Silanes, and Andrei Shleifer. 2002. "Government Ownership of Banks." *Journal of Finance* 57(1) : 265-301.
Lardy, Nicholas R. 1998. *China's Unfinished Economic Revolution*. Washington, DC: Brookings Institution Press.
——.2012. *Sustaining China's Economic Growth after the Global Financial Crisis*. Washington, DC: Peterson Institute for International Economics.
Lautenschlager, Wolfgang. 1986. "The Effects of an Overvalued Exchange Rate on the

参考文献

Iranian Economy, 1979-1984. " *International Journal of Middle East Studies* 18(1): 31-52.

Lehoucq, Fabrice, Gabriel Negretto, Francisco Aparicio, Benito Nacif, and Allyson Benton. 2008. "Policymaking in Mexico under One-Party Hegemony and Divided Government. " In *Policymaking in Latin America*, edited by Ernesto Stein and Mariano Tommasi, 287-328. Washington, DC: Inter-American Development Bank.

Leigh, Lamin, and Richard Podpiera. 2006. "The Rise of Foreign Investment in China's Banks. " *IMF Working Paper* WP/06/292.

Levitsky, Steven, and María Victoria Murillo. 2005. "Building Castles in the Sand?" In *Argentine Democracy*, edited by Steven Levitsky and María Victoria Murillo, 21-44. University Park: Pennsylvania State University Press.

Levy-Yeyati, Eduardo, Federico Sturzenegger, and Pablo Alfredo Gluzmann. 2013. "Fear of Appreciation. " *Journal of Development Economics* 101: 233-47.

Levy-Yeyati, Eduardo, and Diego Valenzuela. 2007. *La Resurección*. Buenos Aires: Editorial Sudamericana.

Lewis, Paul H. 1990. *The Crisis of Argentine Capitalism*. Chapel Hill: University of North Carolina Press.

Leyba, Carlos Raul Gabriel. 1990. "Chapter 10. " In *Argentina, 1946-83: The Economic Ministers Speak*, edited by Guido di Tella and Carlos Rodríguez Braun. New York: St. Martin's Press.

Li, Cheng. 2005. "The New Bipartisanship within the Chinese Communist Party." *Orbis* 49(3): 387-400.

——. 2009. "China's Team of Rivals. " *Foreign Policy* Mar. -Apr. 2009.

Li, Hongbin, Lingsheng Meng, Qian Wang, and Li-An Zhou. 2008. "Political Connections, Financing, and Firm Performance. " *Journal of Development Economics* 87(2): 283-99.

Li, Hongbin, and Li-An Zhou. 2005. "Political Turnover and Economic Performance. " *Journal of Public Economics* 89(9-10): 1743-62.

Li, Pumin. 1995. "Analysis of the 1994 Reform of Foreign Exchange and Trade Management System. " *Jingji Yanjiu Cankao* (*Review of Economic Research*)4: 29-36.

Lieberman, Evan S. 2005. "Nested Analysis as a Mixed-Method Strategy for Comparative Analysis. " *American Political Science Review* 99(3): 435-52.

Lieberthal, Kenneth. 2004. *Governing China*. 2nd ed. New York: W. W. Norton.

Lieberthal, Kenneth, and Michel Oksenberg. 1988. *Policy Making in China*. Princeton, NJ: Princeton University Press.

Liew, Leong H. 2004. "Policy Elites in the Political Economy of China's Exchange Rate

Policymaking." *Journal of Contemporary China* 13(38) : 21-51.

Liew, Leong H., and Harry X. Wu. 2007. *The Making of China's Exchange Rate Policy.* Northampton, MA: Edward Elgar.

Lin, Zhiyuan. 1994. "Conditions and Policies for the Reform of Convertibility of the Renminbi." *Jingji Yanjiu*. Feb.20, in *FBIS* May 11, 1994.

Lindblom, Charles Edward. 1977. *Politics and Markets*. New York: Basic Books.

Lins, Maria Antonieta del Tedesco. 2012. "State-Owned Banks in Brazil and India." Presented at the annual meeting of the International Studies Association, San Diego, CA.

Liu, Fei. 1996. "Correlation between RMB New Exchange Rate System and Domestic Money Supply." *Caimao Jingji (Finance and Economics)*. Dec. 11, in *FBIS* Jan.31, 1996.

Liu, Li-Gang, and Laurent Pauwels. 2012. "Do External Political Pressures Affect the Renminbi Exchange Rate?" *Journal of International Money and Finance* 31 (6): 1800-1818.

Liu, Xiaoxi. 1995. "On Whether the Inflow of Foreign Capital Produces an Inflationary Effect." *Gaige (Reform)*. May 20, in *FBIS* July 28, 1995.

Lizondo, José Saúl. 1989. "Comment." In *The Political Economy of Argentina*, edited by Guido di Tella and Rudiger Dornbusch, 206-12. Pittsburgh: University of Pittsburgh Press.

Ljungwall, Christer, Yi Xiong, and Zou Yutong. 2013. "Central Bank Financial Strength and the Cost of Sterilization in China." *China Economic Review* 25: 105-16.

Looney, Robert E. 1982. *Economic Origins of the Iranian Revolution*. New York: Pergamon Press.

Love, Inessa, and Rida Zaidi. 2010. "Trade Credit, Bank Credit and Financial Crisis." *International Review of Finance* 10 (1): 125-47.

Lu, Jianxin. 2008. "China FX Policy Shift More Rhetoric Than Reality." *Reuters,* May 8. http://www.reuters.com/article/2008/05/08/us-china-yuan-policy-idUSSHA12085220080508.

Lustig, Nora. 1992. *Mexico: The Remaking of an Economy*. Washington, DC: Brookings Institution.

Machinea, José Luis. 1990. "Stabilization under Alfonsín's Government." *Documento CEDES* No. 42.

Mahoney, James, and Gary Goertz. 2004. "The Possibility Principle: Choosing Negative Cases in Comparative Research." *American Political Science Review* 98 (4): 653-69.

Mai, Shilong. 1993. "Guangdong Economist Views Devaluation of Yuan." *Zhongguo*

参考文献

Tongxun She. June 3, in *FBIS* June 4, 1993.

Maia, José Luis, and Mercedes Kweitel. 2003. "Argentina: Sustainable Output Growth after the Collapse." Manuscript, Dirección Nacional de Politicas Macroeconomicas, Ministerio de Economia-Argentina.

Malesky, Edmund J., and Markus Taussig. 2009. "Where Is Credit Due?" *Journal of Law, Economics, and Organization* 25 (2): 535-78.

Mallon, Richard D., and Juan V. Sourrouille. 1975. *Economic Policymaking in a Conflict Society.* Cambridge, MA: Harvard University Press.

Maloney, Parvin. 2000. "Agents or Obstacles? Parastatal Foundations and Challenges for Iranian Development." In *The Economy of Iran,* edited by Parvin Alizadeh, 145-76. New York: I. B. Tauris.

Marshall, Monty, Keith Jaggers, and Ted Gurr. 2009. "Political Regime Characteristics and Transitions, 1800-2008. Polity IV Project." Vienna, VA: Center for Systemic Peace.

Martín, Mariano. 2005. "La UIA Recibe a Lavagna con Pedidos y Respaldo." *El Cronista.* July 25.

Martínez de Hoz, José Alfredo. 1967. *La Agricultura y la Ganadería Argentina en el Periodo 1930–1960.* Buenos Aires: Editorial Sudamericana.

——.1990. "Chapter 13." In *Argentina, 1946-83: The Economic Ministers Speak,* edited by Guido di Tella and Carlos Rodríguez Braun, 151-80. New York: St. Martin's Press.

Mason, Edward S., Mahn Je Kim, Dwight H. Perkins, Kwang Suk Kim, and David C. Cole. 1980. *The Economic and Social Modernization of the Republic of Korea.* Cambridge, MA: Harvard University Press.

Maxfield, Sylvia. 1990. *Governing Capital: International Finance and Mexican Politics,* Ithaca, NY: Cornell University Press.

Mazaheri, Nimah. 2006. "State Repression in the Iranian Bazaar, 1975-1977." *Iranian Studies* 39 (3): 401-14.

——.2008. "An 'Informal' Revolution: State-Business Conflict and Institutional Change in Iran." *Middle Eastern Studies* 44 (4): 585-602.

Mazarei, Adnan. 1995. "The Parallel Market for Foreign Exchange in an Oil Exporting Economy: The Case of Iran, 1978-1990." *IMF Working Paper* No. 95/69.

——.1996. "The Iranian Economy under the Islamic Republic." *Cambridge Journal of Economics* 20 (3): 289-314.

Mbaye, Samba. 2013. "Currency Undervaluation and Growth: Is There a Productivity Channel?" *International Economics* 133:8-28.

McGuire, James W. 1997. *Peronism without Perón.* New York: Cambridge University

Press.

McKenzie, David J. 2004. "Aggregate Shocks and Urban Labor Market Responses: Evidence from Argentina's Financial Crisis." *Economic Development and Cultural Change* 52 (4): 719-58.

McNamara, Kathleen. 1998. *The Currency of Ideas*. Ithaca, NY: Cornell University Press.

———.1999. "Consensus and Constraint: Ideas and Capital Mobility in European Monetary Integration." *Journal of Common Market Studies* 37 (3): 455-76.

Meaños, Fernando. 2005. "El Comercio ya Redujo mucho sus Márgenes." *Fortuna*. Aug. 8, pp. 15-18.

Mercado. 1983. "Las Propuestas Económicas de los Partidos." Aug. 18.

Mertha, Andrew. 2009. " 'Fragmented Authoritarianism 2.0' : Political Pluralization in the Chinese Policy Process." *The China Quarterly* 200: 995-1012.

Micco, Alejandro, Ugo Panizza, and Monica Yañez. 2007. "Bnak Ownership and Performance." *Journal of Banking & Finance* 31 (1): 219-241.

Milani, Abbas. 2008. *Eminent Persians*. Syracuse, NY: Syracuse University Press.

Milgrom, Paul, Yingyi Qian, and John Roberts. 1991. "Complementarities, Momentum, and the Evolution of Modern Manufacturing." *American Economic Review* 81 (2): 84-88.

Milner, Helen V. 1998. "Rationalizing Politics." *International Organization* 52 (4): 759-86.

Ming Pao. 1993. "Renminbi Devaluation Downplayed." June 7, in *FBIS* June 7, 1993.

Minushkin, Susan. 2002. "Banqueros and Bolseros." *Journal of Latin American Studies* 34 (4): 915-44.

Mishkin, Frederic C. 2009. "Why We Shouldn't Turn Our Backs on Financial Globalization." *IMF Staff Papers* 56 (1): 139-70.

Moghadam, Valentine M. 1996. "Making History, but Not of Their Own Choosing." In *The Social History of Labor in The Middle East*, edited by Ellis Jay Goldberg, 65-98. Boulder, CO: Westview Press.

Mohanty, Madhusudan S., and Philip Turner. 2005. "Intervention: What Are the Domestic Consequences?" *BIS Papers* 24 (May): 56-81.

Montenegro, Maximilio. 1999. "Lo que la UIA Piensa, Pero no Dice." *Página/12*. Aug. 18.

Moore, Thomas G., and Dixia Yang. 2001. "Empowered and Restrained." In *The Making of Chinese Foreign and Security Policy in the Era of Reform, 1978–2000*, edited by David M. Lampton, 191-229. Stanford, CA: Stanford University Press.

Moravcsik, Andrew. 1997. "Taking Preferences Seriously: A Liberal Theory of International Politics." *International Organization* 51 (4): 513-53.

参考文献

Morici, Peter, and Evan Schulz. 2001. *Labor Standards in the Global Trading System.* Washington, DC: Economic Strategy Institute.

Morrison, James Ashley. 2012. "Before Hegemony." *International Organization* 66 (3): 395-428.

——.2015. "Shocking Intellectual Austerity: The Role of Ideas in the Demise of the Gold Standard in Britain." *International Organization* (forthcoming).

Moschella, Manuela. 2015. "Currency Wars in the Advanced World: Resisting Appreciation at a Time of Change in Central Banking Monetary Consensus." *Review of International Political Economy* 22 (1): 134-61.

Moslem, Mehdi. 2002. *Factional Politics in Post-Khomeini Iran.* Syracuse, NY: Syracuse University Press.

Mosley, Layna. 2010. *Labor Rights and Multinational Production.* New York: Cambridge University Press.

Mussa, Michael. 2002. *Argentina and the Fund.* Washington, DC: Peterson Institute.

Naím, Moisés. 1997. "Mexico's Larger Story." In *Mexico 1994: Anatomy of an Emerging Market Crash*, edited by Sebastian Edwards and Moisés Naím 295-312. Washington, DC: Carnegie Endowment for International Peace.

Naselli, María Irene. 1991. "Una Clase de Ilusion." *Informe Industrial.* Apr., pp. 4-6.

Nasr, Vali. 2000. "Politics within the Late-Pahlavi State." *International Journal of Middle East Studies* 32 (1): 97-122.

Naughton, Barry. 1999. "China: Domestic Restructuring and a New Role in Asia." In *The Politics of the Asian Economic Crisis*, edited by T. J. Pempel, 203-23. Ithaca, NY: Cornell University Press.

——.2007. *The Chinese Economy.* Cambridge, MA: MIT Press.

Nelson, Stephen, and Peter J. Katzenstein. 2014. "Uncertainty, Risk, and the Financial Crisis of 2008." *International Organization* 48 (2): 361-92.

Neumayer, Eric, and Indra de Soysa. 2006. "Globalization and the Right to Free Association and Collective Bargaining." *World Development* 34 (1): 31-49.

New York Times. 2010. "A Message for China." Oct. 1, A24.

——.2007. "Sarkozy Pressures China on Yuan's Value." Nov. 25. http://www.nytimes.com/2007/11/25/business/worldbusiness/25iht-yuan.4.8471298.html.

Nichols, Theo, and Wei Zhao. 2010. "Disaffection with Trade Unions in China." *Industrial Relations Journal* 41 (1): 19-33.

Nogués, Julio J. 1986. *The Nature of Argentina's Policy Reforms during 1976-81.* Washington, DC: World Bank.

Nye, Joseph S. 2004. *Soft Power*. New York: Public Affairs.
Oatley, Thomas. 2010. "Real Exchange Rates and Trade Protectionism." *Business and Politics* 12 (2): 1-17.
Oberst, Tomás. "La Economía Argentina Según Carlos Moyano Llerena." *Revista Ensayos de Política Económica* 3: 1-16.
Obstfeld, Maurice, and Kenneth Rogoff. 2009. *Global Imbalances and the Financial Crisis*. Proceedings, Federal Reserve Bank of San Francisco.
Odell, John S. 1982. *U.S. International Monetary Policy*. Princeton, NJ: Princeton University Press.
O'Donnell, Guillermo. 1978. "State and Alliances in Argentina, 1956-76." *Journal of Development Studies* 15 (1): 3-33.
——.1988. *Bureaucratic Authoritarianism*. Berkeley: University of California Press.
OECD. 2000. *International Trade and Core Labour Standards*. Paris: Organization for Economic Cooperation and Development.
Ogle, George E. 1990. *South Korea: Dissent within the Economic Miracle*. London: Zed Books.
Olivera, Franciso. 2008. "Los Industriales Piden una Nueva Devalución del Peso." *La Nación*. Nov. 25.
Olson, Mancur. 1965. *The Logic of Collective Action*. Cambridge, MA: Harvard University Press.
——.1993. "Dictatorship, Democracy, and Development." *American Political Science Review* 87 (3): 567-76.
Ortiz, Guillermo, and Leopoldo Solís. 1979. "Financial Structure and Exchange Rate Experience." *Journal of Development Economics* 6 (4): 515-48.
Página/12. 1995. "La UIA y Cavallo Discuten Sobre Los Salarios." July 22.
Panorama. 1993. "Una Devaluación no Duraría ni Tres Días." Oct., pp. 8-12.
Park, Yung Chul. 1991. "The Development of Financial Institutions and the Role of Government in Credit Allocation." In *Economic Development in the Republic of Korea*, edited by Lee-Jay Cho and Yoon Hyun Kim, 45-72. Honolulu: University of Hawaii Press.
Parsa, Misagh. 1995. "Entrepreneurs and Democratization: Iran and the Philippines." *Comparative Studies in Society and History* 37 (4): 803-30.
Pascó-Font, Alberto, and Piero Ghezzi. 2001. "Exchange Rates and Interest Groups in Peru, 1950–1996." In *The Currency Game*, edited by Jeffry Frieden and Ernesto Stein, 249-77. Washington, DC: Inter-American Development Bank.
Pastore, José María Dagnino. 1990. "Chapter 7." In *Argentina, 1946–83: The Economic*

参考文献

Ministers Speak, edited by Guido di Tella and Carlos Rodríguez Braun, 104-10. New York: St. Martin's Press.

PBC. 2003. *China Monetary Policy Report*. Available at: http://www.pbc.gov.cn.

———.2007. *China Monetary Policy Report, Quarter 3, 2007*. Available at: http://www.pbc.gov.cn.

———. 2010. *China Monetary Policy Report, Quarter 1, 2010*. Available at: http://www.pbc.gov.cn.

People's Daily. 1994. "What Does the Reunification of the Renminbi Foreign Exchange Rates Mean?" Jan. 12, in *FBIS* Jan. 19, 1994.

———.2007. "The Central Economic Work Conference Convenes in Beijing." Dec.6.

Pepinsky, Thomas B. 2009. *Economic Crisis and the Breakdown of Authoritarian Regimes*. New York: Cambridge University Press.

Peralta Ramos, Monica. 1992. "Economic Policy and Distributional Conflict among Business Groups in Argentina." In *The New Argentine Democracy*, edited by Edward Epstein, 97-123. Westport, CT: Praeger.

Peasran, M. Hashem. 1982. "The System of Dependent Capitalism in Pre-and Post-Revolutionary Iran." *International Journal of Middle East Studies* 14 (4): 501-22.

———.1992. "The Iranian Foreign Exchange Policy and the Black Market for Dollars." *International Journal of Middle East Studies* 24 (1): 101-25.

———.2000. "Economic Trends and Macroeconomic Policies in Post-Revolutionary Iran." In *Iran's Economy*, edited by Parvin Alizadeh, 63-99. New York: St. Martin's Press.

Petrei, A. Humberto, and James Tybout. 1985. "Microeconomic Adjustments in Argentina During 1976–1981: The Importance of Changing Levels of Financial Subsidies." *World Development* 13 (8): 949-67.

Pettis, Michael. 2007. "China's Last Option: Let the Yuan Soar." *Far Eastern Economic Review* 170 (5): 10-15.

Pfeifer, Karen. 2006. "Islam and Labor Law." In *Islam and the Everyday World*, edited by Sohrab Behdad and Farhad Nomani, 113-40. London: Routledge.

Pick, Daniel H., and Thomas L. vollrath. 1994. "Real Exchange Rate Misalignment and Agricultural Export Performance in Developing Countries." *Economic Development and Cultural Change* 42(3): 555-71.

Podpiera, Richard. 2006. "Progress in China's Banking Sector Reform" *IMF Working Paper* WP/06/71.

Polak, Jacques J. 1991. "The Changing Nature of IMF Conditionality." *OECD Development Centre Working Paper* No. 41.

Prasad, Eswar S. 2014. *The Dollar Trap*. Princeton, NJ: Princeton University Press.
Radetzki, Marian. 2008. *A Handbook of Primary Commodities in the Global Economy*. New York: Cambridge University Press.
Rahnema, Saeed. 1992. "Work Councils in Iran." *Economic and Industrial Democracy* 13 (1): 69-94.
Rakel, Eva Patricia. 2008. *Power, Islam, and Political Elite in Iran*. Boston: Brill.
Ramírez, Carlos D. 2013. "The Political Economy of 'Currency Manipulation' Bashing." *China Economic Review* 27: 227-37.
Ramírez de la O, Rogelio. 1996. "The Mexican Peso Crisis and Recession of 1994–1995." In *The Mexican Peso Crisis*, edited by Riordan Roett, 11-32. Boulder, CO: Lynne Rienner Publishers.
Ranis, Peter. 1992. *Argentine Workers*. Pittsburgh: University of Pittsburgh Press.
Razin, Ofair, and Susan M Collins. 1999. "Real-Exchange-Rate Misalignments and Growth." In *The Economics of Globalization*, edited by Assaf Razin and Efraim Sadka, 85-122. New York: Cambridge University Press.
Rebossio, Alejandro. 2005. "El Gobierno Frena el Alza del Gasto para Atacar la Inflación." *La Nación*. Oct. 29. http://www.lanacion.com.ar/751754-el-gobierno-frena-el-alzadel-gasto-para-atacar-la-inflacion.
——.2007. "Un Hombre de la Industria y, Sobre Todo, un Hombre del Presidente." *La Nación*. July 17. http://www.lanacion.com.ar/926415-un-hombre-de-la-industria-y-sobre-todo-un-hombre-del-presidente.
——.2008. "Señal Contundente, pero Coyuntural." *La Nación*. May 29. http://www.lanacion.com.ar/1016556-senal-contundente-pero-coyuntural.
Reinhardt, Dennis, Luca Antonio Ricci, and Thierry Tressel. 2013. "International Capital Flows and Development." *Journal of International Economics* 91 (2):235-51.
Reinhart, Carmen M., and Vincent R. Reinhart. 1998. "Some Lessons for Policy Makers Who Deal with the Mixed Blessing of Capital Inflows." In *Capital Flows and Financial Crises*, edited by Miles Kahler, 93-127. Manchester: Council of Foreign Relations.
——.2008. "Capital Inflows and Reserve Accumulation." *National Bureau of Economic Research Working Paper* No. 13842.
Reinhart, Carmen M., and Kenneth Rogoff. 2009. *This Time Is Different*. Princeton, NJ: Princeton University Press.
Reynolds, Clark W. 1978. "Why Mexico's 'Stabilizing Development' Was Actually Destabilizing (with Some Implications for the Future)." *World Development* 6 (7):

参考文献

1005-18.

Richardson, Neal P. 2009. "Export-Oriented Populism: Commodities and Coalitions in Argentina." *Studies in Comparative International Development* 44 (3): 228-55.

Riedel, James, Jing Jin, and Jian Gao. 2007. *How China Grows*. Princeton, NJ: Princeton University Press.

Riggi, Horacio. 2004. "Los Empresarios Quieren que la Baja de Retenciones Abarque a Toda la Industria." *El Cronista*. Dec. 27.

Rodríguez, José María. 2007. "El Producto Potencial de la Argentina." Unpublished manuscript, Universidad Nacional de Córdoba.

Rodrik, Dani. 1994. "The Rush to Free Trade in the Developing World." In *Voting for Reform*, edited by Stephan Haggard and Steven Webb, 64-88. New York: Oxford University Press.

———.1996. "Labor Standards in International Trade." In *Emerging Agenda for Global Trade*, edited by Robert Z. Lawrence, Dani Rodrik, and John Whalley, 35-80. Washington, DC: Overseas Development Council.

———.2008. "The Real Exchange Rate and Economic Growth." *Brookings Papers on Economic Activity* 2: 365-412.

———.2010. "Making Room for China in the World Economy." *American Economic Review* 100 (2): 89-93.

Rogoff, Kenneth. 1996. "The Purchasing Power Parity Puzzle." *Journal of Economic Literature* 34 (2):647-68.

Rogowski, Ronald. 1999. "Institutions as Constraints on Strategic Choice." In *Strategic Choice and International Relations*, edited by David A. Lake and Robert Powell, 115-36. Princeton, NJ: Princeton University Press.

Roubini, Nouriel, and Stephen Mihm. 2010. *Crisis Economics*. New York: Penguin Press.

Roubini, Nouriel, and Xavier Sala-i-Martin. 1992. "Financial Repression and Economic Growth." *Journal of Development Economics* 39 (1): 5-30.

Rozenwurcel, Guillermo, and Leonardo Bleger. 1998. "Argentina's Banking Sector in the Nineties." *The World Economy* 21 (3): 369-96.

Saeidi, Ali A. 2001. "Charismatic Political Authority and Populist Economics in Post Revolutionary Iran." *Third World Quarterly* 22 (2): 219-36.

Salehi-Isfahani, Djavad. 1989. "The Political Economy of Credit Subsidy in Iran, 1973–1978." *International Journal of Middle East Studies* 21 (3): 359-79.

Samuelson, Paul A. 1964. "Theoretical Notes on Trade Problems." *Review of Economics and Statistics* 46 (2): 145-54.

Sanguinetti, Pablo, and Christian Volpe Martincus. 2004. "Does Trade Liberalization Favor Industrial De-concentration?" Manuscript, Universidad Torcuato di Tella and University of Bonn.

Sapienza, Paola. 2004. "The Effects of Government Ownership on Bank Lending." *Journal of Financial Economics* 72 (2): 357-84.

Schamis, Hector. 1999. "Distributional Coalitions and the Politics of Economic Reform in Latin America." *World Politics* 51 (2): 236-68.

———.2003. "The Political Economy of Currency Boards." In *Monetary Orders*, edited by Jonathan Kirshner, 125-50. Ithaca, NY: Cornell University Press.

Schattschneider, E. E. 1935. *Politics, Pressures, and the Tariff*. New York: Prentice Hall.

Schlagheck, James L. 1977. *The Political, Economic, and Labor Climate in Mexico*. Philadelphia: University of Pennsylvania.

Schneider, Ben Ross. 2004. *Business Politics and the State in Twentieth-Century Latin America*. New York: Cambridge University Press.

———.2010. "Business Politics in Latin America." In *Oxford Handbook of Business and Government*, edited by David Coen, Graham Wilson, and Wyn Grant, 307-29. New York : Oxford University Press.

———.2013. *Hierarchical Capitalism in Latin America*. New York: Cambridge University Press.

Schumer, Charles E., and Lindsey O. Graham. 2005. "Will It Take a Tariff to Free the Yuan?" *New York Times*, June 8. http://www.nytimes.com/2005/06/08/opinion08schumer.html.

Schvarzer, Jorge. 1986. *La Política Económica de Martínez de Hoz*. Buenos Aires: CISEA.

———.1991. *Empresarios del Pasado: La Unión Industrial Argentina*. Buenos Aires: CISEA.

Seawright, Jason, and John Gerring. 2008. "Case Selection Techniques in Case Study Research." *Political Research Quarterly* 61 (2): 294.

Sehinkman, Diego. 2013. "José de Mendiguren: 'Soy Optimista, pero hay Cosas por Corregir." *La Neción*, Mar. 30.

Shambayati, Hootan. 1994. "The Rentier State, Interest Groups, and the Paradox of Autonomy." *Comparative Politics* 26 (3): 307-31.

Shao, Yun. 1993. "A Unified Exchange Rate to Be Implemented in China Next Year Will Be an Important Step for Free Conversion of Renminbi." *Zhongguo Tongxun She*. Dec. 1, in *FBIS* Dec. 7, 1993.

Sharma, Shalendra. 2003. *The Asian Financial Crisis*. Manchester: Manchester University Press.

参考文献

Shih, Victor. 2007. "Partial Reform Equilibrium, Chinese Style." *Comparative Political Studies* 40 (10): 1238-62.

——.2008. *Factions and Finance in China*. New York: Cambridge University Press.

——.2011. " 'Goldilocks' Liberalization: The Uneven Path toward Interest Rate Reform in China." *Journal of East Asian Studies* 11 (3): 437-65.

Shirk, Susan L., 1993. *The Political Logic of Economic Reform in China*. Berkeley: University of California Press.

——.1994. *How China Opened Its Door*. Washington, DC: Brookings Institution Press.

Sikkink, Kathryn. 1991. *Ideas and Institutions: Developmentalism in Brazil and Argentina*. Ithaca, NY: Cornell University Press.

Silva, Eduardo. 1993. "Capitalist Coalitions, the State, and Neoliberal Economic Restructuring: Chile, 1973-88." *World Politics* 45 (4): 526-59.

Singer, David A. 2010. "Migrant Remittances and Exchange Rate Regimes in the Developing World." *American Political Science Review* 104 (2): 307-23.

Skocpol, Theda. 1985. "Bringing the State Back In." In *Bringing the State Back In*, edited by Peter B. Evans, Dietrich Rueschemeyer, and Theda Skocpol, 3-37. New York: Cambridge University Press.

Smith, Benjamin B. 2007. *Hard Times in the Lands of Plenty*. Ithaca, NY: Cornell University Press.

Smith, Peter H. 1997. "Political Dimensions of the Peso Crisis." In *Mexico 1994*, edited by Sebastian Edwards and Moisés Naím, 31-54. Washington, DC: Carnegie Endowment for International Peace.

Smith, William C. 1989. *Authoritarianism and the Crisis of Argentine Political Economy*. Stanford, CA: Stanford University Press.

——.1990. "Democracy, Distributional Conflicts, and Macroeconomic Policymaking in Argentina, 1983-89." *Journal of Interamerican Studies and World Affairs* 32 (2): 1-42.

Snow, Peter G., and Luigi Manzetti. 1993. *Political Forces in Argentina*. Westport, CT: Praeger.

Solís, Leopoldo. 1981. *Economic Policy Reform in Mexico*. New York: Pergamon.

Somos. 1986. "Porque Ahora: Plan Austral, Fase II ." Feb. 12.

Spiller, Pablo T., and Mariano Tommasi. 2007. *The Institutional Foundations of Public Policy in Argentina*. New York: Cambridge University Press.

Standard Chartered. 2004. "CNY Revaluation: Economically Yes; Politically, Now Debating." *On the Ground-China*. Standard Chartered Bank, Shanghai. Nov. 18.

——.2007a. "Calling All PBoC FX Sterilisation Geeks." *On the Ground China*. Standard

Chartered Bank, Shanghai. June 18.

———.2007b. "Mild Revisions to Our CNY Forecasts." *FX Alert Chinese Yuan*. Standard Chartered Bank, Shanghai. July 20.

———.2007c. "More Inflation, More Hikes, More Sleepless Nights." *On the Ground China*. Standard Chartered Bank, Shanghai. Dec.20.

———.2008a. "CNY May Be Being Managed on a NEER Basis." *FX Alert Chinese Yuan*. Standard Chartered Bank, Shanghai. May 14.

———.2008b. "We Strike Gold in the Q1 PBoC Report." *On the Ground China*. Standard Chartered Bank, Shanghai. May 16.

———.2008c. "State of the Art: PBOC Sterilisation Update." *On the Ground China*. Standard Chartered Bank, Shanghai. June 18.

Starr, Pamela K. 1997. "Government Coalitions and the Viability of Currency Boards." *Journal of Interamerican Studies and World Affairs* 39 (2): 83-133.

———.1999. "Capital Flows, Fixed Exchange rates, and Political Survival." In *Markets and Democracy in Latin America*, edited by Philip Oxhorn and Pamela K. Starr, 203-38. Boulder, CO: Lynne Rienner.

Steinberg, David A., and Krishan Malhotra. 2014. "The Effect of Authoritarian Regime Type on Exchange Rate Policy." *World Politics* 66 (3): 491-529.

Steinfeld, Edward S. 1998. "The Asian Financial Crisis." *Washington Quarterly* 21: 37-52.

Steinmo, Sven. 1989. "Political Institutions and Tax Policy in the United States, Sweden, and Britain." *World Politics* 41 (4): 500-535.

Story, Dale. 1986. *Industry, the State, and Public Policy in Mexico*. Austin: University of Texas Press.

Stubbs, Richard. 1999. "War and Economic Development: Export-Oriented Industrialization in East and Southeast Asia." *Comparative Politics* 31 (3): 337-55.

Sturgeon, Timothy, Johannes Van Biesebroeck, and Gary Gereffi. 2008. "Value Chains, Networks, and Clusters." *Journal of Economic Geography* 8 (3): 297-321.

Struzenegger, Federico A. 1991. "Description of a Populist Experience: Argentina, 1973–1976." In *The Macroeconomics of Populism in Latin America*, edited by Rudiger Dornbusch and Sebastián Edwards, 77-120. Chicago: University of Chicago Press.

Su, Yunqin, and Lin Sen. 1995. "A Synthesis of Views on Inflation." *Caimao Jingji (Finance and Economics)*. June 11, in *FBIS* Sep. 19, 1995.

Subramanian, Arvind. 2010. *New PPP-based Estimates of Renminbi Undervaluation and Policy Implications*. Washington, DC: Peterson Institute for International Economics Policy Brief.

参考文献

Sun, Lujun. 1995. "Some Thoughts on Central Bank's Regulation of Foreign Exchange." *Jingji Yanjiu Cankao (Review of Economic Research)* 193: 2-8.

Sun, Mingchun. 1995. "Adjustment in Management of Renminbi Exchange Rates and Related Policies" *Guanli Shijie (Management World)*. Mar. 24, in *FBIS* June 9, 1995.

Sundararajan, Vasudevan, Michel Lazare, and Sherwyn Williams. 2001. "Exchange Rate Unification, the Equilibrium Real Exchange Rate, and the Choise of Exchange Rate Regime." In *Macroeconomic Issues and Policies in the Middle East and North Africa*, edited by Zubair Iqbal, 213-52. Washington, DC: International Monetary Fund.

Ta Kung Po. 1993. "Zhu Rongji Says Exchange Rate Alignment to Begin." Nov. 24, in *FBIS* Nov. 29, 1993.

Taylor, Alan M., and Mark P. Taylor. 2004. "The Purchasing Power Parity Debate." *Journal of Economic Perspectives* 18 (4): 135-58.

Taylor, Bill, and Qi Li. 2007. "Is the ACFTU a Union and Does It Matter?" *Journal of Industrial Relations* 49 (5): 701-15.

Teitelbaum, Emmanuel. 2010. "Measuring Trade Union Rights though Violations Recorded in Textual Sources." *Political Research Quarterly* 63 (2): 461-74.

Ten Kate, Adriaan. 1992. "Trade Liberalization and Economic Stabilization in Mexico." *World Development* 20 (5): 659-72.

Thelen, Kathleen. 1999. "Historical Institutionalism in Comparative Politics." *Annual Review of Political Science* 2: 369-404.

Thelen, Kathleen, and Sven Steinmo. 1992. "Historical Institutionalism in Comparative Politics." In *Structuring Politics*, edited by Sven Steinmo, Kathleen Thelen, and Frank Longstreth, 1-32. New York: Cambridge University Press.

Thompson, John K. 1979. *Inflation, Financial Markets, and Economic Development*. Greenwich, CT: Jai Press.

Tiempo. 1986. "Lavagna Anunció las Medidas Económicas que Impulsarán la Reactivación con Estabilidad." Feb. 11.

Todaro, Michael P., and Stephen C. Smith. 2003. *Economic Development*. Boston: Addison-Wesley.

Tomada, Carlos, and Marta Novick. 2007. "Argentina 2003–2006." In *In the Wake of the Crisis*, edited by Marta Novick, Carlos Tomada, Mario Damill, Roberto Frenkel, and Roxana Maurizio, 1-49. Geneva: International Labour Organization.

Tomz, Michael, Jason Wittenberg, and Gary King. 2003. "CLARIFY: Software for Interpreting and Presenting Statistical Results." *Journal of Statistical Software* 8 (1): 1-30.

Tsai, Kellee S. 2007. *Capitalism without Democracy*. Ithaca, NY: Cornell University Press.

Tybout, James R. 2000. "Manufacturing Firms in Developing Countries: How Well Do They Do, and Why?" *Journal of Economic Literature* 38 (1): 11-44.

Upward, Richard, Zheng Wang, and Jinghai Zheng. 2013. "Weighting China's Export Basket." *Journal of Comparative Economics* 41 (2): 527-43.

Valibeigi, Mehrdad. 1992. "Banking and Credit Rationing under the Islamic Republic of Iran." *Iranian Studies* 25 (3-4): 51-65.

Vu, Tuong. 2010. *Paths to Development in Asia*. New York: Cambridge University Press.

Wade, Robert. 1990. *Governing the Market*. Princeton, NJ: Princeton University Press.

Waldner, David. 1999. *State Building and Late Development*. Ithaca, NY: Cornell University Press.

Walter, Carl, and Fraser Howie. 2011. *Red Capitalism*. Hoboken, NJ: John Wiley & Sons.

Walter, Stefanie. 2008. "A New Approach for Determining Exchange-Rate Level Preferences." *International Organization* 62(3): 405-38.

Wang, Hongying. 2003. "China's Exchange Rate Policy in the Aftermath of the Asian Financial Crisis." In *Monetary Orders*, edited by Jonathan Kirshner, 153-71. Ithaca, NY: Cornell University Press.

Wang, Songqi. 2006. "Ren Min Bi Da Fu Sheng Zhi Li Da Yu Bi (The Benefit of RMB Dramatic Appreciation Outweighs Disadvantage)." *Gai Ge Nei Can (Internal Reference for Economic Reform)* 33: 19-22.

Wang, Zixian. 1993. "An Analysis of Fluctuation Trend of Renminbi Exchange Rate" *Jingji Cankao Bao*. July 5, in *FBIS* Aug. 4, 1993.

Wen, Jiabao. 2007. "Government Work Report." http://english.people.com.cn/2007/03/07/eng20070307_355189.html.

Wen, Mei. 2004. "Relocation and Agglomeration of Chinese Industry." *Journal of Development Economics* 73 (1): 329-47.

Wen Pei Wo. 1993. "Unification of Renminbi Exchange Rates Well Received in Various Localities." Dec. 31, in *FBIS* Jan. 3, 1994.

Weymouth, Stephen. 2012. "Firm Lobbying and Influence in Developing Countries." *Business and Politics* 14 (4): 1-26.

Williamson, John. 1990. "What Washington Means by Policy Reform." In *Latin American Adjustment*, edited by John Williamson, 7-20. Washington, DC: Institute for International Economics.

Woo, Jung-En. 1991. *Race to the Swift*. New York: Columbia University Press.

Woo-Cumings, Meredith. 1999. "Introduction." In *The Developmental State*, edited by

参考文献

Meredith Woo-Cumings, 1-31. Ithaca, NY: Cornell University Press.
Woodruff, David M. 2005. "Boom, Gloom, Doom." *Politics and Society* 33 (1): 3-45.
Wong, Edward, and Mark Landler. 2010. "China Rejects U.S. Complaints on Its Currency." *New York Times*, Feb. 5. http://www.nytimes.com/2010/02/05/world/asia/05diplo.html.
World Bank. 2004. *Global Development Finance*. Washington, DC: World Bank.
———.2010. *World Development Indicators*. Online database.
Wright, Logan. 2008. "The Yuan, Three Years Later." Stone & McCarthy Research Associates. July 23.
———.2009. *The Elusive Price for Stability: Ideas and Interests in the Reform of China's Exchange Rate Regime*. PhD diss., Department of Political Science, George Washington University.
Wuhan PBC. 1995. "A View of the Effects of the New Exchange Rate Policy in 1994." *Review of Economic Research* 28: 38-46.
Wynia, Gary W. 1978. *Argentina in the Postwar Era*. Albuquerque: University of New Mexico Press.
Xin, Zhiming. 2008. "Yuan Set Lower 5 Days in a Row." *China Daily*. Aug. 6.
Xinhua. 1993a. "State Takes Steps to Stabilize Exchange Rate." Mar.11, in *FBIS* Mar. 11, 1993.
———. 1993b. "Zhu Rongji Discusses Foreign Exchange Control." Aug.3, in *FBIS* Aug. 4, 1993.
———. 1993c. "Experts: Time 'Ripe' for Unified Yuan Exchange Rate." Oct. 21, in *FBIS* Oct. 21, 1993.
———. 1994. "New Foreign Exchange System Taking Shape." Apr. 1, in *FBIS* Apr. 4, 1994.
———.1995. "Zhu Rongji Comments on Renminbi Convertibility." Dec. 9, in *FBIS* Dec. 11, 1995.
———. 1998. "Official Denies U.S. Charge on Export Tax Refunds." Nov. 20 (Retrieved from Access World News Database).
———. 2008. "Premier Wen Jiabao Inspects Jiangsu." July 7.
Xiong, Sihao. 1993. "Keeping China's Development on Track." *Beijing Review*. Nov. 15-21, in *FBIS* Nov. 22, 1993.
Xu, Lin. 2008. "Push Forward Scientific Development in the Midst of Liberalizing Thinking: A True Account of Xi Jinping's Inspection of Guangdong." *Guangzhou Ribao (Guangzhou Daily)*. July 7.
Yang, Dennis Tao, Vivian Weijia Chen, and Ryan Monarch. 2010. "Rising Wages: has China Lost Its Global Labor Advantage?" *Pacific Economic Review* 15 (4): 482-504.

Yang, Fan. 1995. "China's Export Tariff Rebates and Foreign Exchange Rate Stabilization Problems." *Caimao Jingji (Finance and Economics)*. Dec. 11, in *FBIS* Jan. 31, 1996.

———. 1996. "Several Issues Concerning Renminbi Exchange Rate." *Guanli Shijie (Management World)*. Mar. 24, in *FBIS* July 17, 1996.

———.2005. "Shei Zai Xia Zhu Ren Min Bi (Who Is Betting on RMB Appreciation)." *Gai Ge Nei Can (Internal Reference for Economic Reform)* 16: 18-21.

Yang, Liu. 1994. "As the Unified Exchange Rate Increases the Cost of Foreign Debts, the Central Government Adopts Measures to Help Localities Make Repayments." *Ming Pao*. Jan. 5, in *FBIS* Jan. 6, 1994.

Yu Jun. 1994. "Experts Suggest Carrying through the Plan for Free Exchange of Renminbi at an Early Date." *Zhongguo Xinwen She* Feb. 22, in *FBIS* Mar. 7, 1994.

Yu, Yongding. 2003. "Eradicate the Fear of RMB Revaluation." *Guoji jingji pinglun (International Economic Review)* 9-10: 1-10.

———.2008. "Downturn's Upside." *Caijing Annual Edition*, pp. 11-12.

Zamora, Stephen. 1984. "Peso-Dollar Economics and the Imposition of Foreign Exchange Controls in Mexico." *American Journal of Comparative Law* 32 (1): 99-154.

Zhang, Liqun. 1994. "Analysis of Key Problems in Current Economy." *Jingji Cankao Bao*. Nov. 29, in *FBIS* Jan. 12, 1995.

Zhang, Ming. 2012. "Chinese Stylized Sterilization: The Cost-sharing Mechanism and Financial Repression." *China & World Economy* 20 (2): 41-58.

Zhang, Xiaohua. 2008. "Li Keqiang: Strengthen the Vitality of Firms and Renew Developmental Models; Preserve the Stable and Relatively Fast Development of the Economy." *People's Daily*, Jul.9. http://cpc.people.com.cn/GB/64093/64094/7486459.html.

Zhang, Shuguang. 2005. "Ren Min Bi Sheng Zhi Chong Ji Le Shei (Who was affected by RMB appreciation)." *Gai Ge Nei Can (Internal Reference for Economic Reform)* 17: 10-14.

Zhong, Wei. 2004. "Jv E Wai Hui Chu Bei Bi Yuan Da Yu Li (The disadvantages of holding big amount of foreign reserve far outweigh the advantages)." *Gai Ge Nei Can (Internal Reference for Economic Reform)* 6: 17-19.

Zhou, L.2010. "Beijing Zhejiang Shanghui fuhuizhang Chen Jin jiaoshou kan 'xinzheng' (The vice head of the Beijing Zhejiang Merchants' Association Professor Chen Jin examines 'new policies')." *Sina.com*.

Zhu, Min. 2009. "Overview." In *China's Emerging Financial Markets*, edited by Martha Avery, Zhu Min, and Jinqing Cai, xxiii-liii. Singapore: John Wiley & Sons.

译后记

今天我终于完成了《汇率低估政策的制度研究》一书的最后案头工作，这是商务印书馆"经济学前沿译丛"的第四本书。这本书非常独特，作者提出并试图解决一个世界级的理论难题——汇率低估有利于经济增长和就业改善，为什么多数发展中国家却选择了汇率高估政策？

这本书也给了我一个机会。长期以来，我有一个理想——让我的翻译著作成为作者的中文著作。这本书的翻译给了我一个再次向理想靠近的机会——在认真阅读英文原著、全面把握全书主要观点和逻辑联系的基础上，我再次尝试用写作中文学术论文的方法进行翻译工作，并且取得进展。我曾将翻译的部分章节送给一些朋友指正，大家鼓励说，有点像中文论文了。我知道目标还在远方，我愿意继续努力。

此时窗外寒风凛冽。在窗前温暖的台灯下，望着书桌上厚厚的校对稿，我心中充满了感激。

感谢本书作者戴维·斯坦伯格博士。他勇敢地挑战了汇率政策选择的悖论，解释了国际经济学界长期存在的理论困惑。尽管我还不能同意作者的全部观点，但是，我非常尊重他的探索和劳动。在翻译过程中，我能够感受到作者对这个问题的深入思考，也能够感受到作者写作的不易。这本书给了我们更多的研究视角和更大的思考空间。

感谢中国人民银行宁夏中心支行的吴达先生和付静女士。在本书翻译中，他们为我提供了多种技术支持和帮助。他们都非常年轻，但他们的认真、勤勉和学术热情超出了他们的年龄，相信未来他们将成为优秀的研究者和翻译者。

感谢陈小文博士。他是商务印书馆副总编辑、中国资深翻译家。多年来我在商务印书馆出版的学术著作和译著，都得到了陈总真诚而专业的帮助。

感谢商务印书馆学术中心的李彬先生。他是这本书的责任编辑，他的理论修养、专业水准和敬业精神给我留下了十分美好的印象。

感谢所有阅读此书的人。对于那些能够在下班后和节假日走进图书馆或书店阅读学术著作的人，我一直心怀敬意。

请大家多多批评指正。

王宇

2018年1月23日凌晨3时于北京康乐里